Wir danken der Stiftung »Forum für Verantwortung«
für die großzügige Förderung dieser Publikation.

Selbstverpflichtung zum nachhaltigen Publizieren
Nicht nur publizistisch, sondern auch als Unternehmen setzt sich der
oekom verlag konsequent für Nachhaltigkeit ein. Bei Ausstattung und Produktion
der Publikationen orientieren wir uns an höchsten ökologischen Kriterien.
Dieses Buch wurde auf 100 % Recyclingpapier, zertifiziert mit dem FSC-Siegel und
dem Blauen Engel (RAL-UZ 14), gedruckt. Auch für den Karton des Umschlags
wurde ein Papier aus 100 % Recyclingmaterial, das FSC ausgezeichnet ist, gewählt.
Alle durch diese Publikation verursachten CO_2-Emissionen werden durch Investitionen
in ein Gold-Standard-Projekt kompensiert. Die Mehrkosten hierfür trägt der Verlag.

Mehr Informationen finden Sie unter:
http://www.oekom.de/allgemeine-verlagsinformationen/nachhaltiger-verlag.html

Bibliografische Information der Deutschen Nationalbibliothek:
Die Deutsche Nationalbibliothek verzeichnet diese Publikation
in der Deutschen Nationalbibliografie; detaillierte bibliografische
Daten sind im Internet über http://dnb.d-nb.de abrufbar.

© 2016 oekom verlag München
Gesellschaft für ökologische Kommunikation mbH
Waltherstraße 29, 80337 München

Der Titel des englischen Originals lautet: »Reinventing Prosperity: Managing Economic
Growth to Reduce Unemployment, Inequality and Climate Change« (Greystone, Kanada).

Übersetzungslektorat: Uta Ruge
Korrektorat: Maike Specht
Umschlaggestaltung: Jorge Schmidt, München
Layout und Satz: Reihs Satzstudio, Lohmar
Druck: GGP Media GmbH, Pößneck

Alle Rechte vorbehalten
Printed in Germany
978-3-86581-810-2

Jorgen Randers
Graeme Maxton

EIN PROZENT IST GENUG

**Mit wenig Wachstum
soziale Ungleichheit, Arbeitslosigkeit
und Klimawandel bekämpfen**

*Der neue Bericht an den
Club of Rome*

Aus dem Englischen
von Gabriele Gockel und Sonja Schuhmacher,
Kollektiv Druck-Reif

Cartoons von Øystein Runde

Inhalt

Liste der Boxen 6
Liste der Abbildungen 8
Liste der Tabellen 8

Geleitwort 9

Vorwort 13

KAPITEL 1
Zwei drängende Probleme der reichen Welt 21

KAPITEL 2
Die traditionelle Lösung: Wirtschaftswachstum 29

KAPITEL 3
Die alte Methode funktioniert nicht mehr 59

KAPITEL 4
Fortschreitende Automatisierung 77

KAPITEL 5
**Andere Bedrohungen
für das heutige Wirtschaftssystem** 95

KAPITEL 6
**Die Sackgasse:
Das Scheitern des marktradikalen Denkens** 109

KAPITEL 7
Die Stürme vor uns 123

KAPITEL 8
Eine neue Perspektive 137

KAPITEL 9
**Dreizehn leicht realisierbare Maßnahmen gegen
Arbeitslosigkeit, Ungleichheit und Erderwärmung** . . 147

KAPITEL 10
Die Mehrheit entscheiden lassen **237**

KAPITEL 11
Lasst die arme Welt wachsen **245**

KAPITEL 12
Die Welt retten **257**

KAPITEL 13
Die kommende große Schlacht **271**

Anmerkungen **280**
Literatur und Quellen **285**
Dank **288**

Liste der Boxen

1	Was ist »marktradikales Denken«?	16
2	Was ist Kurzsichtigkeit?	17
3	Was ist Wirtschaftswachstum?	30
4	Warum glauben die meisten Menschen, Wirtschaftswachstum sei gut?	35
5	Was ist Wohlergehen?	42
6	Führt Wirtschaftswachstum zu mehr Wohlergehen?	43
7	Führt Wirtschaftswachstum zu einer Steigerung des BIP pro Kopf?	49
8	Warum schauen Firmeninhaber ausschließlich auf das Gesamt-BIP, während sich Beschäftigte eher für das BIP pro Kopf interessieren?	51
9	Steigt mit dem Wirtschaftswachstum auch immer die Zahl der Arbeitsplätze?	53
10	Reduziert Wirtschaftswachstum immer die Ungleichheit?	54
11	Ist es möglich, Wirtschaftswachstum zu schaffen, indem man es den Menschen ermöglicht, sich mehr Geld zu leihen?	67
12	Warum bringt es nichts, Geld zu drucken und es den Reichen zu geben?	72
13	Was ist Arbeitsproduktivität und wie verhält sie sich zum BIP pro Kopf?	86
14	Welche wirtschaftlichen Folgen hat eine zunehmende Automatisierung?	88
15	Was ist der Abhängigkeitsquotient?	98
16	Welche Folgen hat das Altern für die Wirtschaft?	98
17	Warum glauben die Leute, dass höhere Geburtenraten das Problem einer alternden Bevölkerung lösen?	102
18	Die größten Herausforderungen, vor denen die reiche Welt steht	137
19	Greifbare Lösungen für die Probleme der reichen Welt	140
20	Welche Kriterien müssen erfüllt sein, damit wir uns den Herausforderungen stellen?	141

21	Was ist notwendig, um einen Planeten des Wohlstands zu schaffen?	142
22	Dreizehn Vorschläge zur Verminderung der Arbeitslosigkeit, der Ungleichheit und der Erderwärmung	150
23	Welche Auswirkungen hat eine Verkürzung der Jahresarbeitszeit?	152
24	Welche Auswirkungen hat die Anhebung des Renteneintrittsalters?	166
25	Welche Auswirkungen hat es, wenn aus unbezahlter Arbeit bezahlte Arbeit wird?	170
26	Welche Vorteile hat eine Anhebung der Arbeitslosenunterstützung?	173
27	Ist es möglich, mehr Arbeitsplätze zu schaffen, indem man den Reichen etwas wegnimmt und es den Armen gibt? . .	180
28	Wie können (grüne) Konjunkturpakete die Wirtschaftsleistung und die Beschäftigung erhöhen?	188
29	Was ist grünes Wachstum?	196
30	Was bedeutet Rohstoffknappheit?	197
31	Ist es in einer modernen Gesellschaft möglich, allen Bürgern ein garantiertes Einkommen zu bezahlen? Und wenn ja, wie hoch könnte es sein?	227
32	Welche Indikatoren werden gegenwärtig gemessen und welche neuen Indikatoren sollten hinzugefügt werden, um einen sanften Übergang zu einer besseren Welt hinzubekommen?	234
33	Was bedeutet der Übergang vom Marktradikalismus zu einer modifizierten Marktwirtschaft?	277

Liste der Boxen

Liste der Abbildungen

1	Das Bevölkerungswachstum verlangsamt sich	46
2	Die wirtschaftliche Gesamtleistung (BIP) wird langsamer wachsen	47
3	Die Wachstumsraten beim BIP pro Kopf entwickeln sich unterschiedlich	48
4	Das durchschnittliche verfügbare Einkommen wird sich unterschiedlich entwickeln	50
5	Die Ungleichheit wächst, vor allem in den USA	60
6	BIP-Anteil des primären Sektors sinkt	78
7	BIP-Anteil des sekundären Sektors sinkt	78
8	BIP-Anteil des tertiären Sektors wächst	79
9	Die Wachstumsrate des BIP pro Kopf (in % pro Jahr) verlangsamt sich	91
10	Wahrscheinliche künftige Wachstumsraten beim BIP pro Kopf	92
11	Der Abhängigkeitsquotient bleibt niedrig	97
12	Der weltweite Energieverbrauch wird 2040 seinen Höhepunkt erreichen	124
13	Der Energieverbrauch pro Kopf wird sich weltweit langsam annähern	125
14	Die weltweiten CO_2-Emissionen werden 2030 ihren Gipfelpunkt erreichen	126
15	Die Emissionen pro Kopf werden am Ende abnehmen	127

Quellen: Abb. 1–4, 11–15: Jorgen Randers (2012): *2052*, Chelsea Green, Vermont.
Abb. 5: U.S. Census Bureau, Current Population Survey, Annual Social and Economic Supplements. https://www.census.gov/hhes/www/income/data/historical/inequality/.
Abb. 6–10: Future of Planet Earth project, DNV-GL, Høvik, Norway, 2016.

Liste der Tabellen

1	Die Auswirkungen rapiden Wirtschaftswachstums, 1820 vs. 2001	48
2	Bevölkerung, in Millionen	50

Geleitwort

Erstmal ein Schreck. Menschen sind nicht lernfähig. Sie »stecken den Kopf in den Sand«, wie man es (fälschlich) dem Vogel Strauß nachsagt. Menschen setzen auf Wirtschaftswachstum auch dort, wo es mehr Schaden als Nutzen bringt. Kurzfristig gewiss ein bisschen mehr Nutzen, aber langfristig viel mehr Schaden.

Jorgen Randers hat seit Jahren diese bittere Einschätzung des Menschengeschlechts. Er war Koautor des berühmten Club of Rome-Berichts *Die Grenzen des Wachstums* von 1972. Fast alles ist so eingetreten, wie damals projiziert. Die ökologische Situation des Planeten hat sich seit 1972 dramatisch verschlechtert. Und wir rasen mit jährlich 80 Millionen zusätzlichen Erdbewohnern auf acht Milliarden zu.

Nix gelernt. Weiter so. Wachstum, Wachstum, Wachstum. Ein suizidales Programm.

Aber Professor Jorgen Randers und sein wunderbarer Koautor Graeme Maxton, Generalsekretär des Club of Rome, bleiben nicht im Pessimismus stecken. In diesem neuen Bericht halten sie sich nicht mit der nötigen, aber nicht vorhandenen Opferbereitschaft auf. Sie formulieren neue Wege. Die nützen der jeweiligen Mehrheit, während sie die Superreichen belasten. Dafür muss man wissen, dass das Wachstum der vergangenen 30 Jahre in der Hauptsache die Reichen reicher gemacht hat. Die Zahl der Abgehängten, Notleidenden und Perspektivlosen hat gleichzeitig zugenommen. Außer in China, das »über Nacht« zum Industrieland Nummer eins geworden ist – zu Lasten zahlreicher Entwicklungsländer und mancher älterer Industrieländer, die eine böse Phase der Deindustrialisierung durchmachen.

Die Autoren zeigen, wie die Ideologen der freien Märkte (bei denen die Starken gewinnen, die Schwachen verlieren) in den letzten dreißig Jahren die Politik und die Wissenschaft erobert haben. Sie zeigen, wie die Staaten immer hilfloser wurden. Und sie zeigen auch, dass man deshalb längst noch nicht resignieren muss.

Dreizehn Vorschläge haben sie zusammengetragen, die man lokal oder national und eines Tages vielleicht auch global verwirklichen kann und das mit einer demokratischen Mehrheit im Rücken. Das Leitmotiv ist eine »Sozialpolitik der Umverteilung«, auch bezüglich des Arbeitsvolumens – und dazu die zugehörige Steuerpolitik, um die Umverteilung zu finanzieren. Des Weiteren enthalten die Vorschläge einen wirksamen Anreiz für geringe(re) Kinderzahlen. Auch eine Stärkung der Gewerkschaften ist gefordert sowie ein kleines Stück Protektionismus für Arbeit und Umwelt, eben dort, wo der pure Freihandel massive Schäden anrichtet.

Reinventing Prosperity ist der englische Titel des Buches: »Neuerfindung des Wohlstands«, könnte man sagen. Es geht jedenfalls um Erhalt und Mehrung des Wohlstands, nicht um dessen Zerstörung!

Ist das alles Traumtänzerei? Muss nicht sein. Die Verärgerung über die Raubzüge und Kungeleien der Mächtigen ist allgegenwärtig. Leider bricht sie sich heutzutage Bahn in der Unterstützung absurder Demagogen. Was daher dringend aufgebaut werden muss, ist eine weltweite Bewegung *für* Gerechtigkeit und Langfristigkeit, die sich auch gegen den Kurzfrist-Egoismus wendet. Das kann aber nicht gelingen, wenn es kein einigermaßen stimmiges Konzept gibt. Das Konzept braucht eine vernünftige Balance zwischen Staat und Markt, zwischen Langfrist und Kurzfrist, zwischen Solidarität und Individualismus.

Der Club of Rome freut sich über diesen neuen Bericht, weil er eine Vielzahl guter Ansätze für ein derart stimmiges, ausbalanciertes Konzept liefert. Wir wünschen uns eine breite Diskussion über das Buch. Viel Zeit bleibt unserer Welt nicht mehr, um ihre Hochgeschwindigkeitsfahrt zu beenden! Die Mauer kommt näher ...

Emmendingen im Breisgau, August 2016
Ernst Ulrich von Weizsäcker,
Ko-Präsident des Club of Rome

Stockholm, August 2016
Anders Wijkman,
Ko-Präsident des Club of Rome

Vorwort

Vieles auf der Welt muss uns Sorgen machen, das fängt an mit der anhaltend hohen Arbeitslosigkeit und der sich verschärfenden Ungleichheit, geht weiter zur fortgesetzten Ressourcenerschöpfung, zur wachsenden Umweltverschmutzung bis zum rasanten Artensterben und zur weitverbreiteten Armut.

Das größte Problem ist jedoch der schleichende, durch Menschen verursachte Klimawandel. Wenn nichts geschieht, um die globale Erwärmung zu bremsen, wird sich der Fortschritt in fast allen Bereichen menschlicher Tätigkeit im Lauf der kommenden 50 Jahre verlangsamen, weil sich zunehmend beängstigende Klimaereignisse häufen – und Schlimmeres wird folgen.

Leider wird im Moment nahezu nichts unternommen, um dieses Problem anzugehen.

Die Menschen reagieren nicht, weil sie nicht wagen, das existierende Wirtschaftssystem infrage zu stellen und weil sie die wirtschaftlichen und sozialen Folgen von Veränderungen fürchten. Sie glauben, dass die nötigen Schritte zur Reduktion von Treibhausgasen das Wirtschaftswachstum beschneiden könnten. Sie meinen, ein geringeres Wirtschaftswachstum würde der reichen Welt mehr Arbeitslosigkeit bescheren und einen Großteil der armen Welt noch auf Jahrzehnte zum Elend verurteilen, wodurch wiederum die Ungleichheit zunähme – ohnehin schon ein großes Problem. Statt also den Übergang in eine saubere, nachhaltigere Welt in Angriff zu nehmen, setzen die Menschen alles daran, das Wachstum anzukurbeln, weil sie glauben, damit würden neue Arbeitsplätze geschaffen und der Lebensstandard steigen, obwohl in Wirklichkeit die Ungleichheit wächst und die Klimaprobleme immer größer werden. Sobald es mehr Arbeitsplätze gibt und die

Leute wohlhabender sind, so denken sie offenbar, kann die Gesellschaft anfangen, den Klimawandel zu stoppen.

Wenn wir zeigen könnten, dass dieses Hindernis überwindbar ist – so unsere Überlegung –, wenn wir also den vermeintlichen Zusammenhang zwischen Wirtschaftswachstum, Arbeitsplätzen und Gleichheit aufbrechen könnten, dann würde sich diese Einstellung ändern. Wenn wir zeigen könnten, dass es möglich ist, Arbeitsplätze zu schaffen, den durchschnittlichen Lebensstandard anzuheben und die Ungleichheit zu verringern – sogar ganz ohne Wirtschaftswachstum –, dann könnten wir das Haupthindernis aus dem Weg räumen, das die Menschen davon abhält, die gegenwärtige Entwicklung zu stoppen.

Darum geht es in diesem Buch: wie man in der entwickelten Welt die Arbeitslosigkeit senkt und die Kluft zwischen Arm und Reich verringert und gleichzeitig den Klimawandel verlangsamt, die Ressourcenverschwendung vermindert und das Artensterben bremst. Es geht darum, wie man dafür sorgt, dass jeder ausreichend bezahlte Arbeit oder Einkommen für ein gutes Leben hat. Es geht darum, wie der Übergang in eine saubere, nachhaltigere Welt gelingt, ohne dass Menschen dabei auf der Strecke bleiben.

Viele unserer Empfehlungen sind unkonventionell und manche werden zweifellos für Kontroversen sorgen. Da sie oft den derzeitigen politischen und wirtschaftlichen Tendenzen zuwiderlaufen, stoßen sie vielleicht auf reflexhafte Ablehnung. Man muss sich ein bisschen Zeit zum Nachdenken nehmen, um zu sehen, dass unsere Vorschläge einen besseren Weg in die Zukunft weisen und eine machbare Option zur Anhebung des durchschnittlichen Lebensstandards überall auf der Welt darstellen.

Wir möchten auch erklären, warum unser Buch *Ein Prozent ist genug* heißt. Diesen Titel haben wir aus drei Gründen gewählt.

Erstens muss sich die reiche Welt, wie wir ausführen werden, an geringere Wachstumsraten gewöhnen. Daran lässt sich auch durch Absenken der Leitzinsen ins Bodenlose, monetäre Lockerung und andere wirtschaftspolitische Maßnahmen nichts ändern. Statt zu jammern, wenn Regierungen und Zentralbanken das Wachstum nicht auf über ein Prozent pro Jahr anheben können, sollten wir uns damit zufrieden geben. Ein Prozent ist genug.

Der zweite Grund, warum wir sagen, dass ein Prozent ausreicht, besteht darin, dass eine solche Selbstbeschränkung nötig ist, um mit der Zerstörung aufzuhören, welche die Menschheit auf dem Planeten anrichtet, und den Schaden zu beheben. Wenn auch nur ein Prozent der Arbeit und des Kapitals weltweit von klimaschädlichen (»schmutzigen«) Sektoren in klimafreundliche (»saubere«) Sektoren verlagert würde, könnten wir die globale Erwärmung unter 2 Grad Celsius – die akzeptierte Schwelle – halten. Traditionell investiert die Gesellschaft weltweit rund ein Prozent des Gesamtwerts ihrer Waren und Dienstleistungen (BIP) in die Energieversorgung – also hauptsächlich in Kohle, Erdöl und Erdgas. Wenn ein weiteres Prozent in den Energiesektor flösse – und zwar in die Energiegewinnung durch Sonne, Wind, Wasser und Biomasse mit günstiger CO_2-Bilanz –, dann würde in zehn Jahren die Prognose für unser Klima ganz anders aussehen als heute. Würden wir das zusätzliche eine Prozent über eine Generation hinweg in Erneuerbare investieren, wäre das Klimaproblem gelöst.

Der dritte Grund ist die Ungleichheit. Während der Occupy-Proteste in den Vereinigten Staaten und anderswo forderten viele auf ihren Protestschildern ein Wirtschaftssystem für die 99 Prozent. Denn mittlerweile ist die Konzentration des Reichtums so weit vorangeschritten, dass ein Prozent der Bevölkerung so viel besitzt wie der Rest der Welt zusammengenommen.

Wir meinen, das muss sich ändern, und mit dieser Haltung sind wir nicht allein. Deshalb richten sich die politischen Empfehlungen in unserem Buch auf die Bedürfnisse der 99 Prozent und sollen dazu dienen, das wirtschaftliche Gleichgewicht Schritt für Schritt zu ihren Gunsten zu verschieben – ohne dabei instabile Verhältnisse zu riskieren. Mit anderen Worten, wir meinen,

> **1 Was ist »marktradikales Denken«?**
>
> Marktradikales Denken zielt auf individuelle Konsumsteigerung, Wettbewerb und Freihandel. Gemeinsames Handeln gilt hingegen als ineffizient, und hohe Steuern sowie ein starker Staat stellen diesem Denken zufolge eine Gefahr dar. Die Steigerung der Wirtschaftsleistung (BIP) wird für wichtiger gehalten als die Steigerung der Produktivität pro Kopf (BIP pro Einwohner). Marktradikale meinen, dem Gemeinwohl sei am besten durch eine Steigerung des BIP gedient, und spielen die Tatsache herunter, dass dies oft stärker den Interessen der Reichen dient als denen der Armen. Schließlich fördert der Marktradikalismus kurzfristiges Denken, indem durch hohe Diskontsätze künftige Kosten und Erträge menschlicher Tätigkeit ausgeblendet werden.

die oberen ein Prozent haben genug. Kurzum: Ein Prozent ist genug – in vieler Hinsicht.

Als Verständnishilfe für die theoretischen Grundlagen, auf denen unser Buch aufbaut – um zu zeigen, dass wir uns auf ein in sich konsistentes Theoriegerüst stützen –, haben wir mehrere Kästen in den Text eingefügt – mit kurzen Antworten auf Fragen, die sich Leserinnen und Leser vielleicht stellen.

Diese Kästen sind jeweils dort platziert, wo die Frage erstmals aufgeworfen wird. Aber vielleicht kommen Ihnen bestimmte Fragen an ganz anderer Stelle in den Sinn; dann können Sie mithilfe der Liste auf Seite 6 f. die Antwort suchen.

Viele der hier vorgestellten Ideen eignen sich also dazu, das allgemeine Wohlergehen und den Lebensstandard in der reichen Welt zu heben. Wir glauben, dass ein Haupthindernis dafür im »marktradikalen Denken« liegt (siehe Box 1).

Uns ist schmerzlich bewusst, dass marktradikales Denken von den meisten Bürgern der reichen Welt voll und ganz oder we-

2　Was ist Kurzsichtigkeit?

Kurzsichtigkeit ist die Neigung, die kurzfristigen Folgen einer Entscheidung – was sie in den kommenden Stunden, Wochen oder Jahren für Menschen bedeuten könnte – stärker zu betonen als ihre für die Gesellschaft langfristigen Konsequenzen, die sich in den nächsten Jahrzehnten, vielleicht sogar erst in der Zeit nach den heute lebenden Generationen, ergeben können.

In der Wirtschaftstheorie, und häufig auch in der Praxis von Unternehmen und Regierungen, entscheiden sich Menschen in der Regel für das Ergebnis mit dem höchsten Kapitalwert oder Nettogegenwartswert (NGW). Der NGW ist die Summe aller künftigen Kosten und Erträge einer Entscheidung, die auf ihren heutigen Wert diskontiert wird. Dabei wird davon ausgegangen, dass ein Ertrag in der Zukunft weniger wert ist als heute. So ist es beispielsweise besser, einen Geldbetrag heute zu erhalten als morgen. Das heißt, 10.000 Euro heute sind mehr wert als 10.000 Euro in einem Jahr. Der Grund hierfür ist, dass Sie die 10.000 Euro, die Sie heute besitzen, in ein Unternehmen investieren oder zur Bank bringen und Zinsen kassieren könnten. Angenommen, Sie gewinnen auf diese Weise 10 Prozent im Jahr, hätten Sie in einem Jahr 11.000 Euro. (Der Einfachheit halber lassen wir die Inflation unberücksichtigt.)

Wirtschaftswissenschaftler in Privatfirmen und Regierungen verwenden zur Berechnung des Nettogegenwartswerts den sogenannten »Diskontsatz«. Wenn wichtige Entscheidungen anstehen, wie der Bau eines neuen Flughafens, wird der Diskontsatz meist ziemlich hoch angesetzt – inflationsbereinigt bei rund 10 Prozent pro Jahr, und zwar auch deshalb, weil es zahlreiche andere Verwendungszwecke für die benötigten Finanzmittel gibt.

Um den Gesamt-NGW für ein Vorhaben zu ermitteln, werden aus jedem Jahr die diskontierten Nettoerträge (Einnahmen minus Kosten) addiert, und wenn die Kosten für den Bau des Flughafens

> heute geringer sind als die gesamten diskontierten Einnahmen über die Lebensdauer des Projekts, hat es einen positiven NGW und gilt als »rentabel«. Nach Meinung der konventionellen Wirtschaftstheorie ist es also sinnvoll, hier zu investieren und den Flughafen zu bauen.
>
> So zu planen, hat jedoch verschiedene beunruhigende Konsequenzen. Es bedeutet, dass die Erträge, die nach einem Zeitraum von 30 Jahren hereinkommen, kaum noch ins Gewicht fallen, und je weiter sie in der Zukunft liegen, desto geringer werden sie heute veranschlagt. Das liegt daran, dass Erträge, je weiter sie in der Zukunft liegen, desto stärker diskontiert werden, und somit entsteht der Eindruck, sie seien wenig wert.
>
> Die Folge ist, dass auch künftigen Kosten fast kein Wert beigemessen wird. Wenn Menschen heute etwas tun, was die Umwelt in 50 Jahren schädigt, dann werden die Kosten heute bei fast null angesetzt. Rechnet man mit 10 Prozent pro Jahr, so beläuft sich ein Schaden von einer Million Dollar in 50 Jahren, nach dieser finanzwirtschaftlichen Logik, heute auf nur 9400 Dollar.
>
> Die Verwendung von hohen Diskontsätzen in Wirtschaft und Gesellschaft ist einer der Hauptgründe, warum dringend benötigte Maßnahmen zur Eindämmung des Klimawandels so schwer durchzusetzen sind, solange die Alternative lautet, entweder mehr Wirtschaftswachstum zu schaffen oder nichts zu tun.

nigstens teilweise unterstützt wird, von denen also, die sich mehr für kurzfristige Konsumsteigerung als für das Wohl heutiger und künftiger Generationen interessieren. In dieser Kurzsichtigkeit sehen wir ein weiteres erhebliches Hindernis, das überwunden werden muss (siehe Box 2).

Wenn wir zaubern könnten, würden wir der Kurzsichtigkeit in den Märkten, in der Politik und in der Bevölkerung insgesamt ein

Ende setzen. Leider sind wir keine Zauberer. Aber wir haben uns sehr intensiv mit den Wirtschaftswissenschaften, den Klimawissenschaften und der menschlichen Entwicklung beschäftigt. In diesem Buch beschränken wir uns auf 13 Empfehlungen, die nicht nur langfristig eine bessere Welt schaffen, sondern der Mehrheit der Menschen auch kurzfristig unmittelbare Vorteile bringen können. Mit anderen Worten, wir sprechen nur Empfehlungen aus, die politisch realisierbar sind, und zwar auch in Gesellschaften, in denen Leute mit einem kurzsichtigen Weltbild das Sagen haben.

Wir wünschen Ihnen informative und anregende Lektüre und hoffen, dass Sie angeregt werden, am gemeinsamen Aufbau einer besseren Welt mitzuwirken.

Europa, August 2016
Graeme Maxton und Jorgen Randers

Bitte beachten Sie: Die in diesem Buch dargestellten Ansichten sind die der Verfasser und obwohl viele unserer Kollegen beim Club of Rome sie teilen, handelt es sich nicht um die Ansichten des Club of Rome.

Arbeitslosigkeit   Ungleichheit

KAPITEL 1

Zwei drängende Probleme der reichen Welt

Zwei der drängendsten Probleme, vor denen die moderne reiche Welt gegenwärtig steht, sind anhaltende Arbeitslosigkeit und wachsende Ungleichheit.

Seit Beginn der 1980er Jahre wächst in der reichen Welt die Kluft zwischen Arm und Reich.[1] Angesichts des fast durchgängig starken Wirtschaftswachstums in den letzten 30 Jahren gibt diese Entwicklung Rätsel auf. Wirtschaftswachstum sollte einst dazu dienen, Ungleichheit zu verringern. Durch den sogenannten Trickle-down-Effekt hätten die Ausgaben der Reichen sozusagen durch eine ökonomische Filteranlage in die Taschen der Armen sickern sollen, die Bevölkerung insgesamt hätte gestärkt und der Lebensstandard für alle angehoben werden müssen.

Doch Millionen Menschen in der reichen Welt leben heutzutage unter ähnlichen Bedingungen wie im viktorianischen England. In den Vereinigten Staaten gelten 49 Millionen Menschen – bei einer Gesamtbevölkerung von 320 Millionen – als arm.[2] In Europa ist jeder Siebte von Armut betroffen,[3] in Osteuropa, Spanien und Griechenland jeder Fünfte – vor allem aber Frauen, Alleinerziehende und Kinder. Zählt man die Menschen mit sehr geringem Einkommen hinzu, stellt man fest, dass ein Viertel der Bevölkerung in der entwickelten – reichen – Welt gegenwärtig »von Armut oder sozialer Ausgrenzung bedroht« ist. Das sind fast

200 Millionen Menschen. Während die Kluft zwischen Arm und Reich wächst, ist auch die Arbeitslosigkeit in der gesamten reichen Welt gestiegen und hält sich hartnäckig auf hohem Niveau. Besonders schlimm trifft es die unter 25-Jährigen, aber auch Millionen Baby-Boomer zwischen 50 und 70 stehen ohne Einkommen, Rente, Pension oder Arbeitschancen da. Ebenfalls erheblich zugenommen hat die Zahl der Unterbeschäftigten, die gern mehr arbeiten möchten, aber keine Vollzeitstelle finden.

In einer Epoche beispiellosen globalen Wohlstands und nach so vielen Jahrzehnten gesunden Wirtschaftswachstums dürfte das eigentlich nicht sein. Jahrzehntelang haben Wirtschaftswissenschaftler den Menschen erklärt, das Gegenteil sei zu erwarten. Sie versichern uns immer wieder, Wirtschaftswachstum bringe Arbeitsplätze, höhere Einkommen und einen höheren Lebensstandard. Tut es aber nicht.

Was um alles in der Welt ist da los?

Die internationale Entwicklungsorganisation Oxfam liefert eine schlichte Erklärung. Es gab eine »Machtübernahme«[4] durch die Reichen.[5] Oxfam wirft den fettesten Geldsäcken vor, sie hätten das politische System manipuliert, um unfaire Spielregeln zu ihren Gunsten einzuführen, um weniger Steuern zu zahlen, weniger Vorschriften zu beachten und dabei kaum noch Kontrollen befürchten zu müssen. Die Folge ist, dass sich Reichtum und Einkommen – anders als allgemein vermutet – von unten nach oben verlagert haben, die Entwicklung also in die falsche Richtung läuft.

Das muss sich ändern, wenn es besser werden soll. Die Reichen werden sonst immer reicher werden, weil das heutige Wirtschaftssystem so angelegt ist. Die Verfechter der freien Marktwirtschaft behaupten gern, sie fördere eine egalitäre Gesellschaft. In Wirklichkeit hat sie, wie wir zeigen werden, eine Gesellschaft hervorgebracht, die einem riesigen Casino gleicht, in dem das Ergebnis zugunsten der Reichen manipuliert wird.

In seinem bahnbrechenden Buch *Das Kapital im 21. Jahrhundert* hat der französische Ökonom Thomas Piketty vorhergesagt, dass ein Großteil der entwickelten Welt, wenn sich nichts ändere, allmählich wieder in Zustände wie im 19. Jahrhundert zurückfallen werde, in eine Zeit, da Fabrikbesitzer, Unternehmer und Bankiers über den Großteil des Reichtums verfügten und alle anderen ums Überleben kämpften. Er sieht eine Welt kommen, in der die Mittelschicht in den reichen Ländern praktisch verschwindet.

Das wirft eine grundsätzliche und beunruhigende Frage auf. Waren die wenigen Jahrzehnte nach dem Zweiten Weltkrieg, in denen sich der Abstand zwischen Arm und Reich stark verringerte, etwa eine Anomalie, die durch besondere Umstände zustande kam? Kann es sein, dass die natürliche Ordnung der Dinge eher die der Vergangenheit ist und die in der Menschheitsgeschichte vorgeherrscht hat, dass nämlich eine winzige Minderheit fast den gesamten Reichtum unter ihrer Kontrolle hatte, während die große Mehrheit bitterarm war?

Diese Frage ist nicht leicht zu beantworten. In den vergangenen 70 Jahren erschien uns eine reiche, von der Mittelschicht dominierte Welt naturgegeben und richtig. Historisch ist sie jedoch eine Ausnahme. Zu keiner anderen Zeit innerhalb der letzten 2000 Jahre gab es eine Mittelschicht in dieser Größenordnung.

»Die Vergangenheit frisst die Zukunft«, wenn es in der wirtschaftlichen Entwicklung keinen radikalen Kurswechsel gibt, so lautet die Prognose Pikettys. Und die wenigen Jahrzehnte in der zweiten Hälfte des 20. Jahrhunderts, in denen die Mittelschicht ein relativ behagliches Leben führte, werden als ein interessantes, aber vorübergehendes soziales Phänomen in die Geschichtsbücher eingehen.

Piketty sieht die Lösung in einer globalen Kapitalsteuer. Die Zusammenarbeit zwischen den Steuerbehörden der Länder müsse sich verbessern, damit sie Daten über Einkommen und Vermögen austauschen können. Auch fordert er ein gerechteres Steuersystem, das es Regierungen ermöglicht, in die Infrastruktur und die Bildung zu investieren. Die Besteuerung soll laut Piketty dazu dienen, Reichtum umzuverteilen und mehr soziale Gerechtigkeit zu schaffen.

Diese Vorschläge sind jedoch schwer umsetzbar. Schließlich müssten die Politiker der reichen Welt dann genau das Gegenteil dessen tun, was sie in den letzten 30 Jahren getan haben: Sie müssten ihre größten Geldgeber und ihre mächtigsten Bürger höher besteuern.

Andere Wirtschaftswissenschaftler regen an, mehr in die Infrastruktur zu investieren, um auf diese Weise Arbeitsplätze zu schaffen und Wohlstand umzuverteilen; die Rechte am geistigen Eigentum zu lockern, um mehr Menschen die Chance zu geben, neue Technologien und Ideen zu nutzen; und das Bildungssystem dahingehend zu reformieren, dass mehr junge Leute zur Gründung eines Unternehmens fähig sind.

Allerdings rührt keine dieser Lösungen an das grundlegende Problem. Durch den Bau neuer Straßen und Tunnel oder durch Unternehmensgründungen werden natürlich Menschen aus der Arbeitslosigkeit befreit und können ein Einkommen erzielen. Aber es ändert nichts Grundlegendes an einem System, in dem Reichtum nach und nach von der Bevölkerungsmehrheit an die Reichsten abfließt, wie wir noch ausführen werden.

Solche politischen Maßnahmen laufen lediglich auf eine zeitweilige Verbesserung hinaus, sie helfen den Armen, mehr zu verdienen, und den Arbeitslosen, irgendeine Arbeit zu finden. Langfristige Veränderungen werden damit nicht erzielt.

Wir glauben, dass die Lösung sehr viel radikaler sein muss. Um ihre derzeitige Situation zu überwinden, müssen die Länder der reichen Welt schrittweise ihr Wirtschaftssystem verändern, und zwar mit geschickten Methoden, die die Probleme nach und nach beheben. Sie müssen sich von der Ideologie lösen, die individuelle Freiheit, freie Märkte und Freihandel predigt und den

Einfluss des Staates bagatellisiert. Stattdessen sollen sie Gesellschaft und Wirtschaftssystem so gestalten, dass beides dem Wohlergehen breiter Bevölkerungsschichten dient. Märkte und Handel dürfen nicht länger unreguliert bleiben, sondern sie müssen aktiv gesteuert werden. Regierungen sollten zudem »die richtige Größe« haben – das heißt, sie sollten klein genug sein, um effizient zu arbeiten, aber auch groß genug, um die Aufgaben erfüllen und die Herausforderungen meistern zu können, die vor ihnen liegen.

Allerdings stellt sich ein zusätzliches Problem. Um zu funktionieren, benötigt das derzeitige Wirtschaftssystem einen Ressourcendurchsatz – also Ressourcenverbrauch –, der unaufhörlich wächst. Das ist in der DNA des Systems angelegt. Die Menschen müssen immer mehr konsumieren und die Hersteller immer mehr produzieren, um einen Anstieg der Arbeitslosigkeit zu verhindern und das Fortbestehen des derzeitigen Systems zu sichern.

In diesem Prozess aber nimmt die Menge der emittierten Treibhausgase zu, die das Klima unseres Planeten verändern. Der Klimawandel ist bereits so weit fortgeschritten, dass sich in den kommenden Jahrzehnten die globalen Wettermuster verschlechtern und die Meeresspiegel steigen werden, und zwar unabhängig davon, was gegenwärtig dagegen unternommen wird.

Jeder Versuch, das Wirtschaftswachstum zu steuern und die Schädigung der Umwelt zu verlangsamen, drosselt aber gewissermaßen den Treibstoffzufluss, der den Wirtschaftsmotor am Laufen hält. Eine sich abkühlende Konjunktur führt zu steigender Arbeitslosigkeit und damit zu noch mehr Ungleichheit und Armut.

Somit hat das derzeitige Wirtschaftssystem die entwickelte Welt in eine sich immer schneller drehende Tretmühle gezwungen und treibt die Gesellschaft sozial und ökologisch in eine Richtung, die wenig Hoffnung lässt. Und jeder herkömmliche Versuch, den Gang der Dinge aufzuhalten, macht die Lage nur noch schlimmer. Mit anderen Worten, konventionelle Lösungen können weder gegen Ungleichheit noch gegen Arbeitslosigkeit (oder den Klimawandel) etwas ausrichten. Dasselbe gilt für eine Reichensteuer, eine Anhebung der Infrastrukturausgaben oder Anreize für junge Unternehmer.

Unsere Schlussfolgerung lautet, dass wir unkonventionelle Lösungen brauchen, die für die Mehrheit der Bevölkerung attraktiv sind, sodass sie den notwendigen Wandel mitträgt.

Die Vorschläge in diesem Buch liefern solche Lösungen. Ihre Umsetzung würde das Wohlergehen aller erhöhen und zugleich Arbeitslosigkeit und Ungleichheit vermindern; sie bieten also unmittelbare Vorteile für die Mehrheit. Dass sie zufällig auch die Folgen des Klimawandels mildern (ihn aber nicht rückgängig machen), mag für viele nur ein Nebeneffekt sein; für uns aber ist dieser Aspekt keineswegs nebensächlich.

Die Vorschläge sind der Grund, warum wir dieses Buch geschrieben haben.

KAPITEL 2

Die traditionelle Lösung: Wirtschaftswachstum

Traditionell gilt Wirtschaftswachstum als der beste Weg, um Arbeitslosigkeit und Ungleichheit zu vermindern.

Wo auch immer in der Welt Sie leben, fast überall ist Wirtschaftswachstum so etwas wie eine Konstante geworden. Seit über 30 Jahren betrachten Geschäftsleute, Regierungen und Politiker das Wirtschaftswachstum als ihr Hauptziel. Medienberichte und -kommentare beschäftigen sich unaufhörlich damit. Taxifahrer, Banker und Wirtschaftswissenschaftler finden kaum noch ein anderes Gesprächsthema. Wie ist es möglich, das Wachstum anzukurbeln? Warum ist das Wachstum in diesem Quartal zurückgegangen? Wann wird sich die Konjunktur erholen?

Wirtschaftswachstum liegt uns anscheinend kollektiv im Blut. Kaum zu glauben, dass es nicht immer so war.

An diesem Punkt ist die Erklärung angebracht, dass wir, wenn wir von Wirtschaftswachstum sprechen, eine Steigerung des Bruttoinlandsprodukts (BIP) meinen. Das BIP ist ein Maß für die Leistung einer Volkswirtschaft. Es ist der Wert aller Güter und Dienstleistungen in einem Land oder einer Region in einem bestimmten Zeitraum (in der Regel ein Kalenderjahr). Es ist die Gesamtheit der Aufwendungen an Arbeit, Kapital, Rohstoffen und Energie, wobei Doppelzählungen möglichst vermieden werden müssen. (Damit meinen wir, dass Zwischenerzeugnisse zweimal

3   Was ist Wirtschaftswachstum?

Bedauerlicherweise wird im wirtschaftlichen Kontext das Wort »Wachstum« häufig ohne weitere Differenzierung verwendet, was weltweit für unnötige Verwirrung sorgt. Man sollte sich immer präzise ausdrücken und erklären, was da genau wächst, ob es die Wirtschaft ist (das Bruttoinlandsprodukt insgesamt, also das BIP) oder zum Beispiel die Nachfrage, der Konsum, das BIP pro Kopf. Auf die Unterscheidung kommt es an, weil sich diese Variablen nicht parallel entwickeln. Wenn etwa der Konsum zunimmt, heißt das nicht unbedingt, dass auch die Wirtschaft wächst. Wichtiger noch, diese Variablen tragen nicht gleichermaßen zum Wohlergehen der Menschen bei.

Wenn Sie klares Denken fördern wollen, benutzen Sie niemals das Wort »Wachstum« allein. Erklären Sie, was da wächst!

Wirtschaftswachstum ist die Steigerung des Gesamtprodukts einer Volkswirtschaft in einem gewissen Zeitraum und wird in der Regel in Prozent pro Jahr angegeben. Das Gesamtprodukt ist der Marktwert aller in einem Land in einem bestimmten Zeitraum hergestellten Güter und Dienstleistungen abzüglich der Kosten für Vorleistungen (wie etwa Rohstoffe) unter Berücksichtigung des Handels. Die Zahl, die sich daraus ergibt, heißt Bruttoinlandsprodukt (BIP). Das BIP misst die Wertschöpfung in einem Land über einen bestimmten Zeitraum hinweg. Wirtschaftswachstum ist dasselbe wie Anstieg des BIP.

Da der Großteil (etwa zwei Drittel bis drei Viertel) des Gesamtprodukts reicher Länder aus Konsumgütern und Dienstleistungen besteht, wird Wirtschaftswachstum meist mit Konsumsteigerung in Verbindung gebracht – nicht zuletzt, weil die Medien irrtümlicherweise dazu neigen, Wirtschaftswachstum mit Konsumwachstum gleichzusetzen. Aber das trifft nicht immer zu. In Kriegszeiten zum Beispiel beobachten wir oft ein beeindruckendes BIP-Wachs-

> tum, weil die Produktion von Kriegsgerät enorm steigt, während der Konsum zurückgeht, weil für die Herstellung von Konsumgütern und Dienstleistungen weniger Arbeit und Kapital bereitsteht.
>
> Viele Menschen vergessen, dass das BIP das Niveau der Aktivität in einer Volkswirtschaft misst, nicht aber das Glück oder den Lebensstandard. Das BIP nimmt zweifellos zu, wenn mehr Konsumgüter und Dienstleistungen erzeugt werden, aber es wächst auch, wenn Gefängnisse gebaut und Gefängniswärter eingestellt werden, wenn Kriegsschiffe in See stechen und Kanonen abgefeuert werden, wenn Verkehrsunfallopfer behandelt und nach Flutschäden Deiche ausgebessert werden.
>
> Ein besonders wichtiges Beispiel für eine Tätigkeit, die das BIP wachsen lässt, ohne das Wohlergehen zu verbessern, sind die Reparatur- und Anpassungsmaßnahmen, die als Reaktion auf den Klimawandel nötig werden.

gezählt werden. Zum Beispiel fließen alle Bauteile eines Autos in den Wert des Autos ein. Sie tauchen aber auch im Umsatz des Teileherstellers auf. Würde man beide Angaben ins BIP aufnehmen, würde der Wert doppelt gezählt und damit das gemeldete Niveau wirtschaftlicher Tätigkeit ungerechtfertigt aufgebläht.)

Eine recht grobe Methode zur Schätzung des BIP besteht darin, die Gesamtausgaben in einer Volkswirtschaft zugrunde zu legen. Dabei addiert man den privaten Konsum (alle von den Bürgern gekauften Güter und Dienstleistungen), die Ausgaben der öffentlichen Hand (alle von Regierungen und Kommunalverwaltungen gekauften Güter und Dienstleistungen), Investitionsausgaben (von Unternehmen und öffentlicher Hand gekaufte Produktionskapazitäten und Infrastruktur) sowie die Nettoausgaben für Importe (Kosten von Importen abzüglich der Exporteinnahmen). Damit erhält man den geschätzten Geldwert des BIP. Geld dient als gemeinsamer Nenner, eine einfache Methode, die aggregierten Güter- und Dienstleistungsströme zu erfassen.

Wenn das BIP steigt, wächst die Wirtschaft. Ein höheres BIP erfordert in der Regel mehr Arbeit und das bedeutet mehr Arbeitsplätze und mehr Lohnzahlungen. Folglich haben die Menschen mehr Geld, um es auszugeben, was zu höherem Konsum führt. Firmeninhaber machen höhere Gewinne und die Börsenkurse steigen. Es werden mehr Steuern entrichtet und die Regierung kann mehr Straßen und Schulen bauen.

Wenn der Konjunkturmotor stottert und das BIP sinkt, ist das meistens ein Zeichen dafür, dass sich etwas ändern muss. Vielleicht sind bestimmte Wirtschaftssektoren zu schnell expandiert oder die Menschen haben sich zu viel Geld geliehen, die Immobilienpreise sind zu schnell gestiegen oder Unternehmen haben es versäumt, in neue Technologien zu investieren, und sind deshalb nicht mehr wettbewerbsfähig.

Wenn dies geschieht, greift zuweilen der Staat ein. Vielleicht werden die Zinsen gesenkt, damit es für Investoren attraktiver wird, neue Projekte in Angriff zu nehmen, oder die Zinsen werden angehoben, um den Immobilienmarkt zu dämpfen. Oder man fördert die einheimische Industrie, um sie wieder wettbewerbsfähig zu machen. Oder der Staat tut auch gar nichts.

Denn schließlich ist eine moderne Marktwirtschaft – dank Adam Smiths berühmt-berüchtigter unsichtbarer Hand[1] – weitgehend selbstregulierend. Wenn die Immobilienpreise zu hoch sind, werden sie irgendwann von selbst wieder auf ein vernünftiges Niveau sinken. Wenn die Leute sich zu viel Geld geliehen haben, werden sie schließlich ihre Schulden zurückzahlen oder Insolvenz anmelden. Wenn Firmen gar nicht mehr konkurrenzfähig sind, gehen sie in Konkurs.

Der gute »Aufwärts«-Trend des Wirtschaftszyklus führt zu einer Steigerung von Produktion und Investitionen. Das bringt höhere Gewinne, höhere Steuereinnahmen, höhere Aktienkurse und mehr Arbeitsplätze. Mehr Arbeitsplätze wiederum heizen den Konsum an.

Der schlechte »Abwärts«-Trend des Zyklus wirkt umgekehrt. Wenn Menschen zu viele Schulden haben, geben sie weniger aus und zahlen ihre Kredite zurück. Weil sie weniger kaufen, füllen sich die Lagerhallen, also fahren Fabriken ihre Produktion zurück. Die Gewinne sinken, es wird weniger investiert. Die Aktienkurse fallen, die Arbeitslosigkeit steigt, und der Staat nimmt weniger Steuern ein. Die Abwärtsspirale setzt sich manchmal über Jahre fort, bis das Ungleichgewicht, das die Abkühlung verursacht hat, behoben ist und das System wieder ins Gleichgewicht kommt.

Sobald das Gleichgewicht wiederhergestellt ist, beginnt der Zyklus von vorne und das Wachstum setzt wieder ein. In der Regel wiederholt sich der Zyklus alle vier bis acht Jahre, und solange der Gesamttrend nach oben geht, solange es langfristiges Wachstum gibt, ist alles in Ordnung.

Um zu verstehen, was in ihrer Volkswirtschaft geschieht, beobachtet die Gesellschaft das BIP, und so ist die Erzeugung von Gütern und Dienstleistungen zum wichtigsten Maß der gesellschaftlichen Entwicklung geworden. Aber das BIP wurde keineswegs zu diesem Zweck berechnet. Simon Kuznet war der Architekt der US-amerikanischen volkswirtschaftlichen Gesamtrechnung und kam 1934 auf die Idee, das BIP zu messen; er warnte davor, es als Indikator für den allgemeinen Fortschritt zu nutzen. Das BIP wurde vielmehr für die Regierung Roosevelt entwickelt, weil man demonstrieren wollte, dass die US-Wirtschaft genügend Kriegsmaterial produzieren und trotzdem die Verbraucher auf einem gesunden Niveau mit Gütern und Dienstleistungen versorgen kann. An eine Steigerung des BIP als Ziel moderner Gesellschaften hat man dabei nicht gedacht.

Aus diesem Grund konzentriert sich das BIP ausschließlich auf Leistung und Produktion und nicht auf die Lebensqualität oder das Wohlergehen der Menschen.

In den letzten Jahrzehnten ist die Bedeutung des BIP stetig gewachsen und die meisten Menschen meinen, Wirtschaftswachstum sei etwas Gutes, es sei nicht nur notwendig, sondern entscheidend. Sie glauben, wachsende Leistung führe zu einem höheren durchschnittlichen Lebensstandard. Das liegt daran, dass ihnen versichert wird, es gebe einen Trickle-down-Effekt; der Reichtum, der durch erhöhte Produktion geschaffen werde, verteile sich in der ganzen Gesellschaft und die Kluft zwischen Arm und Reich werde damit geschlossen. Und man sagt ihnen, schnelleres Wirtschaftswachstum werde mehr Arbeitsplätze schaffen und die Arbeitslosigkeit senken. Und weil die Leute all das glauben, wird es zu einer Heiligen Kuh. Dabei wird nicht nur für richtig gehalten, dass das gesellschaftliche Ziel Wachstum um jeden Preis sein muss. Auch stellt kaum jemand die Annahmen infrage, die dieser Forderung zugrunde liegen, nämlich was eigentlich mit einem Wirtschaftswachstum gewonnen ist.

Wie wir zeigen werden, waren diese Annahmen von den 1950er bis zu Beginn der 1980er Jahre weitgehend zutreffend, aber seither hat sich die Lage verändert. Das Streben nach wachsender Produktionsleistung hat in Wirklichkeit die Ungleichheit vergrößert, zu höheren Arbeitslosenzahlen geführt und gleichzeitig die Umwelt geschädigt. Überdies hat es dafür gesorgt, dass in zahlreichen Industrieländern eine wachsende Zahl von Menschen in Armut lebt.

Wir werden in den folgenden Kapiteln erklären, wie und warum es dazu gekommen ist. Im Moment wollen wir eine der ersten Annahmen betrachten, von denen man sich trennen muss, wenn man verstehen will, was geschieht: die Prämisse, Wirtschaftswachstum sei in jedem Fall etwas Positives.

Wirtschaftswachstum ist in vielerlei Hinsicht positiv. In der Regel führt es zu vermehrten Investitionen und damit zu mehr Arbeitsplätzen, wodurch wiederum die Einkommen steigen. Aber Wirtschaftswachstum ist nicht immer sozial förderlich. Was die

> **4** **Warum glauben die meisten Menschen, Wirtschaftswachstum sei gut?**
>
> Die Menschen glauben, Wirtschaftswachstum sei für die Gesellschaft von Vorteil, weil herkömmliches Wirtschaftswachstum – das heißt die Steigerung des gesamten Outputs an Gütern und Dienstleistungen in einem bestimmten Zeitraum – historisch zu Einkommenssteigerungen, höherer Beschäftigung und einer sicheren Altersversorgung für die meisten geführt hat. Bis ein anderes Wirtschaftssystem bewiesen hat, dass es all dies besser kann, wird herkömmliches Wirtschaftswachstum wohl das unbestrittene Ziel bleiben – obwohl es nicht immer das allgemeine Wohlergehen der Menschen steigert (zum Beispiel, wenn die Erhöhung der Produktivität zu vermehrter Umweltverschmutzung und Verkehrsbelastung führt).

Gesellschaft in das Wirtschaftswachstum einrechnet, ist oft sogar schädlich, während das, was nicht berücksichtigt und folglich ignoriert wird, häufig lebenswichtig ist.

Wenn jemand ein neues Haus baut, wird damit Wirtschaftswachstum erzeugt – ein Zuwachs des BIP. Stürzt das Haus wegen Pfusch am Bau ein, wird der Verlust nicht in die Rechnung einbezogen, weil der Einsturz weder menschlichen Einsatz noch Ausrüstung oder Ressourcen erfordert hat. Er vermindert das BIP nicht. Ein Abriss hingegen steigert das BIP, weil er Arbeit und Ausrüstung erfordert – wie der Hausbau.

Auch wenn es auf den ersten Blick nicht plausibel erscheint, sind gewaltige Stürme, wie etwa Hurrikan Sandy, der 2012 Teile der Karibik und die amerikanische Ostküste verwüstete, gut fürs Wirtschaftswachstum. Die Zerstörung, die sie anrichten, wird ignoriert, während der Leistungszuwachs durch den Wiederaufbau Wirtschaftswachstum erzeugt.

Wenn die Gesellschaft ein Gefängnis baut, trägt das zum BIP bei. Wenn Menschen Regenwälder niederbrennen und Ölpalmen anpflanzen, steigt das BIP. Ebenso schafft das Ausräumen von Atommüll aus kontaminierten Flächen Arbeitsplätze und vermehrt das BIP. Folglich fördern die Inhaftierung möglichst vieler Menschen, großflächige Umweltzerstörung und Aufräumarbeiten nach Störfällen im Kernkraftwerk das Wirtschaftswachstum.

Eine Mutter oder ein Vater, die ein Kind aufziehen, schaffen kein Wirtschaftswachstum – ein Kind großzuziehen, trägt nichts zum BIP bei. Wenn aus einem Kind ein nützliches Mitglied der Gesellschaft wird, wenn es dank seiner Eltern ein Gefühl für Moral entwickelt und gute Manieren lernt, ist das kein Wert im Sinne des BIP. Wird das Kind aber gegen Lohn von einem Kindermädchen versorgt oder lernt es in einer Schule Lesen und Schreiben, wächst das BIP.

Unter dem BIP-Aspekt ist die Natur nur das wert, was man aus ihr herausholen oder was man auf ihr bauen kann, weil alles einen monetären Wert erhalten muss, ehe es Eingang ins BIP findet. Wenn also Menschen in Flussauen Häuser bauen oder mit Frachtschiffen über Meere fahren, die einst von Eiskappen bedeckt waren, wächst das BIP und Wirtschaftswissenschaftler und Journalisten sind entzückt, weil die neuen Häuser und der Handel Wirtschaftswachstum schaffen. Der Wert der zerstörten Feuchtgebiete und Polareiskappen wird hingegen nicht berechnet.

Auch Ungleichheit fließt nicht ins BIP ein. Wenn in einer Volkswirtschaft die Produktion steigt, aber der gesamte Gewinn in die Taschen der Reichsten fließt, die gerade mal ein Prozent der Bevölkerung ausmachen, spiegelt sich die ungleiche Verteilung des finanziellen Ertrags nicht im BIP wider. Auch sagt das Wirtschaftswachstum nichts über Gesundheit und Glück der Menschen aus. Beim BIP zählt nur, dass die Wirtschaft wächst.

Um deutlich zu machen, wie wenig hilfreich die Berechnung des BIP sein kann, wies der französische Historiker Alfred Sauvy[2] einmal darauf hin, dass ein Mann, der seine Putzfrau heiratet, das BIP seiner Nation senkt. Seine Frau wird weiterhin das Haus putzen, aber sie bekommt dafür keinen Lohn mehr, also fließt ihre Arbeit nicht mehr ins BIP ein. Ihre Tätigkeit gilt als ökonomisch irrelevant.

Auch wenn wir es heute kaum glauben können, aber es ist keineswegs normal, dass die Gesellschaft in den letzten 30 Jahren den Fokus auf das Wirtschaftswachstum gelegt hat. Denn es war nicht immer so. Zudem ist die Wachstumsrate der Wirtschaft in den Industrieländern im selben Zeitraum beispiellos. Zwischen 1980 und 2007 haben die Länder der reichen Welt eine in der Menschheitsgeschichte nie dagewesene schnelle und anhaltende Phase des Wirtschaftswachstums erlebt.

Das Wirtschaftswachstum anzutreiben, gilt heute als Norm, obwohl es in den vergangenen 2000 Jahren meist überhaupt kein Wirtschaftswachstum gegeben hat. Nach dem Niedergang des Römischen Reichs um 400 n. Chr. sind mehrere Jahrhunderte lang die Volkswirtschaften Europas sogar geschrumpft.[3] Zwischen dem Jahr 1000 und dem Beginn des 18. Jahrhunderts wuchsen sie nur um 0,3 Prozent pro Jahr (gemessen an der Kaufkraftparität pro Kopf), was nach heutigen Maßstäben einer Rezession gleichkommt. In diesen 800 Jahren gab es natürlich Fortschritt. Die Bevölkerung wuchs und es gab viele Neuerungen in Technik und Wissenschaft. Aber die Veränderungen gingen im Vergleich zu heute so langsam vor sich, dass die Menschen es kaum merken konnten.

Über Jahrhunderte lebte jede Generation genauso, wie ihre Großeltern gelebt hatten, es sei denn, es gab Kriege oder Seuchen, was häufig vorkam. Ein Großvater nach dem anderen saß auf demselben Holzstuhl am Kopfende desselben Holztisches und aß mit einem Holzlöffel dieselbe Menge des immergleichen Haferbreis. Es gab weder Produktionssteigerungen noch Wirtschaftswachstum.

Bis ins 19. Jahrhundert dachte man, dass unumstößliche Gesetze für die ganze Menschheit gelten. Die Denker der Zeit stellten fest, dass der Lebensstandard seit Jahrhunderten fast unverändert geblieben war, und sie glaubten daher, ein Naturgesetz halte die Mehrheit der Menschen in Armut und hindere die Gesellschaft daran, sich schneller zu entwickeln und reicher zu werden. Selbst als schon fremde Länder kolonisiert und geplündert und ihre Schätze nach Europa transportiert wurden, verbesserte sich das Leben der Durchschnittsbürger nicht. Sobald der Lebensstandard ein wenig stieg, vermehrte sich die Bevölkerung, und weil die Lebensmittelproduktion nicht im selben Maße wuchs, kehrte die Armut zurück. Der Lebensstandard sank wieder auf das ursprüngliche Niveau ab. Aus diesem Zyklus gab es anscheinend kein Entrinnen.

Diese Phänomene führten den Moralphilosophen und Historiker Adam Smith zu Überlegungen, wie man das Muster durchbrechen und den Lebensstandard anheben könnte, und zwar nicht nur für eine Generation oder für einen Teil der Gesellschaft, sondern umfassend und anhaltend für die Mehrheit. Davon handelt sein berühmtes Buch, das unter seinem Kurztitel *Der Wohlstand der Nationen*[4] bekannt wurde.

Die Menschen seien arm, so Smith, weil die Leistung zu gering sei. Eine Möglichkeit, dies zu beheben, sei die Steigerung der Produktivität oder Leistung pro Arbeiter in einem Jahr. Um seine Arbeitswertlehre zu erklären, führte er das Beispiel einer Stecknadelfabrik an. Statt dafür zu sorgen, dass ein Arbeiter so viele Stecknadeln wie möglich produziert, konnte die Leistung, so Smith, durch die Aufspaltung der Herstellung in einzelne Arbeitsgänge gesteigert werden. Wenn sich die Arbeiter auf einen Arbeitsgang beschränkten, statt alle Schritte bis zur fertigen Nadel durchzuführen, stiege die Gesamtzahl der produzierten Stecknadeln. Damit sänken die Kosten pro Stecknadel, der Markt weite sich aus und das Unternehmen könnte wachsen. Dies erzeuge mehr Einkommen für den Besitzer, was ihn ermuntere, die Produktion zu steigern und mehr Leute zu beschäftigen. Wenn Leute die Chance hätten, zu arbeiten und damit Geld zu verdienen, würden sie zugreifen und folglich würde der durchschnittliche Lebensstandard steigen. Mit zunehmender Leistung gebe es mehr Arbeitsplätze, was zu mehr Einkommen und somit größerer Nachfrage führe – eine ökonomische Aufwärtsspirale.

Smiths Ideen und Beobachtungen waren aber nicht dafür verantwortlich, dass dann tatsächlich eine Ära rapiden Wirtschaftswachstums begann. Das war einem anderen Schotten zu verdanken, nämlich James Watt.

Über Jahrtausende hatten Menschen verschiedene Energieformen genutzt, um menschliche Arbeitskraft zu ersetzen. Mithilfe von Wasserrädern und Windmühlen konnte die Erzeugung von Mehl erhöht werden. In der Landwirtschaft wurden Tiere vor den Pflug gespannt, um die landwirtschaftlichen Erträge zu steigern. Holz, Holzkohle und Kohle ermöglichten die Metallbearbeitung.

Anfang des 18. Jahrhunderts wurden Dampfmaschinen erfunden und zunächst hauptsächlich dafür genutzt, Wasser aus Kohlebergwerken zu pumpen. Aber sie waren ineffizient und verschlangen ironischerweise, wenn man an ihren vorwiegenden Zweck denkt, riesige Mengen an Kohle. James Watt, der viele Jahre lang an dem Problem gearbeitet hatte, konnte ihren Wirkungsgrad durch einen Kondensator und ein Schubkurbelgetriebe verbessern. Damit sanken die Produktionskosten für Kohle erheblich und die Bergwerksbesitzer konnten mehr verkaufen. Wie Smiths Arbeitsteilung in der Stecknadelfabrik, so erhöhte auch Watts Dampfmaschine die Produktivität.

Nun konnte man dank Watts Erfindung überall dort Maschinen aufstellen, wo Wasser und Brennstoff zur Verfügung standen. Das ermöglichte den Bau von Dampflokomotiven und -schiffen, was wiederum den Handel förderte. Der Handel sorgte überdies, wie

Smith beobachtete, für Produktivitätswachstum und einen höheren Lebensstandard für alle.

Mithilfe von Watts Dampfmaschine fertigten britische Weber Baumwollstoffe effizienter als die Inder an ihren Webstühlen. Damit war eine völlig neue Branche geboren. Die Fabriken, in denen Baumwolle gesponnen und gewebt wurde, veränderten allmählich die Landschaft und trieben die Urbanisierung voran. Weitere neue Branchen entstanden und im Jahr 1870 erzeugten britische Dampfmaschinen so viel Energie wie 40 Millionen Arbeiter, was dem Land (damals mit einer Bevölkerung unter 30 Millionen) ermöglichte, seine Produktionsleistung zu steigern, ohne zusätzliche Arbeitskräfte ernähren zu müssen. Die Produktivität des ganzen Landes entwickelte sich.

Im 19. Jahrhundert gelangten Dampfmaschinen von Großbritannien aus nach ganz Europa und in die Vereinigten Staaten, wo sie die landwirtschaftlichen Methoden veränderten und den Bau der Eisenbahn ermöglichten.

Nach 2000 Jahren der Stagnation traten die Volkswirtschaften Westeuropas und der Vereinigten Staaten ihren Höhenflug an. In Europa lag das Wirtschaftswachstum nach 1820 bei über 2 Prozent pro Jahr und auf diesem Niveau blieb es das ganze 19. Jahrhundert über.[5]

Was bedeutet all dies ökonomisch? Watts Dampfmaschine erhöhte die Produktivität (Leistung pro Arbeitsstunde) und damit die Produktionsleistung. Energie in Form von Kohle wurde in zweckmäßige Energieformen umgewandelt (Kraft, Drehmoment, Bewegung und Wärme), was den Output pro Arbeiter steigerte. Der Einsatz von Maschinen in Fabriken hatte denselben Effekt. Die Techniken zur Energieerzeugung und Massenfertigung sorgten dafür, dass Produktivität und Produktionsleistung zulegten. Sie schufen Wirtschaftswachstum.

Wirtschaftswachstum entsteht hauptsächlich durch Steigerung der Produktivität und hängt davon ab, dass die Leistung pro Arbeitskraft steigt. Dies ist ein entscheidender Punkt, auf den wir noch häufig zurückkommen werden. Wirtschaftswachstum ist nicht die Folge von wachsendem Konsum, es entsteht nicht, weil mehr gekauft wird, auch wenn dies in vielen Zeitungsberichten anders dargestellt wird. Konsum ist eine *Folge* der verfügbaren Produktion. Erst die wachsende Produktionsleistung im Verhältnis zu einem gegebenen Materialeinsatz ermöglicht eine Steigerung der Kaufkraft. Einfach ausgedrückt, Sie können erst dann einen Schokoriegel kaufen, wenn sich zuvor jemand die Mühe gemacht hat, ihn herzustellen.

Wenn die Bevölkerung wächst und die Menschen Arbeit und Einkommensquellen haben, können sie sich etwas kaufen. Somit steigt die Produktionsleistung, um die steigende Nachfrage zu decken. Bei einer stabilen oder schrumpfenden Bevölkerung, wie sie in den kommenden Jahrzehnten in vielen Industrieländern zu erwarten ist, wird diese Quelle des Wirtschaftswachstums allmählich versiegen.

Die Produktionsleistung steigt auch, wenn Arbeit und Kapital eingesetzt werden, um neue Maschinen zu bauen und die Infrastruktur zu verbessern, und sie legt zu, wenn andere Länder bereit sind, die Produkte eines Landes zu kaufen – wenn es also internationalen Handel gibt. Darauf werden wir später noch im Einzelnen zurückkommen.

Man muss sich klarmachen, dass Wirtschaftswachstum weitgehend auf erhöhter Produktivität beruht. Erhöhte Produktivität bedeutet, dass weniger Ressourcen – vor allem in Form von Arbeitskraft, Energie und Rohstoffen – benötigt werden, um ein bestimmtes Leistungsniveau zu erreichen. Oder anders gesagt, während das Volumen der Inputs (Arbeitskräfte, Energie und Rohstoffe) unverändert bleibt, steigt das Volumen der Produktion.

Smiths Stecknadelfabrik kann als Beispiel dienen: Nehmen wir an, 10 Arbeiter stellen in der Fabrik täglich 1000 Stecknadeln her. Wenn sie die Produktion in Arbeitsgänge aufspalten und sich spezialisieren, können sie jedoch 10.000 Stecknadeln herstellen – eine Verzehnfachung der Produktivität. Das heißt, der Preis für Stecknadeln kann sinken und folglich werden mehr Stecknadeln verkauft. Für einen Dollar erhalten die Kunden mehr Stecknadeln, was die Nachfrage steigen lässt. Das Ergebnis sind mehr Arbeitsplätze und ein höheres Einkommen für die Stecknadelarbeiter und mehr Gewinn für die Fabrikbesitzer. Der Produktivitätszuwachs schafft Wirtschaftswachstum.

Solange also mehr Arbeitsplätze entstehen, wachsen tendenziell die gesamte Produktionsleistung und das Wohlergehen in der Gesellschaft – davon ging Smith aus, als er seine Beobach-

---

5   Was ist Wohlergehen?

Wohlergehen ist subjektiv und nicht leicht zu definieren oder präzise zu messen. Vielleicht wird es am besten durch die Antworten auf folgende Frage erfasst: Wie zufrieden sind Sie mit Ihrem Leben auf einer Skala von 0 bis 10? Das subjektive Wohlbefinden wird von vielen Faktoren beeinflusst, unter anderem vom Einkommen. Manche Faktoren lassen sich leichter messen als andere. Wenn die Menschen arm sind, zum Beispiel wenn das BIP pro Kopf unter 10.000 Dollar pro Jahr liegt – wie es in den Vereinigten Staaten 1955 und in den 15 Ländern der Europäischen Union (EU) 1965 der Fall war –, führt wachsendes Einkommen zu einem deutlichen Anstieg des »subjektiven« Wohlbefindens (laut Umfragen). Bei höherem Einkommensniveau sind die Auswirkungen von Lohnsteigerungen geringer, aber immer noch vorhanden. In reichen Gesellschaften ist das Einkommen für das individuelle Wohlbefinden zwar noch wichtig, aber es geht hier vor allem um Relationen. Das heißt, Angehörige der Mittelschicht sind vor allem deshalb an einer Einkommenssteigerung interessiert, damit sie ihre Stellung in der gesellschaftlichen Hierarchie behalten, und nicht, damit sie sich noch ein Sofa kaufen können.

> **6** **Führt Wirtschaftswachstum zu mehr Wohlergehen?**
>
> In armen Gesellschaften ist das der Fall. Eine steigende Produktionsleistung verbessert tendenziell das Wohlergehen, wenn die meisten Menschen ein niedriges Einkommen haben. Bei reichen Nationen ist die Antwort leider nicht so eindeutig. Man bedenke, dass mit dem BIP das Konjunkturniveau gemessen wird, nicht das Glück. Es nimmt zu, wenn mehr Menschen arbeiten und sie pro Person und Jahr mehr Wert erzeugen. Aber das Wirtschaftswachstum nimmt auch zu, wenn sie Aufgaben erfüllen, mit denen sie nur die unwillkommenen Folgen früherer Wirtschaftstätigkeit beseitigen, etwa die Reparatur der durch den Klimawandel verursachten Schäden. Deshalb führt ein wachsendes BIP nicht immer zu höherem Wohlergehen.

tungen in der Stecknadelfabrik machte. Aber nicht einmal zu seiner Zeit und auch nicht in den darauf folgenden Jahrzehnten trat das wirklich ein. Ungeachtet der drastischen Zunahme der Produktionsleistung waren die Auswirkungen dieser ersten Phase der industriellen Revolution für die große Mehrheit verheerend. Der durchschnittliche Lebensstandard verbesserte sich nicht. In vielen Fällen sank er ab und Millionen Menschen waren schlechter dran als zuvor.

In den Baumwollfabriken herrschten grauenvolle Zustände, hier arbeiteten Kinder, die Arbeitstage waren lang und die Luft oft lebensbedrohlich schlecht. Unfälle waren an der Tagesordnung und häufig tödlich. Die verstärkte Urbanisierung brachte Elendsviertel hervor, in denen sich Seuchen und Gewalt ausbreiteten. Wer keine Arbeit fand, der wurde ebenso wie die Obdachlosen, Armen und Gebrechlichen ins Armenhaus gesteckt. Bauern wurden durch Maschinen ersetzt und von ihrem Land vertrieben. Die

Lebenserwartung stieg kaum und die Löhne blieben erbärmlich, weil die Fabrikbesitzer den Gewinn in die eigene Tasche steckten.

Im 19. Jahrhundert beschleunigten sich Wirtschaftswachstum und ein gewisser Fortschritt, aber fast alle Vorteile kamen nur den Reichen zugute. In den ersten Jahrzehnten der industriellen Revolution, die eine Ära schnelleren Wirtschaftswachstums einläuteten, stieg der Lebensstandard der Mehrheit nicht.

Gegen Ende des 19. Jahrhunderts verbesserte sich die Lage erheblich, vor allem dank einer starken Arbeiterbewegung, die als Reaktion auf die schrecklichen Arbeitsbedingungen entstanden war. Nach und nach sorgten Gesetzesreformen für mehr Sicherheit in den Fabriken. Vor allem mithilfe deutscher Ingenieurskunst wurden die Maschinen weniger gefährlich und leistungsfähiger. Die Arbeitszeit verkürzte sich und die Löhne stiegen. Aber diese Veränderungen waren keineswegs dem Wohlwollen der Fabrikbesitzer zu verdanken. Grund war vielmehr die zunehmende Verknappung der Arbeitskräfte. Vor die Wahl gestellt, entweder in einer dunklen Höllenfabrik zu arbeiten oder aber zu verarmen, wanderte ein Viertel der britischen Bevölkerung aus, vorwiegend in die Vereinigten Staaten, nach Kanada, Australien und Neuseeland. Sie wollten schlicht der industriellen Misere und der Verelendung entfliehen.

Mit dem Beginn des 20. Jahrhunderts führten die breitere Anerkennung von Arbeiterrechten und zahllose Erfindungen allmählich zu einer Anhebung des Lebensstandards. Autos sowie Flugzeuge erhöhten die Mobilität. Telegrafen und Telefone senkten die Kosten der Kommunikation. Innentoiletten, fließendes Wasser und elektrisches Licht veränderten das häusliche Leben. Arbeitskräftemangel und die Bemühungen der wachsenden Gewerkschaftsbewegung sorgten für einen schnelleren Lohnanstieg und brachten damit die Aufwärtsspirale in Gang, von der die reiche Welt bis in die jüngste Zeit profitiert hat. Mit den steigenden Löhnen wuchs die Nachfrage. Das ist auch einer der Gründe, warum Henry Ford 1914 verkündete, er wolle seinen Arbeitern 5 Dollar die Stunde bezahlen, weit mehr als seine Konkurrenten.[6] Dank besserer Bezahlung, so seine Überlegung, würden sich die Arbeiter nicht nur mehr anstrengen, sondern sie standen auch finanziell besser da – und konnten dann eines seiner Autos kaufen.

Im weiteren Verlauf des 20. Jahrhunderts hob sich der Lebensstandard und an die Stelle von Elendsvierteln traten komfortablere Wohnverhältnisse und mehr Sicherheit auf den Straßen. Die Gesundheitsversorgung verbesserte sich dramatisch, die Kindersterblichkeit sank und die durchschnittliche Lebenserwartung stieg. In der reichen Welt wuchs die Bevölkerung,[7] zunächst sehr schnell, dann bedingt durch sinkende Fruchtbarkeitsraten immer langsamer. Im 20. Jahrhundert griff der demografische Wandel – von vielen Kindern und geringer Lebenserwartung zu weniger Kindern und Langlebigkeit – auf den Rest der Welt über. Das wohlbekannte Ergebnis war ein rapides Anwachsen der Weltbevölkerung, das wahrscheinlich erst Mitte des 21. Jahrhunderts zum Stillstand kommen wird. Der Bevölkerungsanstieg führte zu noch mehr Wirtschaftswachstum.

Im Jahr 1900 überholten die Vereinigten Staaten schließlich China und wurden zur größten Volkswirtschaft der Welt. Fünfzig Jahre später entfiel mehr als ein Drittel der globalen Produktionsleistung auf die Vereinigten Staaten, die sich nicht nur wirtschaftlich[8], sondern auch politisch und militärisch zur Führungsmacht aufschwangen.

Die Auswirkungen der bedingungslosen Konzentration auf die Produktivitätssteigerung, auf die Öffnung für den internationalen Handel und das Wundermittel der freien Märkte waren deutlich erkennbar. In den letzten Jahrzehnten des 20. Jahrhunderts wurden sie noch deutlicher. Die Sowjetunion mit ihrer Ausrichtung auf staatlich kontrolliertes Wirtschaftswachstum stand kurz vor dem Zusammenbruch. Auf das kommunistische China, das in den vorhergehenden 1000 Jahren die weltgrößte Volkswirtschaft ge-

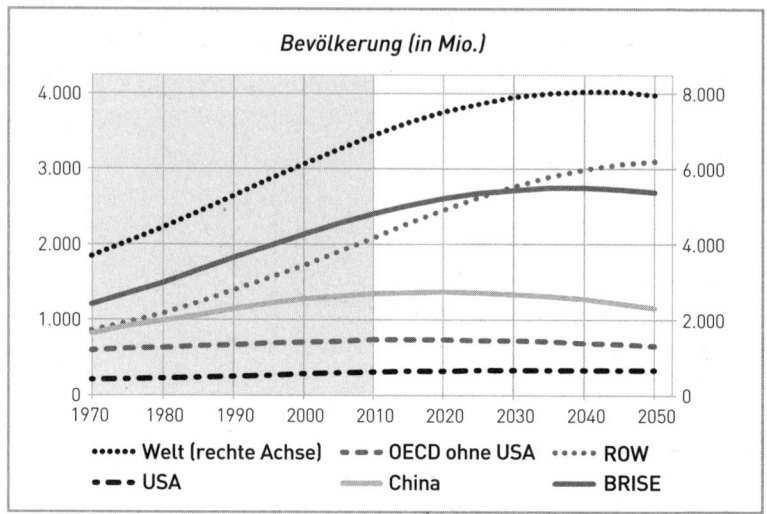

ABBILDUNG 1
Das Bevölkerungswachstum verlangsamt sich

Die Weltbevölkerung wird um 2040 ihren Höchststand erreichen. In den meisten Ländern der reichen Welt (OECD-Mitglieder ohne die Vereinigten Staaten) geht die Bevölkerung bereits seit 2010 zurück; nur die USA werden weiterhin langsam wachsen. China wird sich ab 2015 für ein Jahrzehnt bei rund 1,3 Milliarden Menschen stabilisieren, dann wird die Bevölkerung ebenfalls abnehmen. Vierzehn große Schwellenländer (BRISE) werden 2030 aufhören zu wachsen. Nur der Rest der Welt (ROW – 140 meist kleine und arme Länder) werden auch nach 2050 noch wachsen.

wesen war und über eine fünfmal so große Bevölkerung verfügte wie die USA, entfielen gerade einmal 3 Prozent der globalen Produktionsleistung.

Gemessen am BIP pro Kopf – ein weitaus besserer Maßstab für diesen Wandel, wenn man etwas über das Schicksal des Durchschnittsbürgers erfahren will – machte die reiche Welt im Vergleich zu allen übrigen Weltregionen einen großen Sprung nach vorn. Im Jahr 1900 war das BIP pro Kopf in Westeuropa, den Vereinigten Staaten, Australien, Kanada, Neuseeland sowie Japan[9] viermal höher als anderswo. Im Jahr 2000 war es sechsmal höher.

ABBILDUNG 2
Die wirtschaftliche Gesamtleistung (BIP) wird langsamer wachsen

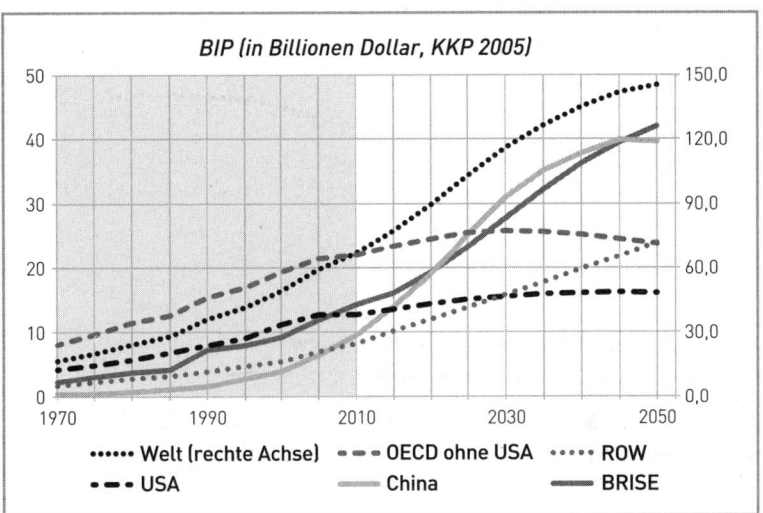

Die jährliche Gesamtleistung der Welt (ihr Bruttoinlandsprodukt) wird bis Mitte des 21. Jahrhunderts weiterhin wachsen, aber zunehmend langsamer, und nach 2050 ihren Höhepunkt erreichen. Die meisten Länder der reichen Welt (OECD ohne die Vereinigten Staaten) werden ihren Höhepunkt um 2030 erreichen und 2050 wieder auf dem Stand von 2015 sein. Wegen der Einwanderung werden die USA weiterhin langsam wachsen. China wird sein BIP vervierfachen. Vierzehn große Schwellenländer (BRISE) werden ebenso wie der Rest der Welt (ROW – 140 meist kleine und arme Nationen) ihr BIP verdreifachen.

Fast 100 Jahre lang entfielen mehr als die Hälfte des globalen BIP auf die Industrieländer, obwohl sie nie mehr als ein Viertel der Weltbevölkerung stellten.[10]

Die Ära des rapiden Wirtschaftswachstums zahlte sich in sozialer Hinsicht aus. Höhere Steuereinnahmen ermöglichten den Regierungen, mehr Schulen zu bauen. Das hieß, mehr Menschen erhielten bei längerer Schulzeit eine bessere Ausbildung.[11] Die Arbeitszeiten wurden allmählich gekürzt, sodass die Menschen mehr Freizeit hatten.[12] Die Arbeitslosigkeit war niedrig,[13] ebenso die Ausgaben für Sozialhilfe. In den 1960er Jahren erhielten die

ABBILDUNG 3
Die Wachstumsraten beim BIP pro Kopf entwickeln sich unterschiedlich

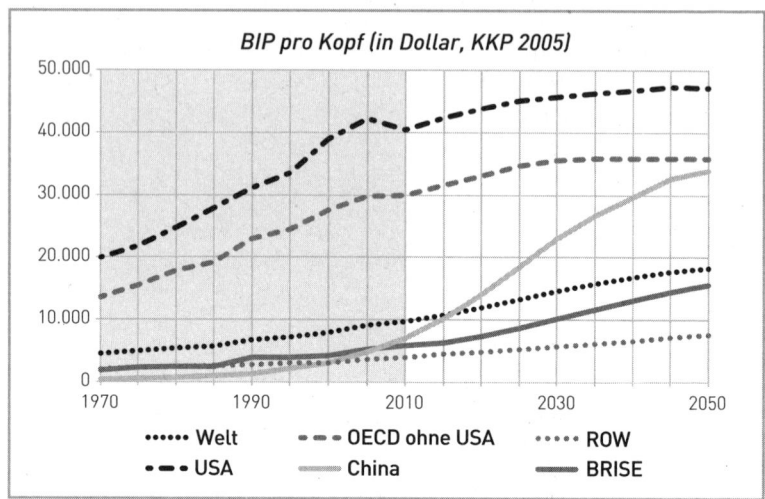

Das BIP pro Kopf wird in der reichen Welt von 2010 bis 2050 kaum noch wachsen. In China hingegen wird es sich verfünffachen. Sieben der vierzehn großen Schwellenländer folgen diesem Beispiel, den anderen wird es nicht gelingen durchzustarten. Das Wachstum im Rest der Welt (ROW – 140 meist kleine und arme Länder) wird bis 2050 gering bleiben, weil sich an den Wachstumsbedingungen wenig ändern wird.

TABELLE 1
Die Auswirkungen rapiden Wirtschaftswachstums, 1820 vs. 2001

	UK	UK	USA	USA
	1820	2001	1820	2001
BIP pro Arbeitsstunde (in Dollar, Kaufkraft 1990)	1,50	28,60	1,30	36,40
Durchschnittliche Bildungsjahre pro Beschäftigtem	2	16	2	20
Durchschn. BIP pro Kopf (in Dollar, Kaufkraft 1990)	2075	21.565	1360	28.725
Bevölkerung (in Millionen)[14]	21	59	10	285
Arbeitsstunden pro Einwohner pro Jahr[15]	1150	700	970	770

Quelle: Aspects of the Economics of Climate Change, Maddison 2005

7 Führt Wirtschaftswachstum zu einer Steigerung des BIP pro Kopf?

Nicht unbedingt. Wirtschaftswachstum ist dasselbe wie die Anstiegsrate des BIP. Das BIP ergibt sich, wenn man das BIP pro Kopf mit der Zahl der Einwohner multipliziert. Das BIP wächst, wenn die Bevölkerung wächst und das BIP pro Kopf zunimmt. Schrumpft die Bevölkerung aber, sinkt das BIP, selbst wenn das BIP pro Kopf gleich bleibt. Oder es stellt sich eine Situation ein wie in Japan seit 1990: stabiles BIP, abnehmende Bevölkerung und steigendes BIP pro Kopf.

Das BIP pro Kopf ist der Wert der in einem Jahr bereitgestellten Güter und Dienstleistungen in einem Land, geteilt durch seine (durchschnittliche) Bevölkerung in diesem Jahr. Misst man das BIP pro Kopf, so zeigt sich, in welchem Maße es einer Nation gelingt, den Menschen zu bezahlter Arbeit zu verhelfen. Unter sonst gleichen Bedingungen fällt das BIP pro Kopf höher aus, wenn die Erwerbsbeteiligungsquote steigt, wenn die Menschen mehr Stunden pro Jahr arbeiten und wenn sie effizienter arbeiten (mehr Produktionsleistung pro Stunde erbringen, vielleicht weil sie besser ausgebildet sind oder über bessere Arbeitsinstrumente verfügen).

Aber ein höheres BIP pro Kopf führt nicht immer zu höherem durchschnittlichem Wohlergehen der Bevölkerung. Über einem Jahreseinkommen von 30.000 Dollar würden sich viele offenbar eher für kürzere Arbeitszeiten und ein festes Einkommen entscheiden, statt weiterhin 40 Stunden zu arbeiten und mehr zu verdienen – vor allem, wenn die Nachbarn dasselbe tun.

ABBILDUNG 4
Das durchschnittliche verfügbare Einkommen wird sich unterschiedlich entwickeln

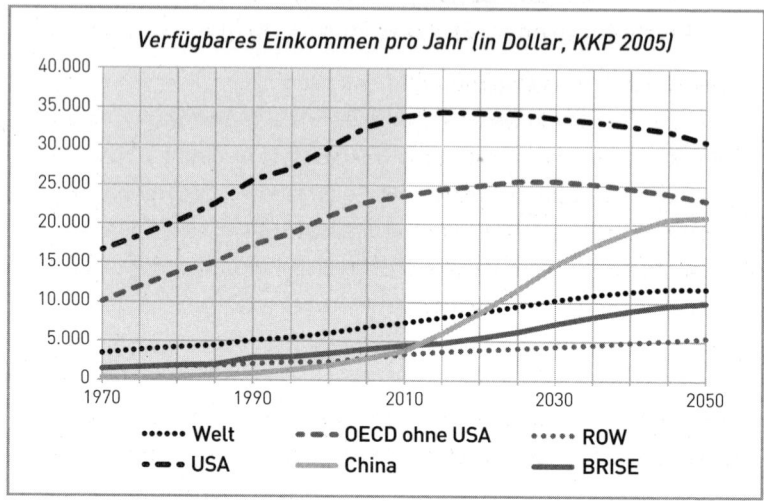

Das durchschnittliche verfügbare Einkommen – das BIP pro Kopf minus den Betrag, den jeder Einwohner für Reparatur und Anpassung aufbringen muss (zwingende Ausgaben) – wird sich ähnlich entwickeln wie das BIP pro Kopf (siehe Abbildung 3). Aber das verfügbare Einkommen wird langsamer wachsen als das BIP pro Kopf – und in der reichen Welt sogar sinken –, weil die Gesellschaft immer mehr Arbeit und Kapital aufwenden muss, um gegen Ressourcenknappheit, Klimawandel, Artensterben und Ungleichheit zu kämpfen.

TABELLE 2
Bevölkerung, in Millionen

	1900	1950	2001
Westeuropa	234	305	392
USA	76	125	285
Australien, Kanada, Neuseeland	10	24	55
Japan	44	84	127
»Westen« insgesamt	**364**	**565**	**859**
Welt	1564	2524	6149

Quelle: Professor Angus Maddison FBA, (20. Februar 2005), Evidence submitted to the Select Committee on Economic Affairs, House of Lords, London, for the inquiry into »Aspects of the Economics of Climate Change«, S. 5, Tab. 2.

> **8 Warum schauen Firmeninhaber ausschließlich auf das Gesamt-BIP, während sich Beschäftigte eher für das BIP pro Kopf interessieren?**
>
> Der Umsatz eines Unternehmens wächst meist mit der Größe des Marktes. Der Markt weitet sich aus, wenn die Bevölkerung und das Pro-Kopf-Einkommen wachsen. Unternehmen interessieren sich für wachsende Märkte und daher für die Steigerung des Gesamt-BIP, unabhängig von seiner Quelle. Beschäftigte hingegen interessieren sich für höhere Löhne, die parallel zum BIP pro Kopf steigen und nicht vom Bevölkerungswachstum beeinflusst werden.

meisten Arbeiter ihren Lohn sogar während des Urlaubs und die meisten Beschäftigten verfügten über eine Renten- und Krankenversicherung.[16]

Auch die Arbeitswelt veränderte sich. Zu Beginn des 20. Jahrhunderts waren 80 Prozent der amerikanischen Männer im Freien tätig.[17] Gegen Ende des Jahrhunderts arbeiteten 80 Prozent in Gebäuden, die im Winter geheizt und im Sommer gekühlt wurden. Auch war die Arbeit bedeutend ungefährlicher, dank besserer Produktionstechnik, höherem gewerkschaftlichem Organisationsgrad und verbesserter medizinischer Versorgung.[18]

Im häuslichen Umfeld machten Maschinen das Leben leichter und befreiten die Hausfrau im Durchschnitt von über 20 Stunden wöchentlicher Hausarbeit,[19] denn neben fließendem Wasser, Strom und künstlicher Beleuchtung standen auch moderne Geräte wie Waschmaschine, Bügeleisen und Kühlschrank zur Verfügung. Damit konnte die Zahl der weiblichen Beschäftigten stark steigen, was Frauen eine größere Unabhängigkeit ermöglichte.[20]

Die Lebenserwartung nahm schrittweise zu. Mit dem Rückgang der Kindersterblichkeit, besserer Ernährung und besserer Gesundheitsversorgung durften die in der reichen Welt Geborenen damit rechnen, fast 50 Jahre länger zu leben als ihre 100 Jahre zuvor geborenen Vorfahren.

Mit dem Anstieg der Löhne und dem Rückgang der Armut wurde die Kluft zwischen Arm und Reich kleiner, aber das war nicht nur der wirtschaftlichen Entwicklung zu verdanken. Es lag auch ganz erheblich an der Steigerung der Produktionsleistung, die durch zwei industrialisierte Weltkriege und damit einhergehende, unverzichtbare staatliche Eingriffe nötig geworden war.

1917 wanderten in den USA 33 Prozent der gesamten in der Wirtschaft erzeugten Einkommen in die Kassen der reichsten 5 Prozent.[21] Im Jahr 1951 war ihr Anteil auf 20 Prozent gefallen, und der Anteil des obersten einen Prozents hatte sich mit 28 Prozent fast halbiert.[22] In Kanada, Deutschland, Frankreich, Italien und vielen anderen europäischen Ländern ging die Ungleichheit noch schneller zurück. In den Niederlanden, Dänemark, Finnland und Norwegen verkleinerte sich die Kluft besonders stark.

Diese Veränderungen sind besonders wichtig, weil die Menschen in der Regel glücklicher und gesünder sind, wenn die Kluft zwischen Arm und Reich klein ist. Will man das soziale Wohlergehen ermitteln, ist die Messung der Ungleichheit eine gute Ergänzung zum BIP pro Kopf. Länder mit geringer Ungleichheit sind meist stabiler und toleranter, auch die Gesetzestreue ist größer, es sitzen weniger Menschen in Haft oder sind obdachlos. Auch die Lebenserwartung ist höher.[23]

In den 1950er Jahren, als sich das Volkseinkommen gleichmäßiger auf die Bevölkerung verteilte, waren die Vorteile des Wirtschaftswachstums wirklich bemerkenswert. Der Lebensstandard verbesserte sich erheblich, die Arbeitslosigkeit ging zurück, Freizeit nahm zu und die Lebenserwartung stieg. Das Wirtschaftswachstum förderte Bildungschancen und machte die Menschen glücklicher. Über Jahrzehnte wurde mit dem Streben nach Wirtschaftswachstum all das erreicht, was die Leute ihm heute noch zuschreiben.

> **9   Steigt mit dem Wirtschaftswachstum auch immer die Zahl der Arbeitsplätze?**
>
> In der Regel sorgt Wirtschaftswachstum für mehr Arbeitsplätze. Die Zahl der Arbeitsplätze in einer Volkswirtschaft steigt, wenn das BIP schneller wächst (gemessen in Prozent pro Jahr) als die durchschnittliche Arbeitsproduktivität (gemessen in Prozent pro Jahr). Da aber die Arbeitsproduktivität normalerweise in Produktionsleistung pro Stunde gemessen wird und das BIP in Produktionsleistung pro Jahr, kann die Gesellschaft auch einfach die Zahl der Vollzeitarbeitsplätze anheben, indem sie das Arbeitsjahr verkürzt (die Zahl der Stunden, die pro Jahr pro Kopf in einer Vollzeitbeschäftigung gearbeitet werden). Natürlich bedeutet BIP-Wachstum nicht immer, dass Arbeitsplätze geschaffen werden. Zum Beispiel wächst das BIP auch, wenn viele kleine, arbeitsintensive Betriebe durch eine kapitalintensive Fabrik mit wenig Bedienungspersonal an den Maschinen verdrängt werden.

Es wurde sogar noch viel mehr erreicht. Dass in den Industrieländern heute die meisten Menschen das Wahlrecht besitzen, ist weitgehend der Ära der rapiden wirtschaftlichen Entwicklung zu verdanken. Die schrecklichen Bedingungen, unter denen Arbeiter im 19. Jahrhundert zu Beginn des Industriezeitalters litten, ließen sie Veränderungen einfordern und als diese erreicht waren, war es zur politischen Mitsprache nur noch ein kleiner Schritt. So entstand aus der Möglichkeit, Produktionsleistungen zu vergrößern, die Fabrik, die zu Ausbeutung führte, und die Ausbeutung zwang die Arbeiter, um ihre Rechte zu kämpfen. Aus diesem Kampf erwuchsen dann mehr demokratische Rechte für alle.

Auch dass die Emanzipation der Minderheiten in den Vereinigten Staaten und der meisten Frauen in der reichen Welt große Fortschritte gemacht hat, ist dieser Periode des Wirtschaftswachs-

10 Reduziert Wirtschaftswachstum immer die Ungleichheit?

Das hängt davon ab, wie die resultierende Produktionsleistung verteilt wird. Wenn der geschaffene Mehrwert gleichmäßig unter allen Bürgern aufgeteilt wird, führt Wirtschaftswachstum zu mehr Gleichheit. Wenn eine Gruppe, sagen wir die Wohlhabenden, mehr nimmt als ihren gerechten Anteil, fördert das Wirtschaftswachstum Ungleichheit. Die Umverteilung von Einkommen (worunter man allgemein versteht, dass den Reichen etwas genommen und den Armen gegeben wird, obwohl heute das Umgekehrte geschieht) ist schwierig und normalerweise nur mit starken Gewerkschaften und staatlichen Eingriffen zu erreichen.

Eine einfache Kennzahl für Gleichheit ist der Anteil der Arbeitnehmer am Volkseinkommen (die »Lohnquote«, die in Prozent des Volkseinkommens insgesamt angegeben wird). Die Lohnquote stieg nach dem Zweiten Weltkrieg in den meisten reichen Ländern an, das heißt, es herrschte größere Gleichheit, sie fiel aber nach 1990 in vielen reichen Ländern wieder ab, vor allem in den Vereinigten Staaten.

Ein weiterer einfacher Indikator für Gleichheit ist die Palma-Rate – eine nach dem chilenischen Ökonomen Gabriel Palma benannte Rate –, die anzeigt, welcher Anteil des Volkseinkommens an die reichsten 10 Prozent der Bevölkerung geht, geteilt durch den Einkommensanteil der ärmsten 40 Prozent. 2015 betrug die Palma-Rate in den Vereinigten Staaten etwa 2, in Skandinavien etwa 1.

tums zu verdanken. Die Jahre des Wachstums befreiten die Unterprivilegierten von ihren Ketten, weil sie ihnen Arbeit und neue Chancen boten und die Einstellung zur Frage der Gleichheit veränderten.

In den Vereinigten Staaten und einigen anderen Teilen der reichen Welt versuchen heute bestimmte Gruppen zu leugnen, wie dieser soziale Wandel zustande gekommen ist. Beschäftigte werden unter Druck gesetzt und sollen auf eine Mitgliedschaft in Organisationen verzichten, die sich gegen die Wünsche der Unternehmer stellen. Aber die beeindruckende Entwicklung Amerikas ist keineswegs denen zu verdanken, die Fabriken gegründet haben und die Gewinne dann allein einstecken wollten. Der Erfolg verdankt sich vielmehr den Beschäftigten, die bessere Arbeitsbedingungen forderten und die den Mut hatten, für ihre Rechte zu kämpfen. Dort liegt das Fundament der Freiheiten, die Amerika genießt.

Der amerikanischen Arbeiterklasse von heute wird eingeredet, gewerkschaftliche Organisation sei nicht mehr nötig, und die Mittelschicht glaubt, Gewerkschaften dienten nicht ihren Interessen. Wie wir im nächsten Kapitel darstellen werden, bilden sinkende Löhne, längere Arbeitszeiten und weniger Sozialleistungen den Kern der Probleme, mit denen die amerikanischen Beschäftigten seit Anfang der 1980er Jahre zu kämpfen haben.

Die enorme Geschwindigkeit der wirtschaftlichen Entwicklung im 20. Jahrhundert in der reichen Welt ist auch der Grund, warum sich ihre materielle Infrastruktur in einem besseren Zustand befindet als anderswo – was allerdings auf die Vereinigten Staaten nicht mehr zutrifft. In den Jahren des Booms, als die arbeitende Bevölkerung mehr verdiente, konnten westliche Länder dank der Steuereinnahmen die staatlichen Ausgaben erhöhen. Sie konnten größere und bessere Krankenhäuser, Straßen, Häfen und Tunnel bauen – und damit wuchs ihr Vorsprung vor den Entwicklungsländern.

Dank ihrer stärkeren Volkswirtschaften gewannen die Länder des Westens auch an politischem Einfluss. Sie verschafften der einkommensstarken Welt eine Bühne, auf der sie andere davon überzeugen konnte, ihrem Denken zu folgen. Denn warum sollten die Entwicklungsländer auf etwas verzichten wollen, das so viele Vorteile bot? Aufgrund ihrer wirtschaftlichen Stärke konnten die Vereinigten Staaten Deregulierung und offenere Märkte in anderen Teilen der Welt verlangen. Das ermöglichte ihnen und den anderen Industrieländern, andere Staaten dazu zu drängen, denselben Weg zu beschreiten – und zwar oft in einem höheren Tempo. Es gibt nur einen Entwicklungsweg, versicherte man den Entwicklungsländern, und so funktioniert er. Die Ära des rapiden Wirtschaftswachstums gab der reichen Welt die Chance, neue Märkte nach ihrem Bilde zu schaffen – zum Nutzen der eigenen Bürger und Unternehmen.

Über Jahrzehnte war Wirtschaftswachstum der Feenstaub, der alles verwandelte, was er berührte. Wie wir im nächsten Kapitel zeigen werden, wirkt der Feenstaub nicht mehr.

KAPITEL 3

Die alte Methode funktioniert nicht mehr

*Seit Jahren reduziert das Wirtschaftswachstum
die Arbeitslosigkeit nicht mehr,
sondern verschärft die Ungleichheit.*

Kapitalismus ist »der erstaunliche Glaube,
dass die gemeinsten Motive der gemeinsten Menschen
auf irgendeine Art die besten Ergebnisse in der besten
aller möglichen Welten bringen werden«.

John Maynard Keynes zugeschrieben

Im Jahr 1930 sagte der Wirtschaftswissenschaftler John Maynard Keynes voraus, seine Enkel würden nur noch 15 Stunden die Woche arbeiten müssen.[1] Bis sie in das arbeitsfähige Alter kämen, so Keynes, sei die Produktivität derartig groß, dass die Bürger der reichen Welt weniger arbeiten und ihre Tage ansonsten damit zubringen würden, zu tun, was sie möchten. Die reiche Welt könne sich auf Freizeit, die Wissenschaften und den Wissenserwerb konzentrieren.

Keynes' Vorhersage hätte sich gegen Ende des 20. Jahrhunderts erfüllen können. In der reichen Welt genügte das durchschnittliche BIP pro Kopf – mit mehr als 35.000 Dollar (alle Dollarbeträge in diesem Buch beziehen sich auf US-Dollar in KKP [Kaufkraftparität] des Jahres 2005) –, um allen ein angenehmes Leben zu ermöglichen. Der enorme gesellschaftliche Fortschritt und der Anstieg der Produktivität, die Keynes in den 1930er Jahren vorhergesehen hatte, waren tatsächlich eingetreten. Und doch waren die Arbeitslosenzahlen in allen OECD-Staaten hoch, die Arbeitszeiten oft länger als in den 1930er Jahren und die Ungleichheit hatte sich verschärft. Das Problem bestand darin, dass Einkommen, Arbeit und Wohlstand nicht gleichmäßig verteilt waren. Zu Beginn des 21. Jahrhunderts war ein kleiner Prozentsatz der

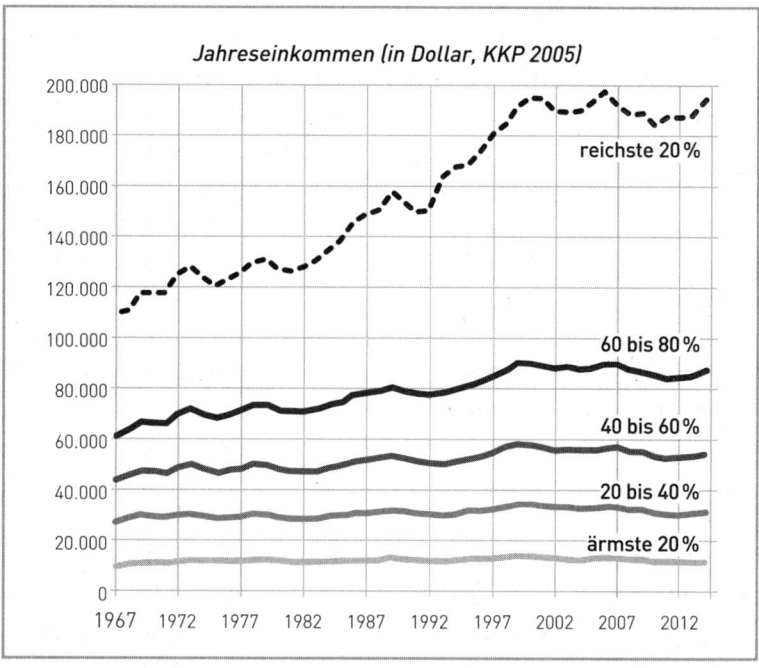

ABBILDUNG 5
Die Ungleichheit wächst, vor allem in den USA

Das Jahreseinkommen der reichsten 20 Prozent der US-amerikanischen Haushalte hat sich zwischen 1970 und 2015 fast verdoppelt. Das Einkommen der ärmsten Haushalte, die 40 Prozent ausmachen, hat sich hingegen gar nicht verändert – es ist real seit über 40 Jahren gleich geblieben. Die Haushalte der Mittelschicht (die auf der Einkommensskala zwischen 40 und 80 Prozent liegen) vermehrten ihr Einkommen im selben Zeitraum um rund ein Drittel.

Bevölkerung extrem reich geworden, während viele Millionen in bisweilen extremer Armut lebten. In der Finanzkrise von 2008 öffnete sich die Schere zwischen Arm und Reich noch weiter.[2]

Wie kam es dazu? Wenn Wirtschaftswachstum den durchschnittlichen Lebensstandard hebt und den Wohlstand gleichmäßiger verteilt, wie manche Wissenschaftler behaupten, warum war dann die Kluft zwischen Arm und Reich so groß – und wurde immer größer? War das nur ein kurzfristiges Problem etwa wegen des Platzens der Dotcom-Blase 2000 und der Finanzkrise von 2008? Oder war da etwas anderes im Gange?

Im Jahr 2008 erklärten Wissenschaftler die Finanzkrise zu einem vorübergehenden Problem, eine Art Schluckauf in einem sonst zuverlässigen System. Unter Rückgriff auf konventionelle ökonomische Theorien erklärten sie, das Problem sei schnell gelöst, sobald die Regierungen mehr Wachstum stimulierten. Mit mehr Wachstum werde die Arbeitslosigkeit wieder abnehmen und der durchschnittliche Lebensstandard erneut ansteigen und dank des Trickle-down-Effekts werde auch die Kluft zwischen Arm und Reich bald kleiner werden.

Damals betrachteten wir diesen Rat mit Skepsis. Wir bezweifelten, dass sie recht hatten. Mehr Wirtschaftswachstum werde die Probleme der Arbeitslosigkeit und der wachsenden Ungleichheit nicht lösen, sagten wir. Es werde, so unsere Meinung, die Probleme nur noch verschlimmern. Die meisten Leute hielten uns damals für verrückt.

Offenbar hatten herkömmliche Wissenschaftler, Banker und wachstumshungrige Geschäftsleute nicht begriffen, wie tiefgreifend sich das wirtschaftliche Umfeld verändert hatte. Sie richteten den Blick nur auf die Vergangenheit, sahen, dass das Konzept des Wirtschaftswachstums über viele Jahre außerordentlich erfolgreich gewesen war, und ohne die Gründe hierfür zu untersuchen, vermuteten sie, dieses Konzept werde sich auch in Zukunft bewähren.

Wenn sie ein bisschen an der Oberfläche gekratzt hätten, wäre ihnen aufgegangen, dass die Situation nicht so war, wie es den Anschein hatte. Der reale Lebensstandard war für hunderte Millionen Menschen seit vielen Jahren nicht gestiegen, und zwar ungeachtet der insgesamt hohen Wachstumsraten. Überdies hatte das Problem wachsender Ungleichheit und allmählich steigender Arbeitslosigkeit (und Unterbeschäftigung) nicht mit der Finanzkrise 2008 eingesetzt, ja, noch nicht einmal mit dem Platzen der Internet-Blase im Jahr 2000. Seine Anfänge lagen einige Jahrzehnte zurück.

Eine tiefergehende Analyse zeigte, dass das Wirtschaftswachstum nur bis Anfang der 1980er Jahre die Kaufkraft der Bürger im Westen erhöht hatte. Danach führten abnehmende Kosten bei vielen Waren zu dauerhaft sinkenden Preisen für Textilien, Autos und Lebensmittel, was den Menschen das Gefühl gab, es gehe ihnen besser als früher. Weil Kredite leicht zu haben waren, stiegen die Immobilienpreise stetig, was die Menschen glauben ließ, sie seien reich. Zudem gab es einige verblüffende technische Entwicklungen, angefangen mit dem Internet bis hin zu Geräten wie Mobiltelefonen und Homecomputern, die das Leben grundlegend veränderten. Das weckte bei der Mehrheit den Eindruck, sie lebten nach wie vor in einer Ära unglaublichen und rapiden gesellschaftlichen Fortschritts. Und allem Anschein nach war es auch so.

Aber in Wirklichkeit fielen die Reallöhne in Teilen der entwickelten Welt. Im Jahr 2014 verdiente über die Hälfte der arbeitenden Bevölkerung in den USA real weniger als 1979. Die US-Wirtschaft war in dieser Zeit um 140 Prozent gewachsen, aber die ärmsten 20 Prozent der Bevölkerung mussten Einkommensverluste hinnehmen, wohingegen sich das Einkommen der reichsten 20 Prozent mehr als verdoppelte.

Schon seit Beginn der 1960er Jahre war der Mindestlohn in den Vereinigten Staaten real gefallen und der Anteil der Arbeitnehmer gestiegen, die mit diesem geringen Entgelt auskommen mussten.[3]

Mit anderen Worten, eine wachsende Zahl von Menschen erhielt einen geringeren Reallohn. Auch die Sozialleistungen waren zusammengestrichen. Zum Beispiel leisteten 2014 deutlich weniger Firmen Beiträge zur Altersversorgung ihrer Beschäftigten als in den 1980er Jahren, und die Unternehmen, die noch zahlten, garantierten die Höhe der Rente ihrer Arbeitnehmer nicht mehr. Eine arbeitgeberfinanzierte Krankenversicherung gehörte ebenfalls für unzählige Beschäftigte der Vergangenheit an.[4] Und die Gewerkschaften hatten sehr viele Mitglieder verloren,[5] was die Macht der Unternehmer stärkte.

Trotz fallender Löhne war die Zahl der Arbeitsstunden gestiegen. 1975 hatten US-amerikanische Beschäftigte (einschließlich Teilzeitkräften) durchschnittlich 1.705 Stunden pro Jahr gearbeitet. Eine Generation später, im Jahr 2011, leisteten sie 1.863 Stunden – 9 Prozent mehr.[6]

Keynes hätte Mühe gehabt, das zu begreifen. Wie hatte bei so viel wirtschaftlichem und materiellem Fortschritt die Zahl der Arbeitsstunden pro Jahr derart anwachsen können, während doch die Produktivität stetig gestiegen war? 1979 hatte die Produktionsleistung eines jeden US-Bürgers noch unter 25.000 Dollar pro Jahr gelegen (siehe Abbildung 3). Im Jahr 2011 war sie – sogar real – auf 40.000 Dollar gestiegen. Dennoch waren die Löhne gefallen und die Arbeitsstunden hatten zugenommen. Das hieß, die Unternehmen ließen die Leute härter arbeiten, sie steigerten damit die Effizienz und senkten gleichzeitig die Löhne, um die Gewinne in die Höhe zu treiben.

Warum taten sie das? Die knappe Antwort lautet, dass die Unternehmen Löhne drückten und Gewinne hochschraubten, weil das marktwirtschaftliche System es zunehmend verlangte. Die Börsen und der Finanzsektor hatten an Einfluss gewonnen und die in diesem Sektor Tätigen forderten zusammen mit den Aktionären permanent wachsende vierteljährliche Gewinne. Mit anderen Worten, der »Markt« übte enormen Druck auf die Unternehmen aus, die höchsten Erträge herauszuschlagen. Sie sollten ihre Firmensitze in Steuerparadiese verlegen, Arbeitskosten senken, Fabriken in Niedriglohnländer verlagern und mit anderen Firmen zusammenarbeiten, um die Rohstoffkosten möglichst niedrig zu halten; außerdem sollten sie sich für Bürokratieabbau, Steuersenkungen und Deregulierung einsetzen. Weil starke Ausgleichskräfte fehlten – seitens der Gesellschaft, der Gewerkschaften oder der Beschäftigten –, reichten die Unternehmen immer weniger von ihren Gewinnen an Belegschaften und Gesellschaft weiter.

An der Oberfläche gab es also Fortschritt. Die Volkswirtschaften wuchsen, den Unternehmen ging es gut. Gewinne und Produktivität stiegen und die Börsen boomten. Niedrige Zinsen und leicht verfügbare Kredite sorgten für höhere Immobilienpreise. Zwischen 1980 und 2010 expandierte die US-Wirtschaft mit einer durchschnittlichen Rate von 2,9 Prozent pro Jahr[7] – ein bemerkenswertes Tempo für eine reife Volkswirtschaft, und in den übrigen OECD-Ländern herrschten ähnliche Verhältnisse.

Wenigstens auf den ersten Blick sah es so aus, als entfalte das Wirtschaftswachstum immer noch seinen Zauber. Und aus diesem Grund behaupteten die meisten Wissenschaftler und Politiker nach wie vor, Wirtschaftswachstum – und Gordon Gekkos berüchtigte Gier in dem Film *Wall Street* – seien gut. Für sie spielte es keine Rolle, dass die Trends der gesellschaftlichen Entwicklung etwas ganz anderes offenbarten. Für die an der Wall Street Tätigen und die Reichen waren die Boom-Jahre immer noch eine rundum tolle Sache.

In Wahrheit vertieften die wachsenden Einkommen der Reichen und die Veränderungen im Steuersystem stetig die Kluft zwischen Arm und Reich. 1960 zahlten die reichsten 0,1 Prozent in den USA im Durchschnitt einen Bundessteuersatz von 71 Prozent. 45 Jahre später war der Satz auf unter 35 Prozent abgestürzt und der Durchschnittssteuersatz für 80 Prozent der Bevölkerung von 16,3 auf 17,5 Prozent gestiegen.

Während die Wirtschaft boomte, hatte die Armut in weiten Teilen der reichen Welt zugenommen. Das hatten die Ideologen der freien Marktwirtschaft nicht vorhergesagt (und räumten es nicht einmal ein, als es schon auf der Hand lag). Statt den Wohlstand breit zu verteilen, hatte es der Boom einem kleinen Prozentsatz der Bevölkerung ermöglicht, einen unverhältnismäßig hohen Anteil der Gewinne zu horten, und gleichzeitig den Lebensstandard von Millionen Menschen in allen Industrieländern gesenkt.

Das Ergebnis von über 30 Jahren rasanter wirtschaftlicher Entwicklung sind 50 Millionen Amerikaner, die in Armut leben, 44 Prozent von ihnen sogar in »tiefer Armut«, was bedeutet, dass ihr Einkommen um mehr als die Hälfte unter der staatlich definierten Armutsgrenze liegt.[8] Inzwischen lebt jeder sechste Haushalt und jeder vierte unter 18-Jährige in den Vereinigten Staaten unter der offiziellen Armutsgrenze.[9]

In der übrigen reichen Welt bietet sich ein ähnliches Bild. In Großbritannien fallen die Reallöhne seit 2003, während die Zahl der geleisteten Arbeitsstunden gestiegen ist.[10] Eine wachsende Zahl von Menschen in Großbritannien muss Arbeitsverträge unterschreiben, die ihnen keine bestimmte Wochenarbeitszeit garantieren, sogenannte Null-Stunden-Verträge.

In der gesamten reichen Welt ist die Arbeitslosigkeit gestiegen. Zwischen 1980 und 2014 lag die Arbeitslosigkeit in den OECD-Staaten insgesamt bei über sieben Prozent, ein weit höherer Wert als in den 1950er und 1960er Jahren.[11] In der Europäischen Union liegt sie heute immer noch bei über neun Prozent; besonders hart trifft es Minderheiten und junge Leute.[12] Im Jahr 2000 waren fast 30 Prozent[13] der US-amerikanischen College-Absolventen unterbeschäftigt.[14] Zehn Jahre später waren 40 Prozent arbeitslos und viele von ihnen wegen ihrer Studienkredite zusätzlich hoch verschuldet. In weiten Teilen Südeuropas – insbesondere in Spanien und Griechenland – liegt die Jugendarbeitslosigkeit derzeit bei über 50 Prozent.

Auch die Dauer der Arbeitslosigkeit hat sich verändert. Nach dem Zweiten Weltkrieg waren die Menschen in der Regel ein paar Wochen oder Monate arbeitslos, obwohl die wachsende Zahl von Einwanderern das Arbeitskräfteangebot erhöhte. Ende der 1960er Jahre sind weniger als fünf Prozent der in den Vereinigten Staaten arbeitslos Gemeldeten 27 Monate oder länger ohne Beschäftigung gewesen. Heute suchen 44 Prozent der Arbeitslosen seit mehr als zwei Jahren eine Anstellung.

Das wirft eine wichtige Frage auf. Wie konnten bei so vielen Arbeitslosen und einem niedrigeren durchschnittlichen Realeinkommen die Volkswirtschaften der reichen Welt weiterhin wachsen? Das BIP der reichsten Länder war 2010 doppelt so hoch wie 1980[15] (siehe Abbildung 2) und es hatte – abgesehen von einigen kurzen Perioden – ein anhaltendes Wachstum gegeben.

Wie war es möglich, dass die Volkswirtschaften weiterhin so schnell expandierten, obwohl weniger Menschen einen Arbeitsplatz hatten und die Durchschnittseinkommen stagnierten oder sanken? Die Antwort auf diese Fragen lautet: Schulden. Jahrelang hatten sich die Menschen in der reichen Welt Geld geliehen, um zu konsumieren, und so dafür gesorgt, dass die Dampfwalze Wirtschaftswachstum weiterrollte.

Am Ende des Zweiten Weltkriegs konnte der Durchschnittsamerikaner seine gesamten Schulden (Kreditkarte, Hypotheken usw.) mit rund drei Nettomonatsgehältern abbezahlen.[16] 1980 betrug dieser Zeitraum bereits achteinhalb Monate. Auf dem Höhepunkt der Finanzkrise, also 25 Jahre später, waren es sechzehn Monate – 133 Prozent eines Jahreseinkommens. Daran hat sich seither kaum etwas geändert, das heißt, Millionen Menschen haben so hohe Schulden, dass eine weitere Kreditaufnahme für sie kaum noch möglich ist. Und weil Schulden regelmäßige Zinszahlungen erfordern und in der Regel auch eine gewisse Tilgung, können die Betroffenen ihre Schulden nicht abbezahlen, ohne ihre Ausgaben herunterzuschrauben, was sich negativ auf ihr Wohl-

> **11 Ist es möglich, Wirtschaftswachstum zu schaffen, indem man es den Menschen ermöglicht, sich mehr Geld zu leihen?**
>
> Ja, aber nur für begrenzte Zeit. Schuldenfinanzierter Konsum kann nur so lange andauern, bis sich der Konsument eine so hohe Summe geliehen hat, dass der Kreditgeber es nicht wagt, ihm noch mehr zu leihen. Solange die Schulden steigen, können Konsumenten ein höheres Ausgabenniveau halten als vor der Schuldenorgie. Wenn sie sich aber nichts mehr leihen können, sinken zwangsläufig die Ausgaben – und zwar auf ein niedrigeres Niveau als vor der Verschuldung. Die Differenz – das heißt die Verringerung – entspricht dem Betrag, den der Kreditnehmer für Zinsen und Darlehensrückzahlung aufbringen muss. Unterm Strich ermöglichen es Schulden, den Konsum für einen begrenzten Zeitraum über ein nachhaltiges Niveau hinaus anzuheben. Langfristig können sie den Konsum nicht steigern.

ergehen auswirkt. Insolvenz anzumelden, hilft kurzfristig, macht es aber künftig schwierig, sich Geld zu leihen – und auszugeben.

Bis zur Finanzkrise waren es vor allem die Schulden, die das amerikanische Wirtschaftswachstum anheizten. Und in weiten Teilen Europas sowie in Australien und Kanada lief es ähnlich. Wachsende Schulden ermöglichten es den Menschen, weiterhin Geld auszugeben.

Leider sind Schulden zur Stärkung der Nachfrage inzwischen nicht mehr das Mittel der Wahl und die Ausgaben sind wieder auf das Niveau gefallen, das Menschen mit geringem Einkommen aufbringen können, sobald sie jeden Monat ihre Mindestzahlungen für Kreditkarten- und andere Schulden geleistet haben. Das ist einer der Hauptgründe, warum das Wirtschaftswachstum in den vergangenen Jahren niedrig geblieben ist.

Wir können das Schuldenphänomen auch aus einem anderen Blickwinkel betrachten. Das Anwachsen der Schulden bedeutete, dass die Armen (und ihr Konsum) durch die Reichen finanziert wurden, deren Ersparnisse über die Banken verliehen wurden. Faktisch aber trieben die Reichen ihr Einkommen in die Höhe, indem sie den Armen weniger bezahlten als zuvor (und sie noch dazu länger arbeiten ließen). Noch reicher wurden sie dann, seit sie den Armen gegen Zins Geld liehen. Folglich haben nicht nur wachsende Unternehmensgewinne und niedrigere Steuern dem vermögenden Teil der Gesellschaft genutzt. Und es sind nicht allein die sinkenden Löhne und die steigende Arbeitslosigkeit, die den Armen zusetzen. Die große Schuldenorgie der letzten drei Jahrzehnte hat auch die Kluft zwischen Arm und Reich erheblich vertieft, weil sie den Geldfluss nach oben vergrößert hat.

Das Zusammenwirken dieser Trends zeigt eine verblüffende Wirkung. Drei Jahrzehnte Wirtschaftswachstum haben keineswegs – wie Experten vorhersagten – den durchschnittlichen Lebensstandard gehoben, sondern sie haben vielen Menschen gar einen sinkenden Lebensstandard beschert. Nicht nur sind keine Arbeitsplätze geschaffen und die Kluft zwischen Arm und Reich nicht verkleinert worden, sondern Millionen Menschen in der reichen Welt sind in eine Situation zurückgeworfen, der sie vor fast einem Jahrhundert entronnen waren. In den Vereinigten Staaten, Großbritannien und Irland ist der Graben zwischen Arm und Reich heute tiefer als 1917 – eine bemerkenswerte Umkehrung wirtschaftlichen und sozialen Fortschritts.[17]

Es ist jedoch nicht überall so. In Japan ist die Kluft zwischen Arm und Reich nicht wesentlich gewachsen. Auch in Deutschland, Schweden und vielen anderen europäischen Ländern hat sich die Ungleichheit in den letzten 30 Jahren trotz wachsender Arbeitslosigkeit nicht erheblich verschärft. In Frankreich, Norwegen und Italien ist die Ungleichheit sogar leicht zurückgegangen und das gilt grundsätzlich auch für Kanada, obwohl sie sich dort seit 2011 wieder verstärkt. Der Grund ist, dass in diesen Ländern Arbeitslose stärker unterstützt und Reiche höher besteuert werden.[18]

Immerhin beweist dies, dass in einem Industrieland mit freier Marktwirtschaft nach 30 Jahren spektakulären Wachstums, einer Finanzkrise und steigender Arbeitslosigkeit die Ungleichheit nicht zwangsläufig (in hohem Maße) zunehmen muss. Es ist möglich, die extremen Auswirkungen des marktwirtschaftlichen Systems abzufedern.

In vielen anderen OECD-Staaten, und zwar vor allem in den Ländern mit den lautesten Verfechtern einer extremen Variante des freien Markts, hat das Wirtschaftswachstum in den letzten 30 Jahren allerdings nicht zur gleichmäßigeren Verteilung von Einkommen und Wohlstand beigetragen. Es hat nicht genügend Arbeitsplätze hervorgebracht, sondern das Gegenteil bewirkt.[19]

Trotz alledem halten es die meisten Wissenschaftler und Politiker der reichen Welt immer noch für gut und richtig, auf ein rascheres Wirtschaftswachstum zu setzen. Sie meinen nach wie vor, das marktwirtschaftliche System könne Arbeitslosigkeit und Ungleichheit verringern. Sie verhalten sich wie die Steuermänner eines Schiffs, das weit vom Kurs abgekommen und gegen einen Felsen geprallt ist, und meinen, die Lösung bestehe darin, die Motoren auf Hochtouren laufen zu lassen, statt zu untersuchen, was los ist. Nur wenige haben gefragt, ob es klug ist, das marktwirtschaftliche System so minimal zu regulieren, obwohl es seine Versprechungen schon lange nicht mehr einlöst.

Statt zu versuchen, ihre Volkswirtschaft ins Gleichgewicht zu bringen, machen die Regierungen der reichen Welt einfach so weiter. Die Folge ist, dass die Wirtschaft der Industrieländer an ein Cartoon-Männchen erinnert, das über den Rand einer Klippe rennt und immer noch heftig mit den Beinen strampelt, obwohl es den Boden unter den Füßen schon lange verloren hat. Diese Ökonomie hat mit Haushaltsungleichgewichten zu kämpfen und trägt eine Schuldenlast in Billionenhöhe, die höchstwahrscheinlich niemals zurückgezahlt werden kann. Das ganze System ist aus den Fugen.

Nach 2008 haben die Regierungen der reichen Welt neben ihren üblichen Wirtschaftsstrategien zudem zwei wichtige, ungewöhnliche Maßnahmen ergriffen, um auf die derzeitigen Probleme zu reagieren: ultraniedrige Zinsen und monetäre Lockerung,[20] was gleichbedeutend ist mit Gelddrucken. Regierungen und Unternehmen nötigen seither mit großem Aufwand ihre Bürger, weiter viel Geld auszugeben, notfalls auf Pump, um das Wirtschaftswachstum zu fördern. Viele Banken haben Geldspritzen erhalten, um ihre Bilanz zu stärken, und Zugang zum billigen Geld der Zentralbanken erhalten, um liquide zu bleiben und außerdem das Kreditgeschäft anzukurbeln.

Die Folge ist, dass sich die banküblichen Zinsen in weiten Teilen der reichen Welt auf einem historischen Tiefststand befinden,[21] wobei mehrere europäische Länder und Japan sogar Negativzinsen erheben, die Menschen also zwingen, dafür zu zahlen, dass sie Ersparnisse anlegen dürfen (damit sie ihr Geld stattdessen ausgeben). Die massive Absenkung der Kreditzinsen hatte aber zur Folge, dass Banker und Wohlhabende am meisten hinzugewannen. Zwischen 2008 und 2013 steigerten Geschäftsbanken ihre Gewinne, weil ihre Margen (die Differenz zwischen dem Zinssatz, zu dem sie sich Geld leihen, und dem Zinssatz, zu dem sie verleihen) stiegen. Auch viele Großkonzerne profitierten durch geringere Zinszahlungen, während Finanzinvestoren, wie etwa Wagniskapitalgeber und Hedgefonds, billigere Kredite erhielten und sich damit Vermögenswerte sichern konnten, bevor deren Wert stieg.

Die Hauptverlierer der Niedrigzinspolitik waren die privaten Haushalte der Industrieländer, die zwischen 2007 und Ende 2013 630 Milliarden Dollar an Zinseinnahmen einbüßten.[22] Menschen, die von ihren Ersparnissen leben, traf es besonders hart. Europäische Banken und Lebensversicherungen verzeichneten wegen der geringeren Zinseinnahmen ebenfalls hohe Verluste. Auch viele Pensionsfonds gerieten in Schwierigkeiten. Angesichts der sinkenden Renditen sahen sich einige außerstande, ihren künftigen Verpflichtungen nachzukommen.

Ebenso wie im marktwirtschaftlichen System insgesamt profitierten vor allem die Wohlhabenden, insbesondere die Vereinigten Staaten und die Finanzindustrie, von der Niedrigzinspolitik. Praktisch verstärkten extrem niedrige Zinsen den Geldfluss von den Kreditnehmern (in der Regel die Armen) an die Kreditgeber (in der Regel die Reichen) und vertieften damit die Kluft zwischen Arm und Reich.

Für die monetäre Lockerung gilt dasselbe.

Nach der Finanzkrise von 2008 bestand die Gefahr einer Deflation, also sinkender Durchschnittspreise. Für Wissenschaftler ist dies ein Schreckensszenario, weil man eine Deflation nur schwer in den Griff bekommt. Wenn die Preise fallen, schieben die Menschen Anschaffungen auf, weil sie wissen, dass alles, was sie kaufen, künftig billiger sein wird. Eine Deflation führt zu sinkender Nachfrage, zuerst stagniert die Wirtschaft und dann schrumpft sie, was schlimme Folgen für Arbeitsplätze, Löhne und Vermögenswerte hat.

Um dieses Risiko zu vermeiden, rieten Wissenschaftler den Regierungen, Geld zu drucken, was angeblich inflationär wirkt, weil es die Nachfrage ankurbelt.

Zwischen 2008 und Oktober 2014 pumpte die Federal Reserve Bank, die Zentralbank der Vereinigten Staaten, jeden Monat 75 bis 85 Milliarden Dollar in die Wirtschaft. Insgesamt beliefen sich die Geldspritzen auf 4,5 Billionen Dollar – mehr als ein Viertel des jährlichen BIP der Vereinigten Staaten. Das war, als hätte man der Weltwirtschaft noch einmal die Volkswirtschaften Australiens, Indiens und Spaniens hinzugefügt.

Die britische Regierung ging genauso vor und pumpte 500 Milliarden Dollar in die Wirtschaft, während die Bank von Japan und

12   Warum bringt es nichts, Geld zu drucken und es den Reichen zu geben?

Wenn eine Zentralbank im Rahmen der herkömmlichen monetären Lockerung Geld druckt, wird das Geld durch Banken in Umlauf gebracht, die Anleihen von Anleiheinhabern kaufen. Die Zentralbank hält dann die Anleihen (und die damit verbundenen Zinseinnahmen), während die ehemaligen Anleiheinhaber (in der Regel Personen, die reich genug sind, um zu sparen und einen Teil ihres Vermögens in Anleihen anzulegen) mehr Geld auf ihrem Bankkonto haben.

Diese einstigen Anleiheinhaber suchen nun nach Investitionsmöglichkeiten, um für ihr Geld höhere Erträge zu erhalten als die üblichen Bankzinsen. Wenn es eine unbefriedigte Nachfrage auf dem Markt gibt, könnten sie ihr Geld verwenden, um die Entwicklung neuer Produktionskapazitäten zu fördern – und zum Beispiel in neue Fabriken oder Ladengeschäfte investieren. Darauf hoffen jedenfalls Regierungen, wenn sie auf monetäre Lockerung zurückgreifen.

Wenn es aber keine unbefriedigte Nachfrage gibt, sondern nur hohe Überkapazitäten, wie sie nach 2008 in der reichen Welt vorhanden waren, werden die Reichen in der Regel nach anderen Wertanlagen suchen: Immobilien, Aktien und Wertpapiere, Kunstwerke, Edelmetalle und so weiter – also Investitionen, die kaum Arbeitsplätze schaffen.

Folglich kann die Regierung so viel Geld drucken, wie sie will, wenn sie das Geld einfach an die Reichen verteilt und sie es nicht ausgeben, werden damit weder zusätzliche Produktionskapazitäten noch Arbeitsplätze entstehen. Die Preise für Wertanlagen steigen dann uferlos, während der Bargeldumlauf wächst. Die Folge ist eine Inflation der Vermögenswerte – wohlbekannt aus der Zeit seit 2008 – mit einem Boom der Börsen, des Kunstmarkts und des Immobilienmarkts.

> Dass dieser Prozess anhält – dass das Geld nicht an die Armen geht, um die Nachfrage zu stimulieren und die Produktionsleistung zu steigern –, illustriert den starken Einfluss der Reichen (und der Marktideologie) auf die gegenwärtige Wirtschaftspolitik.

die Europäische Zentralbank (EZB) ebenfalls viele hundert Milliarden Yen und Euro druckten – und dies bis heute (2016) tun.

Gemeinsam haben diese Länder seit 2008 Beträge in die Weltwirtschaft gepumpt, die der Wirtschaftsleistung Chinas entsprechen.[23] Wäre dieses Geld einfach in Nachfrage und Produktionsleistung umgesetzt worden, hätte es das BIP dieser Länder zwischen 2008 und 2015 um mehr als 25 Prozent steigern müssen. Dennoch ist ihr BIP in diesem Zeitraum real nur um 11 Prozent gewachsen. Der Rest wurde von Unternehmern und Banken einbehalten oder verwendet, um die Preise für Vermögenswerte hochzuschrauben.

Im Wesentlichen wurde all dieses Geld aus dem Nichts geschöpft, durch eine Veränderung von Zahlen in den Bilanzen. Eigentlich ist sogar die Bezeichnung »Gelddrucken« verfehlt – es war nicht einmal nötig, dass einer irgendwo eine Druckmaschine anwarf. Der Großteil des Geldes wurde der Wirtschaft zugeführt, indem die Zentralbanken Staats- und Unternehmensanleihen aufkauften, die in der Regel von Privatbanken und anderen Finanzinstituten wie Versicherungen und Pensionsfonds verkauft werden. Der Vorgang versorgte diese Institute mit Liquidität, also mit Geldströmen, die sie anderswo investieren konnten. Das Geld ging nicht an die Bevölkerung – und ganz bestimmt nicht an all die Arbeitslosen, die ein Einkommen gebraucht hätten, was weitaus wirkungsvoller gewesen wäre. Hätten sie das Geld erhalten, hätten sie es sofort ausgegeben – und damit die Nachfrage geschaffen, die die Wirtschaft benötigte.

Genauso wie bei den ultraniedrigen Zinsen waren also die Hauptnutznießer der monetären Lockerung Unternehmensinhaber und Finanzinstitute, die den vermehrten Cash-flow verwendeten, um die eigenen Gewinne zu steigern. Oder – anders ausgedrückt – Geld wurde von Zentralbanken aus dem Nichts geschöpft und an Anleiheinhaber ausbezahlt, damit diese noch reicher werden konnten.

Seit Beginn der 1980er Jahre haben sich also einige lang gehegte Annahmen, die der freien Marktwirtschaft zugrunde liegen, als falsch erwiesen. Der Glaube, Wirtschaftswachstum sei immer gut, ist unbegründet, es sei denn, man ist reich. Seit 1980 hat jegliches Wachstum in der reichen Welt nichts zur Verbesserung des Lebensstandards der Mehrheit beigetragen. Es hat keine oder wenigstens nicht genug Arbeitsplätze geschaffen. Auch die Ungleichheit hat es nicht abgebaut.

Gelddrucken und extrem niedrige Zinssätze haben ebenfalls nicht das versprochene Ergebnis gebracht. Sie haben weder zu Konjunkturerholung und Vollbeschäftigung geführt, noch haben sie die Kluft zwischen Arm und Reich verringert.

Bevor wir uns damit befassen, wie die Gesellschaft diese Probleme wirklich beheben kann, müssen wir uns noch einer anderen Frage zuwenden.

In den nächsten 20 Jahren wird, wenn es keinen Kurswechsel gibt, in der reichen Welt die Arbeitslosigkeit wegen neuer Technologien deutlich steigen. Eine verstärkte Computerisierung wird die Unternehmensgewinne erhöhen, die Produktivität steigern und für Unternehmer viele neue Möglichkeiten schaffen. Sie wird auch Wirtschaftswachstum bringen. Aber sie wird Arbeitsplätze vernichten und die Schere zwischen Arm und Reich weiter öffnen.

Mit dieser Herausforderung beschäftigt sich das nächste Kapitel.

KAPITEL 4

Fortschreitende Automatisierung

Ohne ein Umsteuern werden sich die Probleme der Arbeitslosigkeit und der Ungleichheit in den nächsten 20 Jahren verschlimmern. Außerdem wird ein unaufhaltsamer Rückgang des herkömmlichen Wirtschaftswachstums einsetzen und eine Automatisierungswelle in der Herstellung und bei Routinedienstleistungen beginnen.

Diese neue Medizin-App für mein Smartphone ist erstaunlich! Sie synchronisiert sich mit dem RFID-Tag in meiner Jacke und alle meine Telemetrie-Daten werden auf eine zentrale Datenbank hochgeladen, die automatisch meine Medikation zur Kontrolle meines Blutzuckerspiegels anpasst. Fehlt etwas? Die Drohne von Wal-Mart liefert über Nacht, was ich brauche, an mein Drohnendock – überall weltweit! Einfach verblüffend ...! Andererseits möchte ich mein Haus verkaufen – warum interessiert sich niemand dafür? Früher gab es doch in unserem Viertel jede Menge Ärzte? Außerdem sind jeden Morgen viele Auslieferungsfahrer zum Frühstück in mein Lokal gekommen ..., wo mögen die nur stecken ...? Wenn nicht bald etwas in die Kasse kommt, wie soll ich dann die Raten für mein Haus bezahlen, bis ich einen Käufer finde? Vielleicht sollte ich mir einen dieser Kochroboter anschaffen, von denen man so viel hört, um meine Betriebskosten zu senken ...[1]

Dass Menschen durch Maschinen ersetzt werden, ist ein Phänomen, das manche Wissenschaftler als »technologische Arbeitslosigkeit« bezeichnen, und es ist so alt wie die Menschheit. Schon das bescheidene Rad der Höhlenmenschen machte Leute arbeitslos, weil eine Person auf einer Karre dasselbe Gewicht

ABBILDUNG 6
BIP-Anteil des primären Sektors sinkt

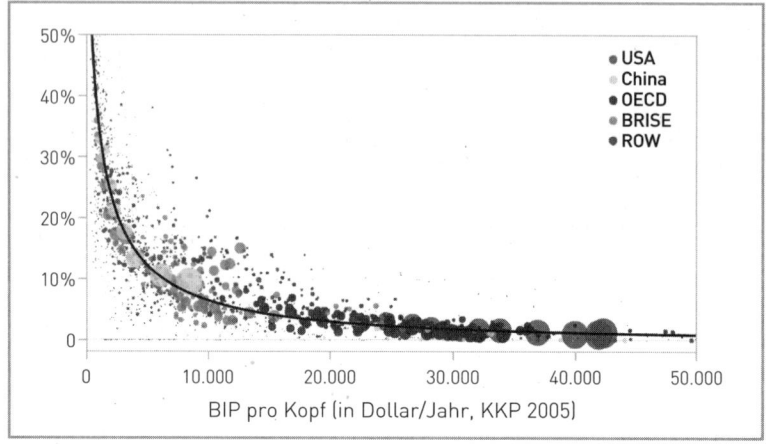

Der Anteil des primären Sektors (Landwirtschaft, Forstwirtschaft, Fischerei) an der wirtschaftlichen Gesamtleistung (BIP) sinkt, wenn eine Gesellschaft reicher wird – gemessen am BIP pro Kopf.

ABBILDUNG 7
BIP-Anteil des sekundären Sektors sinkt

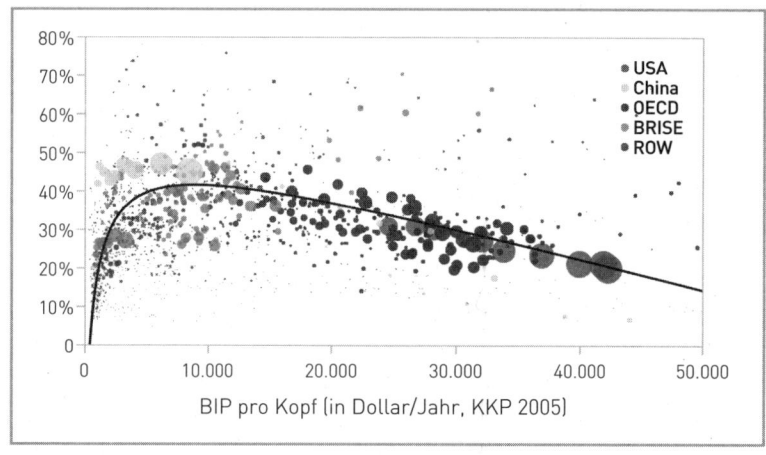

Der Anteil des sekundären Sektors (verarbeitendes Gewerbe, Bergbau und Bauwirtschaft) an der wirtschaftlichen Gesamtleistung (BIP) steigt zunächst und sinkt dann, wenn eine Gesellschaft reicher wird – gemessen am BIP pro Kopf.

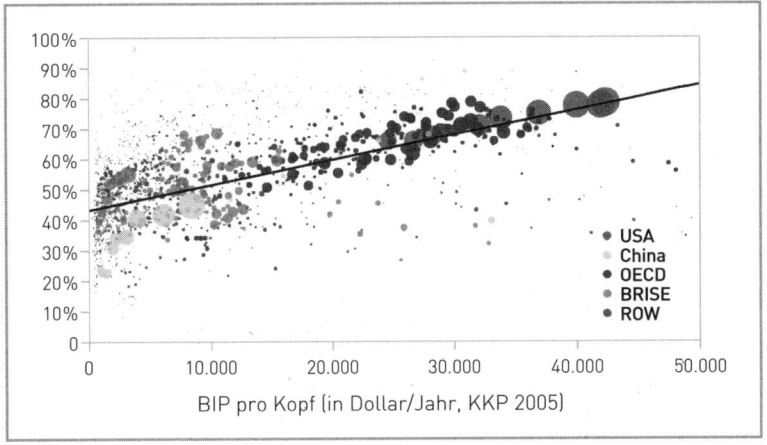

ABBILDUNG 8
BIP-Anteil des tertiären Sektors wächst

Der Anteil des tertiären Sektors (alle Dienstleistungen) an der wirtschaftlichen Gesamtleistung (BIP) steigt, wenn eine Gesellschaft reicher wird – gemessen am BIP pro Kopf.

transportieren kann, das zuvor von mehreren auf dem Rücken getragen wurde.

Die Technologien, die heute Menschen verdrängen, sehen anders aus. Inzwischen sind es Roboter, Computer und andere Hightech-Geräte, die Menschen den Arbeitsplatz nehmen, keine Räder oder Faustkeile. Welche Folgen langfristig entstehen, wenn man Arbeit durch Strom, Maschinen und Wissen ersetzt, zeigen die Abbildungen 6, 7 und 8.

Anfangs wird die wirtschaftliche Entwicklung mit der Mechanisierung der Landwirtschaft durch Kapital unterstützt, sodass zur Ernährung der Bevölkerung immer weniger Menschen nötig sind – also suchen die sich Arbeit in Handwerk und Industrie, dem sekundären Wirtschaftssektor. Nach und nach werden Fabriken mit Maschinen, Energie und Computern ausgestattet, sodass auch dort weniger Arbeiter gebraucht werden, und so wandern die Beschäftigten in die nächste Ebene der gesellschaftlichen Nachfrage ab, die Dienstleistungen – den tertiären Sektor. Aber wieder reduziert der technologische Fortschritt – diesmal in Form von Computerisierung und Automatisierung – allmählich den Arbeitskräftebedarf bei Routinedienstleistungen. Das gibt den Menschen die Freiheit zu tun, was Maschinen nicht ohne Weiteres übernehmen können – sie können sich Betreuungsaufgaben, Kunst und Kultur widmen. Das ist der vierte, sich gerade herausbildende Wirtschaftssektor.

Dank bemerkenswerter Entwicklungen in den Bereichen Informatik sowie Automatisierungstechnik ist die technologische Arbeitslosigkeit in den letzten 20 Jahren in die Höhe geschnellt.[2] Viele Beobachter und Experten meinen, dass sich die Gesellschaft im Anfangsstadium einer neuen industriellen Revolution befindet, die ebenso tiefgreifende Umwälzungen für die Lebens- und Arbeitswelt bringen kann, wie die Dampfmaschine es vor 200 Jahren getan hat.

Die Automatisierung hat vielen Menschen aufregende Karrierechancen in Unternehmen oder als Firmengründer eröffnet. Diese neuen Technologien könnten ganze Gesellschaften noch stärker umgestalten und allen mehr Freizeit ermöglichen – was natürlich davon abhängt, wie ihre Einführung läuft und wie die Gewinne verteilt werden.

Die möglichen Folgen für den Arbeitsmarkt bereiten jedoch Sorge. Technologische Arbeitslosigkeit ist einer der Hauptgründe, warum die Arbeitslosenzahlen in den OECD-Staaten während der letzten drei Jahrzehnte gestiegen sind. Teilweise ist dies auf demografische Faktoren und die sich wandelnde Wirtschaftsstruktur der reichen Welt zurückzuführen; aber besonders seit dem Jahr 2000 spielen die Entwicklung der Computertechnik ebenso wie andere Formen der Automatisierung und das Internet eine bedeutende Rolle. Das erklärt weitgehend, warum die Produktivität in den Vereinigten Staaten im ersten Jahrzehnt des 21. Jahrhunderts jährlich um 2,5 Prozent gestiegen und die Zahl der verfügbaren Arbeitsplätze jährlich um ein Prozent zurückgegangen ist.[3]

Die prognostizierte Steigerung der Rechenleistung von Computern wird voraussichtlich dazu führen, dass die technologische Arbeitslosigkeit in den kommenden Jahrzehnten steigt, und die meisten Menschen ahnen nicht, was das bedeutet. So hieß es in der Zeitschrift *The Economist*: »Die Auswirkungen der Technologie von heute auf den Arbeitsmarkt von morgen werden gewaltig sein – und kein Land ist darauf vorbereitet.«[4]

Eine bekannte und ein wenig alarmistische Studie, die Martin School[5] von der Universität Oxford 2014 veröffentlichte, ergab, dass bis zu 47 Prozent aller US-amerikanischen Arbeitsplätze in den kommenden 20 Jahren mechanisiert oder teilmechanisiert und durch die nächste Generation intelligenter Maschinen vernichtet werden könnten. Aus wirtschaftlicher Sicht heißt das, weniger Beschäftigte werden benötigt, um dieselbe Produktionsleistung zu erzielen. Die Kosten sinken und der Durchschnittsverdienst für alle, die noch in Arbeit sind, könnte höher ausfallen. Aber weniger Menschen werden einen Arbeitsplatz haben.

Besonders gefährdet sind nicht nur die Arbeitsplätze der Maschinenschlosser in den Fabriken, des Check-in-Personals in den Flughäfen und der Küchenkräfte. Auch die im Verpackungswesen, in der Logistik und in der Auslieferung Tätigen könnten ihre Stellen verlieren. Dank raffinierter Computeralgorithmen ist auch die Arbeit gefährdet, die zurzeit noch von Juristen und von Bankangestellten erledigt wird. Die Recherchen, die Armeen junger Finanzleute durchführen, können Rechner übernehmen und Big Data wird in die Rolle von Markt- und Branchenanalysten von heute schlüpfen.

Computer werden womöglich auch medizinisches Fachpersonal ersetzen. Schon jetzt können Maschinen viele Leiden besser diagnostizieren und den Erfolg von Behandlungen effektiver kontrollieren als die heutigen Ärzte. Und Bildverarbeitungsprozessoren sind in der Lage, Biopsien präziser zu analysieren als Laborangestellte.

Der Entwicklung bei Google ist es vor allem zu verdanken, dass bald auch viele Bus-, Taxi- und Lastwagenfahrer überflüssig werden könnten (sobald die Frage der Haftpflichtversicherung geklärt ist). Lokführer und Piloten sind ebenfalls entbehrlich, ebenso viele Hochschuldozenten. Nicht jeder Student lernt gerne online und Fahrgäste fühlen sich ohne Busfahrer womöglich unbehaglich, aber weil es billiger ist, wird ihnen keine andere Wahl bleiben.

Der Oxfordstudie zufolge besteht auch die Gefahr, dass Buchhalter und Wirtschaftsprüfer entbehrlich werden. Sogar Journalisten und Soldaten müssen womöglich umsatteln. Und Computer produzieren inzwischen lesbare Berichte für das Sport- und Finanzressort, während Soldaten auf dem Schlachtfeld durch Roboter und ferngesteuerte Drohnen ersetzt werden. Auch die Jobs von Hotelempfangspersonal, Köchen und Pförtnern sollen gefährdet sein.

In Exportnationen wie China und in anderen Niedriglohnländern könnten ebenfalls Arbeitsplätze verschwinden. Wenn es billiger ist, Waren von Robotern herstellen zu lassen, könnten viele Firmen, die in den letzten 25 Jahren in diese Länder abgewandert sind, wieder in die Industrieländer zurückkehren, um Transportkosten zu senken. Viele Arbeitsplätze werden sie aber nicht mitbringen.

Die meisten Arbeitsplätze werden natürlich bleiben. Die Tätigkeit von Schauspielern und Schauspielerinnen lässt sich nur schwer mechanisieren, aber unmöglich ist es nicht. Heutzutage ist durch Computeranimation viel zu erreichen, wie zahlreiche Fotomodelle bald schmerzlich erfahren werden. Die Gesellschaft benötigt weiterhin Feuerwehrleute und Geistliche. Andere einigermaßen sichere Arbeitsplätze bieten sich im Pflegebereich, in der Zahnmedizin und (zum Teil) im Bereich Landwirtschaft. Menschen, die in Krankenhäusern und Pflegeheimen Trost spenden, sind auch nicht so ohne Weiteres zu ersetzen (obwohl die Japaner daran arbeiten[6]). Strategieplaner und Rechtsanwälte werden immer sehr gefragt sein, ebenso Sportler, Kunsthandwerker, Floristen und Friseure. Komponisten, Romanautoren und Redneragenturen werden auch in Zukunft gut zu tun haben.

Am Ende des Berichts listet die Oxfordstudie 72 Berufe auf, angeordnet nach der Wahrscheinlichkeit, mit der sie in den nächsten zwei Jahrzehnten nicht mehr existieren werden. Eine interessante Lektüre. Wenn Sie überlegen, wie sicher Ihre Beschäftigung ist, dann sollten Sie über folgende Begriffe nachdenken: persönliche Betreuung, Kreativität, Fingerfertigkeit, Wahrnehmungsfähigkeit, soziale Intelligenz und Originalität. Wenn all das in Ihrem Beruf gefragt ist, sind Sie außer Gefahr.

Am wenigsten gefährdet sind Tätigkeiten, für die man ein hohes Bildungsniveau oder besondere Fertigkeiten benötigt – und für die man sehr gut bezahlt wird. Außer Gefahr sind auch Arbeiten, die grundsätzlich Geschicklichkeit, Ausdauer bei monotonen Tätigkeiten, Kreativität oder physische Präsenz erfordern – mit denen sich aber nicht so viel verdienen lässt.

Selbst wenn nur ein Bruchteil der prognostizierten Umwälzungen eintritt, käme es in der Arbeitswelt zu einer Revolution – mit weitreichenden sozialen Folgen. Ohne sorgfältig durchdachte Maßnahmen würde ein solcher Wandel die Gesellschaft immer weiter polarisieren, wobei eine kleine Elite sich noch mehr zuschanzen könnte und die Mehrheit noch weniger vom Kuchen abbekäme.

Überdies würde ein erbitterter Wettstreit um die verbliebenen Arbeitsplätze entstehen, da – ökonomisch ausgedrückt – das Arbeitskräfteangebot die Nachfrage bei weitem übersteigen und damit der Preis für die Arbeit des durchschnittlichen Beschäftigten fallen wird. Auch die soziale Mobilität würde leiden, weil sich die verbleibenden Optionen für Arbeitsuchende verringern. Wenn weniger Menschen arbeiten, dann fließt weniger Geld ins Steuersäckel. Steigt die Arbeitslosigkeit, dann werden die Sozialkassen stärker belastet.

Daher besteht die Gefahr, dass diese Welle der Automatisierung und Mechanisierung die Gesellschaften der reichen Welt überrollt, das Lohnniveau weiter absenkt, das soziale Gefälle verstärkt und politischen Unfrieden stiftet. Schon der Wissenschaftler David Ricardo, der im 19. Jahrhundert die Auswirkungen neuer Technologien auf die Löhne während der industriellen Revolution untersuchte, wies auf die Gefahr hin, dass für viele Menschen der Lohn unter das Existenzminimum absinken könnte.

Ricardo, der stark von seinem Zeitgenossen Adam Smith beeinflusst war, erkannte schnell, dass neue Technologien zwar die Unternehmensgewinne in die Höhe treiben, aber nicht immer das Einkommen der Arbeiterinnen und Arbeiter verbessern. Er betonte, dass neue Technologien deshalb das Leben für alle tendenziell verbessern, weil sie die Produktivität steigern und die Kosten senken. Sie erhöhen die Produktionsleistung. Außerdem fördern sie Innovation und Weiterbildung, weil die Entlassenen neue Fertigkeiten erwerben müssen, um auf dem Arbeitsmarkt wieder wettbewerbsfähig zu werden.

Aber er sah auch, dass die technologische Entwicklung kurzfristig ihren Preis fordert: höhere Arbeitslosigkeit und sinkende Löhne. Dies wird zwar meist durch langfristige Vorteile ausgeglichen – höhere Produktivität, niedrigere Kosten, mehr Produktionsleistung und Innovation sowie Weiterbildung. Das gilt jedoch nicht in jedem Fall.

Wenn die langfristigen Vorteile weitgehend den Unternehmen zufallen, wenn sie nur Gewinne steigern und nicht die Summe der Löhne und Gehälter, dann nützen neue Technologien der Mehrheit nichts. Wie Ricardo festhielt: Neue Technologien »mögen die Nettoerträge eines Landes steigern, [aber] sie machen womöglich zugleich die Bevölkerung arbeitslos«. Weiter erklärte er, der häufige Eindruck von Arbeitern und Gewerkschaftern, dass sich neue

Technologien gegen ihre Interessen richteten, beruhe nicht etwa auf »Vorurteil oder Irrtum«.[7] Es stimme ganz einfach.

Obwohl Ricardo dies zu Beginn des 19. Jahrhunderts schrieb, haben seine Beobachtungen nach wie vor Gültigkeit. Es besteht die Gefahr, dass die neuen Computer- und Automatisierungstechnologien für die Volkswirtschaften und den Lebensstil der reichen Welt vielerlei Vorteile bringen, aber dass sie gleichzeitig auch die Langzeitarbeitslosigkeit und die Ungleichheit verstärken.

In ihren beiden Büchern zum Thema der durch Maschinen verursachten technologischen Arbeitslosigkeit beurteilen Erik Brynjolfsson und Andrew McAfee[8] die Veränderungen positiv. »Nie waren die Zeiten besser für einen talentierten Unternehmer«, sagen sie.[9]

Wir sind uns da weniger sicher. Es kann durchaus sein, dass sich diese Zeit für »einen talentierten Unternehmer« als großartig erweist, aber sie ist auch eine miserable Zeit für Arbeitnehmer, die einer eher monotonen Tätigkeit nachgehen. Menschlicher Einfallsreichtum kann durchaus vielerlei neue Beschäftigungen erzeugen, aber es würde enorme Kreativität erfordern, kurzfristig Abermillionen Arbeitsplätze zu ersetzen, die unterdessen auf dem Spiel stehen. Zudem möchte sich nicht jeder selbstständig machen – die meisten Menschen wünschen sich, dass ihnen jemand Arbeit gibt und sie regelmäßig bezahlt. Wir halten es also für unwahrscheinlich, dass sich die aufbrandende Welle unternehmerischer Tätigkeit so schnell einstellt oder so groß ausfällt, dass sie den voraussichtlichen Anstieg der Arbeitslosigkeit kompensieren kann.

Überdies stellt sich dann für viele die Frage: Umschulen – zu was? Während der industriellen Revolution war es relativ leicht, die Arbeitskräfte, die auf den Feldern geschuftet hatten, mit einer Grundausbildung zu versorgen. Wie die Gesellschaft heute einen solchen Entwicklungssprung schaffen soll, ist nicht ohne Weiteres zu erkennen.

> **13**   **Was ist Arbeitsproduktivität und wie verhält sie sich zum BIP pro Kopf?**
>
> Arbeitsproduktivität ist der Geldwert der Güter und Dienstleistungen, die von einem Arbeitnehmer in einer bestimmten Zeiteinheit, in der Regel eine Stunde, produziert werden. Leider bewegt sie sich nicht parallel zur Produktivität pro Arbeitnehmer pro Jahr der Beschäftigung, weil die Zahl der in einem Jahr gearbeiteten Stunden schwanken kann – wenn zum Beispiel mehr Urlaubstage anfallen oder jemand statt Vollzeit Teilzeit arbeitet. Die Debatte wird noch komplizierter durch die Tatsache, dass die Arbeitsproduktivität (Produktivität pro Arbeitsstunde) nicht mit dem BIP pro Kopf (Produktivität pro Einwohner pro Jahr) übereinstimmt. Letzteres verteilt die gesamte Produktionsleistung über alle Bürger, nicht nur die arbeitende Bevölkerung, und es schwankt, sobald sich die Quote der Erwerbstätigen verändert. Aber alle drei sind Messzahlen für den Wert der wirtschaftlichen Produktionsleistung geteilt durch Personen und Zeit.

Gesellschaften mussten sich natürlich immer an neue Technologien anpassen und der Übergang ist oft schwieriger und unvorhersehbarer als die Auswirkung der neuen Technologien an sich. Als Dampfmaschinen im Großbritannien des 19. Jahrhunderts die Produktivität erhöhten und Millionen arbeitslos wurden, wanderten sie in Länder mit besseren Aussichten aus. Ähnliches geschah in Russland, Italien, Skandinavien und Deutschland, um nur einige Beispiele zu nennen. Diesmal wird es diese Möglichkeit nicht geben, weil die neuen Technologien weltweit eingeführt werden.

Die voraussichtliche Zunahme von Computerisierung, Automatisierung und Mechanisierung wird einen weiteren Trend anschieben, der heute noch kaum diskutiert wird, aber von größter

Bedeutung ist: das verminderte Potenzial für langfristigen Produktivitätszuwachs.

Für Wirtschaftswissenschaftler ist Produktivitätszuwachs die Steigerung des Outputs pro Inputeinheit. Folglich ist der Zuwachs an Arbeitsproduktivität gleichbedeutend mit der Erhöhung der Produktionsleistung pro Arbeitsstunde. In Adam Smiths Stecknadelfabrik, von der wir schon gesprochen haben, stieg die Arbeitsproduktivität, weil die Fabrik so umorganisiert wurde, dass sich die Arbeiter spezialisieren konnten. Statt hintereinander die verschiedenen Schritte bis zur fertigen Nadel durchzuführen, erfüllte jeder Arbeiter nur eine sich unablässig wiederholende Aufgabe. Damit stieg die gesamte Produktionsleistung der Fabrik, ohne die Zahl der Beschäftigten zu erhöhen. Die Produktionsleistung pro Arbeiter wuchs – sowohl pro Stunde als auch pro Jahr – und es gab Wirtschaftswachstum.

Ebenso wie das BIP-Wachstum ist auch der Produktivitätszuwachs eine grobe Kennzahl. Sie sagt nichts über die *Qualität* dessen aus, was geschieht. Wenn Menschen zum Beispiel ein klimaschädliches Kohlekraftwerk mit der gleichen Zahl an Arbeitern schneller bauen, steigt damit die Arbeitsproduktivität. Aber zugleich wird damit die Umwelt zerstört. Ebenso könnten Musiker eine Beethoven-Sinfonie schneller als vorgesehen spielen oder eine Ärztin könnte Patienten schneller durchschleusen, als es deren Gesundheit gut tut. Ein Friseur könnte schneller Haare schneiden. Ab einem gewissen Punkt ist jedoch eine derartige Steigerung der Arbeitsproduktivität einfach nicht wünschenswert oder gar körperlich unmöglich.

Für uns gibt es gute und schlechte Produktivitätsfortschritte, ebenso wie es gutes Wirtschaftswachstum (das Menschen aus der Armut befreit) und schlechtes Wirtschaftswachstum (das die Natur zerstört) gibt.

Gute Produktionsfortschritte vermehren die Effizienz, senken Kosten und verteilen die Vorteile auf die ganze Gesellschaft. Oft

14 Welche wirtschaftlichen Folgen hat eine zunehmende Automatisierung?

Automatisierung ermöglicht es, dass weniger Arbeiter dieselbe Produktionsleistung erzeugen wie zuvor, während die nunmehr überflüssigen Arbeiter entlassen werden und sich eine andere Tätigkeit suchen müssen. Sie erhöht die Arbeitsproduktivität jener, die nach wie vor Arbeit haben, und führt bei ihnen zu einer jeweils höheren Produktionsleistung. Daher ermöglicht die Automatisierung den Unternehmen, höhere Löhne zu zahlen oder ihren Gewinn zu steigern.

In der Theorie und auf einem »perfekten Markt«, wo intensiver Wettbewerb herrscht, jeder den gleichen Zugang zu denselben Informationen hat, Hindernisse für ein Eintreten in beziehungsweise Ausscheiden aus dem Markt niedrig sind und jeder gleichermaßen Zugang zu Arbeitskräften, Land, Kapital und Energie besitzt, verwandelt sich das zusätzliche Einkommen, das neue Technologien erzeugen, rasch in »neue« Nachfrage. Dadurch entstehen Arbeitsplätze in einer »neuen« Produktion – die ausreichen, um die »entlassenen« Arbeitskräfte aufzunehmen. Auf einem perfekten Markt steigert die Automatisierung langfristig sowohl die Produktionsleistung als auch das Einkommen pro Arbeiter und führt zu einem höheren BIP pro Kopf. Im Idealfall sollte also die Automatisierung (und die Einführung jeder neuen, die Produktivität steigernden Technologie) auf einem idealen Markt unter Bedingungen der Vollbeschäftigung stattfinden, sodass die Vorteile gerecht unter Arbeitnehmern und Firmeninhabern verteilt werden.

Leider ist die Wirtschaftswelt von heute alles andere als perfekt und die Automatisierungswelle wird wahrscheinlich so rasch kommen, dass der Übergang schwer zu bewältigen sein wird. Das Hauptproblem besteht darin, dass Firmeninhaber wahrscheinlich den Großteil der Vorteile selbst einstreichen werden. Somit werden die Gewinne aus automatisierten Betrieben steigen, während das Lohnniveau gering gehalten wird oder sogar sinkt, weil der Wirtschaft ein großes Heer an Arbeitskräften zur Verfügung steht. Weil Unternehmensinhaber heutzutage ihre Zusatzgewinne meist nicht investieren, sondern sparen, wird die »neue« Nachfrage nach Investitionsgütern und Dienstleistungen nicht schnell genug entstehen, um die überflüssigen Arbeitskräfte zu beschäftigen.

Volkswirtschaftlich heißt das, die kurzfristigen Folgen der auf uns zurollenden Automatisierungswelle werden kaum Auswirkungen auf das Gesamt-BIP haben. Dieselbe Produktionsleistung wird einfach von weniger Beschäftigten erbracht. Aber es wird mehr Arbeitslosigkeit und größere Ungleichheit geben. Die Automatisierung wird sich auch nicht auf das durchschnittliche BIP pro Kopf niederschlagen, aber wegen der höheren Produktivität der Arbeitenden wird es weniger Arbeitsplätze geben. Zudem erhöht die Automatisierung die Unternehmensgewinne – es sei denn, sie werden höher besteuert. Das zu ändern, ist nicht einfach, weil schwer festzustellen ist, welche Gewinne und Lohnsteigerungen direkt aus der Automatisierung hervorgehen. Die Gesellschaft könnte natürlich Roboter besteuern oder ihre rasche Einführung verbieten. Roboter könnten sogar verstaatlicht werden, um zu gewährleisten, dass die entstehenden Gewinne gerecht verteilt werden. Aber derartige Vorschläge würden in den meisten reichen Ländern auf so starke Gegenwehr stoßen, dass sie sich nicht durchsetzen könnten. Wie wir später erklären werden, sehen wir die einzige Lösung für dieses Problem darin, dass allen, die es brauchen, ein höheres Arbeitslosengeld und garantiertes Mindesteinkommen gewährt wird, finanziert über höhere Steuern. Auf diese Weise könnte die politische Mehrheit sicherstellen, dass ein genügend großer Anteil der Erlöse aus der Automatisierung den Konsumenten zugute kommt, um die Nachfrage zu stützen und die wirtschaftliche Grundlage für neue Arbeitsplätze zu schaffen.

machen sie Menschen arbeitslos, aber dieser Preis lohnt sich, wenn die Wirtschaft wächst, sodass innerhalb eines vernünftigen Zeitraums neue Arbeitsplätze entstehen.

Schlechte Produktivitätssteigerungen funktionieren ähnlich: Sie vermehren die Effizienz und senken Kosten. Als negativ erweisen sie sich jedoch, wenn sie öffentliche Güter zerstören oder wenn die Erlöse nicht so verteilt werden, dass wirtschaftliches Wachstum entsteht und neue Arbeitsplätze geschaffen werden. Höhere Effizienz ist nachteilig, wenn sie lediglich die Gewinne einiger Unternehmen steigert und zugleich Arbeitslosigkeit erzeugt, Menschen ihre Lebensgrundlage entzieht und soziale Schäden anrichtet.

Die bevorstehende Welle der Computerisierung und Automatisierung ist weitgehend mit nachteiligen Produktivitätsfortschritten verbunden. Zwar wird sie kurzfristig die Produktionsleistung automatisierter Firmen erhöhen, sie wird aber auch dafür sorgen, dass in diesen Firmen die Beschäftigtenzahl drastisch zurückgeht, während in anderen nicht automatisierten Unternehmen die Produktivität rapide absinkt und auch sie viele Mitarbeiter entlassen, weil sie nicht mehr wettbewerbsfähig sind. Damit werden viele angestammte, monotone Tätigkeiten einfach verschwinden und nur noch solche Arbeitsplätze bleiben, die einen subjektiv-menschlichen Faktor erfordern oder nicht von Maschinen oder Robotern übernommen werden können.

In wenigen Jahrzehnten wird dann praktisch alles, was sich dafür eignet, aus der Massenproduktion stammen – sowohl Güter als auch Dienstleistungen – und der Arbeitsmarkt wird dann vom Dienstleistungssektor beherrscht, von Angeboten für Friseure, Künstler, Wissenschaftler und Gärtner. Die Arbeitsplätze von Verkäufern im Einzelhandel, Finanzanalysten und Laborangestellten werden wegfallen und die verbleibenden Arbeitskräfte werden nicht automatisierbare Güter und Dienstleistungen bereitstellen. An diesem Punkt wird es praktisch unmöglich, die Produktions-

ABBILDUNG 9
Die Wachstumsrate des BIP pro Kopf (in % pro Jahr) verlangsamt sich

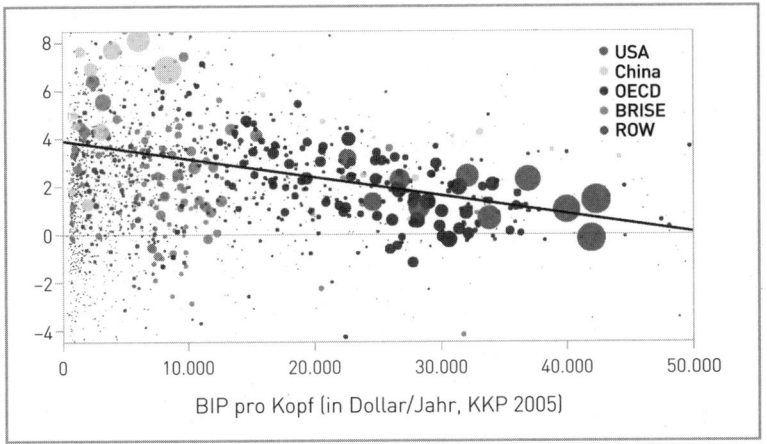

Die Rate des Wirtschaftswachstums verlangsamt sich, wenn eine Gesellschaft reicher wird. Das Diagramm zeigt, wie die Wachstumsrate pro Einwohner sinkt, wenn das BIP pro Kopf zunimmt.

leistung pro Arbeitskraft zu erhöhen, weil die meisten Menschen einer Tätigkeit nachgehen, die dies nicht mehr zulässt. Eine Gärtnerin kann einen Garten nicht schneller jäten, ein Pfleger kann einen älteren Patienten nicht schneller versorgen. Mit anderen Worten, die reiche Welt wird auf eine Produktivitätsbarriere stoßen – die Produktivität wird allmählich stagnieren. Wenn zugleich die Bevölkerung nicht weiter wächst, lässt sich das BIP nicht mehr steigern, weil sich das herkömmliche Wirtschaftswachstum gegen null bewegt.

In einer vom Wirtschaftswachstum abhängigen Welt ist das ein großes Problem.

Natürlich ist das für Wirtschaftswissenschaftler, die sich in den vergangenen 50 Jahren eingehend mit Produktivität beschäftigt haben, keine Überraschung, denn es ist die Fortsetzung eines Trends, der schon vor Jahrzehnten begonnen hat: Der Produkti-

ABBILDUNG 10
Wahrscheinliche künftige Wachstumsraten beim BIP pro Kopf

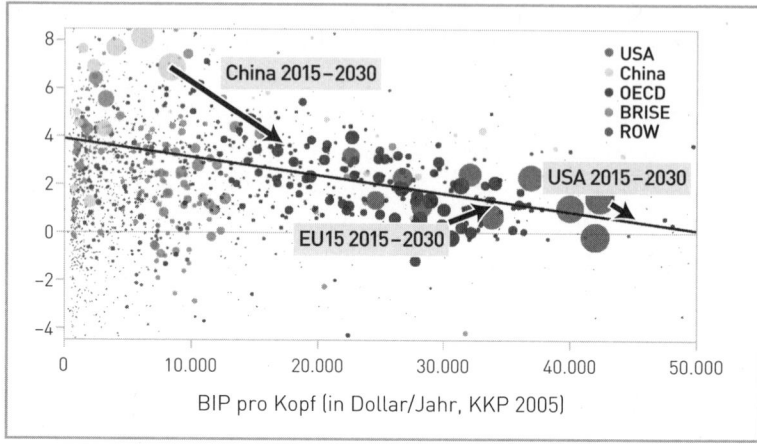

Unter der Annahme, dass sich die Wirtschaftsleistung in China, den EU15 und den Vereinigten Staaten ähnlich entwickelt, wie es im Durchschnitt in der Vergangenheit der Fall war, wird ihr BIP pro Kopf, wie im Diagramm gezeigt, bis 2030 wachsen. Die Wachstumsrate des Durchschnittseinkommens wird in China von 7 Prozent auf 4 Prozent pro Jahr sinken, in Europa wird sie von 0,5 Prozent auf 1,5 Prozent steigen, während sie in den USA von 1,5 Prozent auf 1 Prozent sinken wird. Man beachte, dass das Gesamt-BIP unterschiedliche Wachstumsraten aufweist, weil sich die Bevölkerungszahlen nicht überall gleich entwickeln.

vitätszuwachs in Industrieländern ist seit den 1960er Jahren stetig gesunken.

Wie in Abbildung 9 ersichtlich, nimmt der Produktivitätszuwachs pro Person in der reichen Welt schon seit langem ab. Das liegt daran, dass er – erzielt durch Automatisierung, Ausbildung und vermehrten Energieeinsatz – im Dienstleistungssektor langsamer vonstatten geht als in Landwirtschaft und Industrie. Sobald sich die Wirtschaft stärker zum Dienstleistungssektor hin verschiebt, verlangsamt sich die Wachstumsrate des BIP pro Kopf. Die Produktionsleistung eines Landwirts kann man leicht erhöhen, wenn man ihm landwirtschaftliche Maschinen und Dünger zur Verfügung stellt. Ebenso leicht ist es, die Produktivität von Fabrikarbeitern mittels neuer Maschinen und Energie zu steigern. Und die Produktivität von Bürokräften lässt sich durch Computerisierung erhöhen. Aber es ist extrem schwierig, die Produktivität von Krankenschwestern oder Künstlern zu steigern.

Leider sind es nicht nur fehlende Möglichkeiten zu weiteren Produktivitätssteigerungen, die das Wachstum in der reichen Welt in den kommenden Jahren verlangsamen werden. Es gibt noch drei weitere Gründe, warum sich das konventionelle Wirtschaftswachstum wahrscheinlich verlangsamen wird.

Sie sind Gegenstand des nächsten Kapitels.

KAPITEL 5

Andere Bedrohungen für das heutige Wirtschaftssystem

Alternde Gesellschaften, geringere Verfügbarkeit von Ressourcen und der Klimawandel werden die gegenwärtigen Probleme verschärfen.

Wir haben gesehen, dass sich zwar die Wirtschaftsleistung der reichen Welt in den letzten 30 Jahren erhöht hat, die Durchschnittseinkommen aber stagnieren, die Arbeitslosigkeit wächst und die Ungleichheit nimmt zu. Und wie bereits erörtert, ist für diese Trends kein Ende in Sicht.

Als wäre das nicht schon genug, steht die reiche Welt noch vor drei weiteren Herausforderungen: einer alternden Bevölkerung, der Aussicht auf Verteuerung einiger Ressourcen und dem Klimawandel. Wenn dies nicht mit Umsicht angegangen wird, wird sich das Wachstum des Konsums für den Durchschnittsbürger weiter verlangsamen und der Lebensstandard von Millionen sinkt ab.

Der intelligente Umgang mit diesen Herausforderungen erfordert ein Umdenken. Statt Unmengen an Gütern und Dienstleistungen für die Jugend zu liefern, muss sich die Wirtschaft mehr auf die Bedürfnisse der Älteren konzentrieren. Statt stets die billigsten Rohstoffe zu nutzen, wird die Gesellschaft gezwungen sein, auf teure, weniger leicht verfügbare Alternativen zurückzugreifen. Statt sich weiterhin auf eine emissionsintensive Fertigung zu verlassen, muss ein Wechsel zu klimafreundlichen Produktionstechniken erfolgen. Das sind tiefgreifende Veränderungen und sie sind durchaus machbar – wenigstens in der Theorie. In der Praxis verläuft solch eine ökonomische Umstrukturierung jedoch langsam und führt in der Übergangszeit oft zu höherer Arbeitslosigkeit und einem langsameren BIP-Wachstum – und keines von beiden löst in der Öffentlichkeit Begeisterung aus.

Dies sind die drei größten Hürden, vor denen das gegenwärtige Wirtschaftssystem steht:

- *Alternde Bevölkerung.* Das Durchschnittsalter der Menschen in weiten Teilen Europas, in Japan und dem Rest der reichen Welt (und auch in Teilen der armen Welt) steigt und verschiebt das demografische Gleichgewicht.

- *Ressourcenverknappung.* Zunehmender Ressourcenverbrauch, weil sich durch das Wachstum der Weltbevölkerung und eine global vermehrte Produktion die Preise einiger Rohstoffe erhöhen. Damit steigen auch die Kosten bestimmter Konsumgüter, und ohne entsprechende Einkommenssteigerungen wird der Konsum anderer Güter zurückgehen.

- *Klimawandel.* Extreme Wetterereignisse werden Länder zwingen, für die Bekämpfung der Folgen mehr Arbeit und Kapital aufzuwenden.

Alternde Bevölkerung

Wenige Menschen wissen, welche Folgen die Alterung der Bevölkerung hat, und zwar nicht zuletzt deshalb, weil die Menschheit – wenigstens außerhalb von Japan – kaum Erfahrung mit diesem Phänomen hat. Wenn eine Bevölkerung altert, werden sehr viele Menschen, die früher gearbeitet haben, ökonomisch inaktiv. Das hat Folgen für die Staatskasse: Statt wie früher Steuern zu zahlen, erhalten diese Leute nun eine staatliche Rente, das heißt, sie stocken die öffentlichen Haushalte nicht auf, sondern entziehen ihnen

ABBILDUNG 11
Der Abhängigkeitsquotient bleibt niedrig

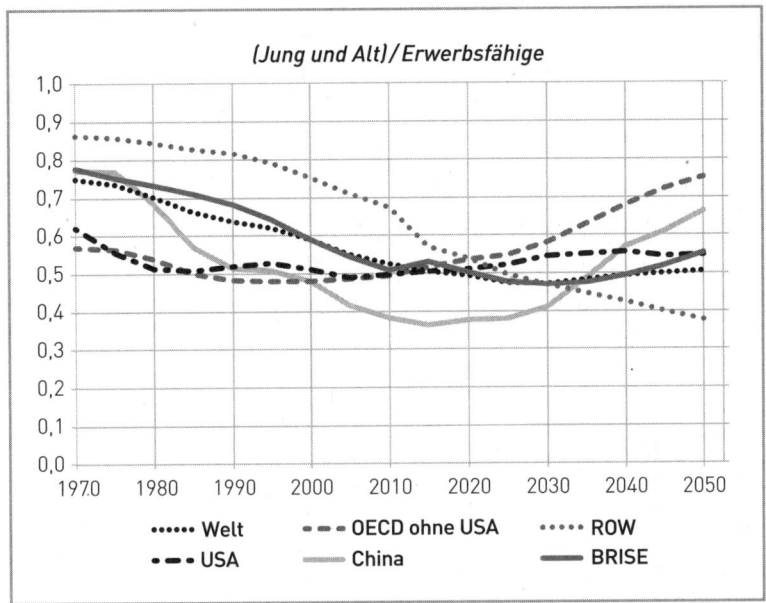

Der Abhängigkeitsquotient entspricht der Zahl der Kinder (unter 15 Jahren) plus der Zahl der Älteren (über 65 Jahre) geteilt durch die Zahl der Erwerbsfähigen. Er ist seit 1970 wegen des raschen Bevölkerungswachstums in allen Regionen gefallen und er wird (in einigen Regionen) erst nach 2030 wieder wachsen, bedingt durch langsameres Bevölkerungswachstum und mehr alte Menschen. Aber der Abhängigkeitsquotient schießt bis 2050 keineswegs in die Höhe, sondern bewegt sich lediglich wieder auf den Stand von 1970 zu. Das liegt daran, dass die höhere Zahl älterer Menschen durch die sinkende Zahl der Kinder ausgeglichen wird.

Geld. Einige ältere Menschen ergänzen ihre Rente oder Pension mit Ersparnissen oder privater Vorsorge. Andere leihen sich Geld. Aber vielen stehen diese Optionen nicht offen, also müssen sie ihre Ausgaben reduzieren.

Folglich ist ungewiss, welche Auswirkungen eine alternde Bevölkerung hat, weil gegenwärtig unklar ist, ob die Senioren der Zukunft mehr oder weniger Güter und Dienstleistungen nachfragen werden als während ihrer Arbeitsjahre. Mit einer gewissen

15   Was ist der Abhängigkeitsquotient?

Der Abhängigkeitsquotient ist die Zahl der älteren plus die Zahl der jungen Anspruchsberechtigten, die auf eine Person im Arbeitsalter entfällt. Berechnet wird er, indem man die Zahl der Kinder zwischen 0 und 15 und die Zahl der Älteren über 65 Jahren durch die Zahl der Menschen zwischen 15 und 65 (die Erwerbsbevölkerung) teilt. Der Abhängigkeitsquotient liegt in der reichen Welt bei rund 0,5, das heißt, jeder Berufstätige muss für sich selbst und eine halbe weitere Person aufkommen. Anders ausgedrückt, jedes Paar muss finanziell für sich sowie für ein Kind oder einen älteren Menschen sorgen.

Der Abhängigkeitsquotient ist über längere Zeiträume stabiler als allgemein angenommen. Das liegt daran, dass, sobald die Gruppe der Älteren wächst, der Anteil der Kinder sinkt – da die Summe ja 100 Prozent betragen muss. In Zukunft wird sich der Abhängigkeitsquotient nicht wesentlich erhöhen (es sei denn, es gibt einen großen Krieg oder eine Seuche), weil die wachsende Zahl der alten Menschen weitgehend durch eine entsprechend sinkende Zahl der Kinder kompensiert wird (siehe Abbildung 11).

16   Welche Folgen hat das Altern für die Wirtschaft?

Von einer alternden Bevölkerung spricht man, wenn das Durchschnittsalter steigt. Normalerweise ist damit ein wachsender Anteil älterer Menschen – also der über 65-Jährigen – an der Bevölkerung verbunden. Wenn Menschen in den Ruhestand gehen, beziehen sie nicht mehr regelmäßig Lohn oder Gehalt, ihr Konsum hängt also von neuen Einkommensquellen ab. Ein Teil ihrer Ausgaben wird durch Ersparnisse, Privatinvestitionen, Pensionen und ein weiterer Teil durch Zahlungen der staatlichen Rentenkassen gedeckt.

> Auch das Konsumverhalten der Senioren sieht anders aus. Zum Beispiel kaufen sie weniger Geschirr und Flugtickets und geben dafür mehr Geld für Gartenartikel, medizinische Produkte oder Sicherheit aus. Die große Frage lautet, ob die Gesamtnachfrage (pro Senior) größer oder geringer ausfällt als in den Jahren der Berufstätigkeit. Wenn sie geringer ist, könnte die Überalterung zu einem Absinken der Gesamtnachfrage und einer Schrumpfung des BIP führen. Wenn dem Rückgang nicht durch vermehrte Sozialleistungen begegnet wird, kann der Konjunkturzyklus in eine gefährliche Abwärtsspirale geraten.
>
> Wer sich intensiver mit dem Phänomen der Alterung auseinandersetzt, erkennt bald, dass die eigentliche Frage lautet, wie sich die »Nachfrage pro älterer Mensch« zur »Nachfrage pro jüngerer Mensch« verhält, weil ja für jeden zusätzlichen älteren Menschen ein jüngerer Mensch wegfällt.
>
> Für das BIP ist die Gesamtnachfrage der Bevölkerung relevant. Es spielt keine Rolle, ob die konsumierten Güter und Dienstleistungen von den Verbrauchern selbst oder vom Staat bezahlt werden. In beiden Fällen sind reale Arbeit und reale Ausrüstungsgüter erforderlich, um die konsumierten Güter und Dienstleistungen zu produzieren. Das gilt gleichermaßen für junge, arbeitende und für ältere Menschen. In jeder Gruppe wird der Konsum durch eine Kombination aus privaten und öffentlichen Beiträgen bezahlt.

Berechtigung kann angenommen werden, dass ihr Konsum zurückgeht.

Deutlicher auf der Hand liegt, dass sich die Zusammensetzung der Gesamtnachfrage in der Bevölkerung verändern wird, denn sobald der Anteil alter Menschen zunimmt, sinkt der Anteil der jüngeren – das muss rein mathematisch schon so sein. Diese Tatsache illustriert Abbildung 11, die zeigt, dass der Abhängigkeitsquotient in den kommenden Jahrzehnten nicht so schnell steigen wird, wie viele befürchten.

Eine alternde Bevölkerung bedeutet also, dass ein doppelter Schlag die Wirtschaft trifft und zu einem Wandel zwingt. Es wird notwendig, Arbeit und Kapital in die Bereitstellung von Gütern und Dienstleistungen für die Älteren zu verlagern und sie aus den Gütern und Dienstleistungen für alle anderen abzuziehen.

Viele Länder der reichen Welt stehen vor dem Problem, dass die Kosten des Alterns – in Form von Renten, Altenpflege und Gesundheitsversorgung – weitgehend vom Staat bezahlt werden. Wenn die öffentlichen Haushalte bei einem wachsenden Anteil älterer Menschen stabil bleiben sollen, müssen für die übrige Bevölkerung die Steuern und Sozialversicherungsbeiträge steigen. Das ist für die meisten Bürger nicht attraktiv.

Diese Veränderungen stellen auch die Unternehmen vor Herausforderungen. Wenn die Steuern steigen, haben die Beschäftigten weniger Geld für den herkömmlichen Konsum in der Tasche,[1] während bei einem wachsenden Anteil älterer Bürger die Nachfrage nach den Dingen sinkt, die sie früher konsumiert haben.

Rentner müssen nicht mehr pendeln, also geben sie weniger für Bahntickets und Benzin aus. Oft essen sie weniger. Sie benötigen weder Beratung zur Altersvorsorge noch Geschäftsessen oder Arbeitskleidung. Im Durchschnitt geben über 65-Jährige in der reichen Welt 25 Prozent weniger für Dinge aus, die sie früher gekauft haben, dafür aber mehr für die Gesundheitsversorgung und für ihre Familie.[2] Der Trend verstärkt sich mit zunehmendem Alter; bei über 85-Jährigen sinkt ihr herkömmlicher Konsum auf die Hälfte des nationalen Durchschnitts.

Verglichen mit einem Durchschnittsbürger geben Senioren 80 Prozent weniger für Theater- und Kinokarten aus,[3] 67 Prozent weniger für Geschirr, 60 Prozent weniger für Flugtickets, 75 Prozent weniger für Alkohol, 70 Prozent weniger für Frotteewäsche und über 90 Prozent weniger für Campingausrüstung. Für Autos wenden sie nur halb so viel auf wie die 50-Jährigen. Hingegen steigen die Ausgaben für Augenbehandlungen, Rasenpflege und Sicherheit – und zwar ganz erheblich –, dasselbe gilt für Krankenhauskosten, Gesundheitsversorgung und ambulante Pflegedienste. Da viele dieser Bereiche staatlich unterstützt werden, liegen die Gesamtausgaben der Senioren in der Regel über ihrem »eigenen« Konsum, also den Ausgaben, die sie selbst finanzieren (zum Beispiel für Lebensmittel).

Der springende Punkt ist, dass der Konsum eines älteren Menschen ganz anders strukturiert ist als der eines 40-Jährigen. Oder eines 10-Jährigen. Auch das Profil der Verbraucher wandelt sich in einer alternden Gesellschaft, in der – zunehmend – weniger Männer als Frauen leben. Das heißt, dass die Nachfrage nicht nur anders finanziert wird, sondern sich auch die Struktur der Nachfrage ändert; damit zwingt eine alternde Bevölkerung der Wirtschaft strukturelle Veränderungen auf.

Diese Veränderung des Konsumverhaltens wird in Europa stärkere Auswirkungen zeigen als derzeit in Japan, weil viele europäische Senioren nicht gerade reich sein werden. Viele der heute 40- bis 60-Jährigen sind auf den Ruhestand nicht gut vorbereitet, denn sie haben nicht so viel auf die hohe Kante gelegt, wie es eigentlich notwendig gewesen wäre. Andere, die durchaus etwas angespart haben, werden wegen der heutigen Ultraniedrigzinsen weit niedrigere Altersbezüge erhalten, als sie erwarten. Das heißt, sie werden gezwungenermaßen weniger ausgeben (weil sie weniger Geld in der Tasche haben) und sich irgendwie von dem über Wasser halten, was sie vom Staat oder von ihrer Familie bekommen können. Für die Wirtschaft wird es problematisch, wenn die Gesamtnachfrage zu sinken beginnt, wenn der Staat und die Reichen den Senioren nicht die Kaufkraft geben, die für eine Vollbeschäftigung nötig ist, oder wenn die nächste Generation nicht bereit ist, für ihre alternden Eltern das Geld aufzuwenden, das sie durch ihre geringere Kinderzahl spart.

17 Warum glauben die Leute, dass höhere Geburtenraten das Problem einer alternden Bevölkerung lösen?

Das Problem des Alterns besteht keineswegs in einem rapiden Anstieg der Belastung für die Beschäftigten. Vielmehr geht es darum, dass die Alterung die finanzielle Belastung durch Nichtbeschäftigte von den Familien auf den Staat (und private Pensionsfonds) verlagert.

Traditionell bezahlen Eltern für ihre Kinder, während der Staat (und die Pensionsfonds) für die Älteren aufkommen. In Zukunft werden Eltern wegen ihrer sinkenden Kinderzahl geringere Kosten haben als früher, während für den Staat (und die Pensionsfonds) höhere Kosten anfallen, weil es mehr Rentner gibt als zuvor.

Die Lösung besteht darin, das wegen der geringeren Kinderzahl gesparte Geld für die Versorgung der älteren Generation zu verwenden. Dies kann durch Steuererhöhungen für Beschäftigte erreicht werden. Eine andere Möglichkeit besteht darin, die Fürsorge den Familien zu überlassen: In diesem Fall erwartet man von den Beschäftigten, für ihre betagten Eltern aufzuwenden, was sie durch ihre geringere Kinderzahl sparen.

Natürlich finden Steuererhöhungen bei den Wählern wenig Anklang und vielen älteren Menschen ist es unangenehm, von der Großzügigkeit ihrer Kinder abhängig zu sein.

Wer das Alterungsproblem durch höhere Geburtenraten lösen will, sollte sich über die Folgen dieser »Lösung« Gedanken machen. Es würde 15 bis 20 Jahre dauern, bis ein Neugeborenes in den Arbeitsmarkt eintritt. Unterdessen müssten die derzeitigen Arbeitnehmer sowohl für die Senioren als auch für die zusätzlichen Kinder aufkommen. Dann folgt ein Zeitraum von 30 bis 40 Jahren, in dem diese Lösung funktioniert. Er endet aber damit, dass die zusätzlich Geborenen in Rente gehen (sagen wir im Jahr 2080) und den Abhängigkeitsquotienten weiter erhöhen. Mathematisch ge-

> sehen wären stetig steigende Geburtenraten nötig, um den Abhängigkeitsquotienten dauerhaft zu senken. Das würde zu einem stetigen Bevölkerungswachstum und damit zu einer zunehmend schlechteren Ökobilanz führen. Die aber wäre wohl für die Gesellschaft auf lange Sicht sehr viel teurer als die geringe Steuererhöhung, die kurzfristig nötig wäre, um für den höheren Anteil der Älteren aufzukommen.

In Großbritannien zahlten (bei einer Gesamtbevölkerung von 60 Millionen) im Jahr 2013 nur acht Millionen Beschäftigte in eine Rentenversicherung ein, ein Drittel weniger als 60 Jahre zuvor. Derselbe Trend zeigt sich in den Vereinigten Staaten, wo 65-Jährige im Schnitt nur 25.000 Dollar angespart haben.[4]

In Europa werden die Bevölkerungszahlen vieler Länder voraussichtlich in den nächsten zehn Jahren ihren Höhepunkt erreichen (in einigen Ländern ist das bereits der Fall), was Einschnitte für das BIP und den Arbeitsmarkt bedeutet. Eine schrumpfende Bevölkerung heißt aber nicht unbedingt, dass das BIP pro Kopf sinkt oder das Wohlergehen leidet, wie Japan beweist. Ungeachtet einer seit 1990 stagnierenden Wirtschaft ist das BIP pro Kopf in Japan fast so schnell gewachsen wie in den Vereinigten Staaten, weil die Bevölkerung abnimmt. Es gibt aber keine Garantie dafür, dass sich dieses Muster in anderen Teilen der Welt wiederholt.

In den Vereinigten Staaten und Australien, Ländern mit einer jüngeren Bevölkerung und hohen Einwanderungszahlen, sind die Aussichten für das Gesamt-BIP-Wachstum besser, jedenfalls in den nächsten drei Jahrzehnten. Die Bevölkerung dieser Länder altert noch nicht in dem Maße wie jetzt in Europa und Japan. Aber auch das wird sich letztlich ändern.

Kurz gesagt, eine alternde Bevölkerung erfordert eine wirtschaftliche Umstrukturierung und bringt mehr Unsicherheit. Die

Nachfrage wird voraussichtlich insgesamt sinken. Wenn die Bevölkerung altert *und* abnimmt, dann wird es noch bedeutend komplizierter.

Ressourcenverknappung

Viele Menschen sind sich nicht bewusst, was mit einer Wirtschaft geschieht, wenn der Preis einer Ressource stetig steigt. Einfach ausgedrückt, steht man, sobald der Preis steigt, vor einer Entscheidung. Entweder muss Geld von anderer Stelle abgezogen werden, um die höheren Kosten zu begleichen, oder die Gesellschaft muss weniger von der fraglichen Ressource verbrauchen. Im ersten Fall bleibt der Ressourcenverbrauch unverändert (gemessen in Tonnen pro Jahr). Im zweiten Fall reduziert die Gesellschaft ihren jährlichen Verbrauch der Ressource.

So oder so aber sinkt der Konsum, sei es der Konsum der Ressource oder der Konsum der anderen Dinge, für die die Verbraucher zuvor ihr Geld ausgegeben haben.

Dieser Zusammenhang ist von Bedeutung, weil es viele wichtige Rohstoffe gibt, deren Preise in den kommenden Jahren ansteigen könnten. Auf dieses Thema kommen wir später noch zurück.

Klimawandel

Mit der globalen Erwärmung beschäftigen wir uns ausführlich in Kapitel 7. Im Moment gilt es zu bedenken, dass der Klimawandel auch den traditionellen Konsum absenken wird.

Grundsätzlich stehen der Gesellschaft nämlich zwei Wege offen, wie sie auf das Problem des Klimawandels reagieren kann. Entweder hören die Menschen auf, fossile Brennstoffe zu verbrennen, und sie warten ab, bis die Auswirkungen des bereits in die Atmosphäre geblasenen CO_2 nachlassen – oder sie verbrennen weiterhin fossile Brennstoffe und leben mit den extremen Wetterereignissen und den Problemen, die daraus entstehen. Im Moment sieht es so aus, dass Regierungen und die Gesellschaft die zweite Variante wählen, vor allem um unwillkommene Umstrukturierungen, besonders im Energiesektor, aufschieben zu können.

Ein weiterer Grund, warum man sich wohl für ein Leben mit einem sich beschleunigenden Klimawandel entscheiden wird, ist die Tatsache, dass er Wirtschaftswachstum erzeugt. Der Neubau von Häfen wegen höherer Meeresspiegel, die Rückgewinnung von Land, das überflutet wurde, der Schutz von Ortschaften gegen lodernde Buschbrände bringt den merkwürdigen Vorteil, die Konjunktur anzukurbeln. Diese Maßnahmen sind natürlich nicht positiv zu werten – und sie werden mehr und mehr Teile der übrigen Wirtschaft verdrängen, die derzeit auf Konsum ausgerichtet ist. Aber Reparatur von Schäden und Anpassung an den Klimawandel schaffen kurzfristig Arbeitsplätze. Arbeit und Kapital werden in diese Umweltreparatur- und Rettungsmissionen fließen müssen und Regierungen werden sich gezwungen sehen, Steuern zu erhöhen, um sie zu finanzieren. Damit geht der herkömmliche Konsum zurück, obwohl die Wirtschaft nicht schrumpft. Die Gesellschaft wird dann ihr Geld nicht mehr in Autos und Computer, sondern in Beton stecken.

In welche Richtung diese Veränderung geht, zeigt folgendes Beispiel. Wenn die Holländer höhere Deiche bauen müssen, weil infolge des Klimawandels der Meeresspiegel steigt, werden sie dafür Leute einstellen. Solche Arbeiten müssen von den öffentlichen Haushalten bezahlt und über höhere Steuern finanziert werden. Weil die Kosten von den holländischen Steuerzahlern getragen werden, verringert sich ihr verfügbares Einkommen, sodass sie weniger für Kleidung, Elektrogeräte, Autos usw. ausgeben als bisher. Hätten die Holländer anstelle des Euro noch ihre alte Währung,[5] könnten sie die Arbeit an den neuen Deichen mit der Gelddruckmaschine finanzieren (das ist keineswegs dasselbe wie die derzeitige Politik der sogenannten monetären Lockerung, bei der »Geld gedruckt wird«, um die Konjunktur anzukurbeln, das man durch die Kanäle des Finanzsektors leitet). Dann würden die Kosten über die höhere Inflation gleichmäßig auf alle Holländer verteilt. Die Folgen wären aber ähnlich: ein etwas geringerer Konsum.

Ähnliche Überlegungen gelten für all die anderen »externalisierten« (siehe Kapitel 9, Vorschlag 8) Kosten, die von reichen Nationen schon so lange vorsätzlich ignoriert werden: die Verschmutzung der Gewässer und der Atmosphäre sowie die Naturzerstörung und die gewaltigen Verluste an Artenvielfalt. Wenn die Gesellschaft endlich beschließt, sich mit diesen Zivilisationsschäden zu beschäftigen, wird man Arbeit und Kapital dafür abzweigen müssen und dementsprechend wird die Erzeugung von Konsumgütern und Dienstleistungen zurückgehen.

KAPITEL 6

Die Sackgasse: Das Scheitern des marktradikalen Denkens

Wenn reiche Länder weiterhin Arbeitslosigkeit und Ungleichheit mit den alten ökonomischen Mitteln bekämpfen, werden nicht nur beide Probleme zunehmen, es werden sich auch die Umweltprobleme verschärfen.

Die größten Probleme der Menschheit sind entweder endemisch oder unmittelbar. Die endemischen Probleme bestehen schon seit Jahren und haben sich in den meisten Fällen verschärft.

- Der *Klimawandel* ist das schwerwiegendste Problem, denn am Ende zählt wirklich nichts anderes mehr als die Bewohnbarkeit unseres Planeten.
- *Armut* ist sowohl in der reichen wie in der armen Welt ein riesiges Problem, das den Großteil der Bevölkerung betrifft.
- Die *Umweltverschmutzung* nimmt zu, insbesondere in den Weltmeeren und in der Atmosphäre.
- Der *Schwund der Rohstoffe* könnte die Fortentwicklung verlangsamen und zu Konflikten führen.
- Der *Verlust der Artenvielfalt* erscheint nur auf den ersten Blick folgenlos.
- *Kriege, Terrorismus und Konflikte* haben vor allem deshalb zugenommen, weil die genannten Probleme nicht angegangen werden.

Die unmittelbaren Probleme sind im Großen und Ganzen sozialer und politischer Natur und erhalten in der Tagespresse meist mehr Aufmerksamkeit. Sie erschweren zudem die Bewältigung der endemischen Probleme.

- Die *Arbeitslosigkeit* nimmt zu, vor allem bei unter 25-Jährigen.
- Trotz jahrzehntelangen Wirtschaftswachstums geht die *Schere zwischen Arm und Reich* immer weiter auseinander.
- Das gegenwärtige *Tempo des Wirtschaftswachstums* wird als zu gering erachtet (verglichen mit dem, das angeblich erforderlich ist).
- Aufgrund von Konflikten, Armut und zunehmend auch durch den Klimawandel nimmt die *Migration* zu.
- Die *sozialen Spannungen* nehmen zu, was extremes politisches Gedankengut attraktiver macht.
- Schließlich wachsen auch die *geopolitischen Spannungen*, womit die endemischen Probleme auf der Agenda immer weiter nach hinten gedrängt oder aber verschärft werden.

Aus unserer Sicht sind fast alle diese Probleme auf das gegenwärtige Wirtschaftssystem zurückzuführen. Das heißt, sie haben dieselbe Ursache – nämlich den Wunsch nach unendlichem Konsum ohne jeden Gedanken an die Folgen für die Umwelt und das Verhältnis zwischen Arm und Reich.

Wie wir bereits dargelegt haben, erzeugt das gegenwärtige Wirtschaftssystem eine ständig steigende Produktivität, die wiederum langfristig zu Arbeitslosigkeit führt, wenn nicht gleichzeitig genügend neue Arbeitsplätze geschaffen werden. Das Streben nach Kostensenkung und Steigerung kurzfristiger Gewinne, hervorgerufen durch die Bedürfnisse der Finanzmärkte, hat dazu geführt, dass in vielen Teilen der reichen Welt die Reallöhne gesunken sind, sodass es heute Millionen Menschen schlechter geht als vor 30 Jahren.

Das gegenwärtige Modell des Marktradikalismus hat also die zunehmende Ungleichheit verursacht. Der Trickle-down-Effekt, bei dem der Wohlstand der Reichen allmählich in die Taschen der breiten Masse sickert, ist nur ein Mythos. Das gegenwärtige Wirtschaftssystem bewirkt genau das Gegenteil – und das mit Absicht. Diejenigen, die bereits über Geld verfügen, gewinnen noch mehr durch Investitionen in die produktive Wirtschaft und die Rohstoffförderung sowie durch Dividenden oder durch Spekulationsgewinne. Außerdem machen sie Geld, indem sie den Armen Kredite geben und dafür Zinsen erhalten. Das gegenwärtige Wirtschaftssystem führt zu einer zunehmenden Akkumulation des Wohlstands bei den Reichen und überall vertieft sich die Kluft zwischen Arm und Reich immer mehr.

Das marktradikale Denken, das auf dem Wunsch nach unendlichem Konsum beruht, ist auch die Wurzel aller menschengemachten Schäden am Planeten Erde. Das gegenwärtige Wirtschaftssystem verlangt die ständige Steigerung des Rohstoffdurchsatzes. Die Emissionen, die bei Förderung, Verarbeitung und Nutzung der Rohstoffe entstehen, sind mitverantwortlich für den Klimawandel. Im heutigen Denken haben Meere, Waldökosysteme und Polareis über die dort vorhandenen Rohstoffe hinaus keinen ökonomischen Wert und deshalb werden die dort entstehenden Schäden völlig ignoriert. Die Regenwälder, Fischgründe und Erzlager sind offenbar nur dazu da, ausgebeutet und wertschöpfend für die menschliche Gesellschaft verwendet zu werden.

Die Erde steht demnach praktisch im Dienst der Wirtschaft, die dem Finanzsystem zugute kommt, das wiederum den Reichen nutzt. Das ist genau das Gegenteil dessen, was notwendig wäre: ein System, in dem der Finanzsektor die Wirtschaft stützt und diese der Mehrheit der Menschen dient, und zwar im Einklang mit der Natur des Planeten.

Das marktradikale Denken ist auch in hohem Maße für das Elend auf der Welt verantwortlich. Viele Kriege der letzten Jahrzehnte wurden praktisch um den Zugang zu den Ressourcen geführt, die für das Wirtschaftswachstum unabdingbar sind – insbesondere um das Öl. Durch einen Dominoeffekt haben diese Konflikte häufig zu weiteren größeren und langwierigeren Kriegen geführt. Viele der Migranten aus ganz Asien sowie dem Nahen Osten und Nordafrika fliehen nicht nur vor Konflikten und Armut, sondern auch wegen jahrelanger Dürren und schlechter Ernten – zum Teil die direkte Folge des Klimawandels, verursacht durch das Streben der Menschen nach immer höherer Wirtschaftsleistung.

Wenn sich hier nichts ändert, wird sich diese Entwicklung beschleunigen und noch viel mehr Menschen dazu zwingen, an Orte umzusiedeln, an denen sie eigentlich nicht leben wollen und meistens nicht willkommen sind.

Der Marktradikalismus hat aber den Umgang der Gesellschaft mit der Welt noch weitergehend infiziert, was die Menschen jedoch kaum mehr wahrnehmen. Da er die individuelle Freiheit und den Konsum auf Kosten des sozialen Zusammenhalts propagiert, sorgt er dafür, dass sich viele Menschen egoistischer, gieriger und verschwenderisch-materialistischer verhalten. Er beeinflusst sogar die Ansichten über Privatsphäre und Konsumentenschutz, wenn man meint, es sei in Ordnung, dass die Unternehmen in unser Leben eingreifen und uns ungesunde Produkte verkaufen. Unternehmen zu regulieren, wird dagegen grundsätzlich als Fehler betrachtet. Eingriffe in den Markt werden auf ein Minimum beschränkt, schädliche Folgen für die Bürger nimmt man dabei in Kauf.

Die Sucht nach Wirtschaftswachstum hat zum Hypotheken-Hype in den 1990er Jahren geführt, dessen Altlasten wir heute noch zu tragen haben. Sie ist für den sprunghaften Anstieg der Immobilienpreise in den USA wie auch für die Immobilienblase in großen Teilen Europas vor zehn Jahren verantwortlich. Statt dieses Problem anzugehen, bevor es außer Kontrolle geriet, haben

Wirtschaftsexperten die Gesetzgeber überredet, die Sache dem Markt zu überlassen. Alle hielten sich zurück und sahen zu, wie die Blase platzte. Das Ergebnis war die Finanzkrise und in deren Folge wachsende Arbeitslosigkeit und menschliches Elend. Darüber hinaus hatte der ganze Zyklus – die Immobilienblase und die Finanzkrise – exakt dieselben Auswirkungen wie so viele andere Trends, die wir bereits geschildert haben: Er verschob noch mehr Geld von den Armen zu den Reichen.

Das aktuelle wachstumsorientierte System hat die Menschheit in eine riesige ökonomische Tretmühle gebracht, die uns mit wachsendem Tempo in die Ausweglosigkeit führt. Diese Tretmühle ist scheinbar nicht zu bremsen, weil das System ohne BIP-Wachstum zusammenbricht. Denn jeder Versuch einzugreifen, indem man beispielsweise heimische Arbeitsplätze gegen Billigimporte schützt oder den Immobilienmarkt etwas abkühlt, führt dazu, dass sich das Wirtschaftswachstum verlangsamt. Also gehen Arbeitsplätze verloren und die Kluft zwischen Arm und Reich verbreitert sich weiter. Aber das Antreiben des Wirtschaftswachstums zieht genau dieselben Folgen nach sich, nur dass dabei die Umweltschäden größer sind.

Immer mehr Menschen – in den Universitäten, in der Politik, sogar in der Wirtschaft – erkennen diese Probleme. Der Club of Rome sah sie bereits vor über 45 Jahren voraus und berichtete darüber in *Die Grenzen des Wachstums*. In dem Buch, das man häufig als Angriff auf das Wirtschaftswachstum missverstand, wurde die rasche Zunahme des Rohstoffverbrauchs, der Umweltverschmutzung und des ökologischen Fußabdrucks kritisiert, die die Belastbarkeit des Planeten überschritten. Außerdem lieferten die Autoren eine Reihe von Szenarien für die Weltgesellschaft bis zum Jahr 2100 und warnten, die rapide Vergrößerung des ökologischen Fußabdrucks drohe die Erde bis etwa Mitte des 21. Jahrhunderts zu einem bedrohlichen Ort zu machen. Zur Zeit der Erstveröffentlichung des Berichts im Jahr 1972 wäre es noch relativ leicht gewesen, die Problematik einigermaßen in den Griff zu bekommen. Doch seither bewegt sich die Welt auf den Kipppunkt zu und es ist viel schwieriger geworden, aus der Bedrohung wieder herauszukommen.

Glücklicherweise ist es aber, wie wir zeigen werden, noch möglich, einen besseren Weg in die Zukunft einzuschlagen. Übrigens ist durchaus interessant sich klarzumachen, dass das radikale Modell des freien Markts nicht zufällig von so vielen Menschen befürwortet wird. Und es ist auch nicht das Resultat einer naturgegebenen ökonomischen oder menschlichen Entwicklung – es hat Methode.

In den 1930er Jahren – nach dem Großen Börsencrash von 1929 – richteten die Wirtschaftsexperten und Politiker ihre Bemühungen auf den Erhalt der Vollbeschäftigung und nicht auf das Wirtschaftswachstum. Nach dem Zweiten Weltkrieg lag der Schwerpunkt der Politik auf der Schaffung von Arbeitsplätzen, einer ausgeglichenen Handelsbilanz und dem Wert der Landeswährung. Auch damals war das Hauptziel nicht das Wirtschaftswachstum.

Dies änderte sich erst zum Ende der 1970er Jahre, als Ronald Reagan und Margaret Thatcher gewählt wurden und rasch die Theorien einer einflussreichen Gruppe von Wirtschaftswissenschaftlern umsetzten, die seit Ende der 1940er Jahre gemeinsam an einer neuen Sicht auf Wirtschaft und Gesellschaft arbeiteten. Mitglieder dieser Gruppe waren unter anderem Friedrich Hayek, Ludwig von Mises und Milton Friedman von der Chicago School of Economics, die zu den bekanntesten Ökonomen des 20. Jahrhunderts gehörten. Sie leiteten eine Gruppe namens Mont Pelerin Society (MPS), die gegründet wurde, um das marktradikale Denken und die »zentralen Werte« der Zivilisation zu verbreiten. Die Gruppe, die sich nach dem Schweizer Berg benannte, an dem sie erstmals zusammenkam, bezeichnete die Ausweitung staatlicher Aufgaben – insbesondere im Wohlfahrtsstaat – sowie

Gewerkschaften generell als »gefährlich«. Einem unregulierten Markt hingegen schrieb sie nahezu »göttliche« Fähigkeiten zu. Von den 76 Wirtschaftsberatern Reagans waren 22 Mitglieder der MPS und Thatchers Wirtschaftsexperte war deren Präsident.

Seither werben Mitglieder der MPS in der ganzen Welt für ihre Ideologie des radikal freien Markts. Zu ihrem Kreis gehören auch mehrere ehemalige Staatschefs (Deutschlands, Italiens, der Tschechischen Republik und Sri Lankas), Finanz-, Wirtschafts- und Handelsminister (Großbritanniens, der USA, Belgiens, Hongkongs), ehemalige Chefs der amerikanischen Federal Reserve Bank, Mitglieder des Obersten Gerichtshofs der Vereinigten Staaten, Vertreter der Bank of England, ein amerikanischer Außenminister und neun Träger des sogenannten Nobelpreises für Wirtschaftswissenschaften. Es überrascht nicht, dass es in diesem Kreis so viele Nobelpreisträger gibt. Die MPS hat bei der Schaffung des Nobel Memorial Prize in Economics – so der offizielle Name des Preises – mitgewirkt, der dazu da ist, die Theorie des freien Markts aufzuwerten.

Die Mitglieder der MPS haben auch die Gründung zahlreicher rechtsgerichteter und sehr prominenter Denkfabriken zu verantworten, die die Ideologie des freien Markts weltweit verbreiten. Viele dieser Thinktanks liefern Berichte über den Klimawandel, in denen das Ausmaß des Problems heruntergespielt oder die Beweise dafür angezweifelt werden.

Selbst viele bekannte Journalisten sind Mitglied der MPS, darunter mehrere Pulitzer-Preisträger. Mont Pelerin arbeitet daran, weltweit die Wirtschaftslehre in Universitäten in ihrem Sinne zu reformieren und dafür zu sorgen, dass ihr Gedankengut durch Artikel in Fachzeitschriften gestützt wird. In vielen Wirtschaftsfakultäten ist mittlerweile das Modell des freien Markts das einzige, das gelehrt wird.

Die Botschaft dieser Ökonomen des freien Markts ist so brutal wie einfach. Weder der Staat noch der einzelne Bürger sollen den

Bedürftigen Geld geben, da Arme es nicht vernünftig verwenden. Es sei besser, das Geld den Reichen zu geben, da sie es zugunsten der Allgemeinheit investieren und damit die Gesamtwirtschaftsleistung und den Wohlstand erhöhen.

Nach dem Zweiten Weltkrieg hat diese Strategie ein paar Jahrzehnte lang funktioniert, doch wie wir gezeigt haben, gilt das für die letzten 30 Jahre nicht mehr. Dennoch halten Millionen Menschen sie weiter für richtig.

Die Doktrin der MPS läuft auf eine unaufhörliche Austerität für die Mehrheit und die unendliche Ausbeutung des Planeten hinaus, weil der Staat seine Aufgabe, gefährdete Menschen und Ökosysteme zu schützen, nicht erfüllt. Die Menschen tragen nach dieser Lehre selbst die Verantwortung für ihr Leben und die Umwelt sollte nur dann geschützt werden, wenn es profitabel ist. Es obliegt dem Einzelnen, sich einen Arbeitsplatz zu suchen, er sollte für die von ihm in Anspruch genommenen Dienstleistungen bezahlen – wie etwa Gesundheitsfürsorge und Bildung. Und er muss selbst für sein Alter sparen. Dass viele Menschen nicht genug verdienen, um zu überleben, geschweige denn zu sparen, und sich deshalb für den Konsum Geld leihen müssen, dass man sie überredet, höhere Kredite aufzunehmen, als sie zurückzahlen können, dass sie sich die nötige medizinische Versorgung nicht leisten können, dass fehlende Bildung sie dazu verurteilt, ihr Leben lang auf Pump zu leben, dass sie keine Arbeit finden oder auf der Straße stehen, weil das Unternehmen, für das sie gearbeitet haben, an einen billigeren Standort abgewandert ist und sie sich den Umzug nicht leisten können oder ihre Familien nicht zurücklassen wollen – all das spielt nach dieser Lehre keine Rolle.

Und trotzdem geben viele Wähler in der reichen Welt mit Begeisterung denen ihre Stimme, die dieser Lehre folgen und das soziale Netz zerstören, das sie selbst, die Bürger, schützt und die das Unternehmertum ermuntert, seine Produktivität auf Kosten ihrer Arbeitsplätze und ihres Lebensstandards zu steigern.

Darüber hinaus fördert das Modell des radikal freien Markts die Privatisierung, ein verlockend simples, aber ebenfalls in die Irre führendes Konzept. Viele glauben, der Staat solle sich aus der Wirtschaft heraushalten, weil er ineffizient sei. Privatunternehmen hingegen funktionierten gut, weil Wettbewerb, Markt und Gewinnanreiz zum besten Ergebnis führten. Unternehmen, Wohnhäuser und Infrastruktur, die sich einst in der Hand des Staates und somit des Volkes befanden, werden daher – oft zu Schleuderpreisen – verkauft und der Staat erzielt kurzfristig einen einmaligen Gewinn. Aber die Gewinne, die einst den öffentlichen Kassen zugute kamen, fließen nun an die reichen Privatunternehmen, die um der angeblichen Effizienz willen die Preise der von ihnen gelieferten Güter und Dienstleistungen anheben und die Zahl der bei ihnen Beschäftigten senken. Die Bevölkerung muss Mieten an private Immobilienbesitzer, höhere Preise für Bahnfahrten oder neu eingeführte Gebühren für Straßen zahlen – nicht zum Nutzen der Gesellschaft oder der Umwelt, sondern zum Vorteil einer kleinen Finanzelite.

Nach dieser Denkweise sollten Handelsschranken fallen und auch das scheint auf den ersten Blick sinnvoll. Schließlich war Adam Smith ein berühmter Befürworter des freien Handels. Doch in der Praxis ist die fortschreitende Marktöffnung, die gebetsmühlenartig eingefordert wird, nur ein Totschlagargument für die Verlagerung der Produktion in Länder mit den geringsten Kosten, der niedrigsten Beschäftigungsrate und den schwächsten Umweltvorschriften.

So wie Wirtschaftswachstum nicht automatisch Arbeitsplätze schafft oder die Ungleichheit vermindert, so ist auch der freie Handel nicht für alle vorteilhaft. Entgegen der Behauptung der Verfechter des freien Markts fördert er nicht zwangsläufig das Wirtschaftswachstum. Südkorea und Taiwan erlebten über Jahrzehnte hinweg ein rasches Wirtschaftswachstum, indem sie rücksichtslos die Entwicklung des Exports vorantrieben und den Import ausländischer Güter strikt beschränkten. In Mexiko hingegen stagnierte nach dem Beitritt zu NAFTA die Wirtschaft, 28.000 kleine und mittlere Unternehmen mussten schließen, über eine Million Bauern gaben ihr Land auf, die Reallöhne sanken und die Arbeitslosigkeit stieg.[1]

Der freie Handel funktioniert dort, wo sich für alle die gleichen Chancen bieten und ein starker Wettbewerb vorhanden ist. Er ist jedoch ausgesprochen schädlich, wo die eine Seite wenig anzubieten hat, wo aufgrund von Subventionen oder protektionistischen Handelshemmnissen ein unfairer Wettbewerb herrscht oder wo Menschen, Ressourcen oder ganze Länder unverfroren ausgebeutet werden. Und nur selten funktioniert er für Grundlagenindustrien wie Energieerzeugung, Produktionsmittelindustrie, Autoindustrie und Rohstoffförderung, die für ihr Wachstum in einem Land so lange Schutzmaßnahmen brauchen, bis sie auf internationalem Parkett konkurrieren können.

Im internationalen Handel führt das marktradikale Denken dazu, dass arme Länder ihre Ressourcen an reiche Länder verkaufen, um dafür Industrieerzeugnisse zu erwerben. Also veräußert die arme Welt ihre Kohle, ihr Kupfer und ihr Holz, um Autos, Medikamente und Computer zu kaufen. Die reichen Länder erhalten die Rohstoffe, die sie benötigen, und einen Markt, auf dem sie ihre Produkte verkaufen können. Die armen Länder verkaufen Ressourcen, um Zugang zu Industriegütern zu bekommen. Was aber, wenn arme Länder selbst Autos, Medikamente und Computer herstellen wollen? Wenn sie nicht nur Rohstoffe fördern, nach Öl bohren und Bäume fällen wollen? Wenn sie für ihre eigenen Wissenschaftler und Ingenieure Arbeitsplätze schaffen wollen? Bei einem unregulierten Handel ist es ihnen nahezu unmöglich, selbst die Grundlagen für eine Industrialisierung zu schaffen. Sie sind nicht nur mit dem Widerstand ihrer Konkurrenten in der reichen Welt konfrontiert, die sich ihre Märkte erhalten wollen, sondern sie können die Autos, die Medikamente und die Computer auch nicht so billig produzieren wie die Industrieländer, die »Größenvorteile« haben. (»Größenvorteile« bezieht sich auf das Produktionsvolumen. Ein Unternehmen, das beispielsweise pro Jahr 500.000 Autos herstellt, kann das einzelne Auto aufgrund der Massenproduktion billiger anbieten als ein Unternehmen, das 5.000 Autos pro Jahr herstellt. Das liegt daran, dass die Fix- und Einrichtungskosten zur Produktion komplexer Produkte wie Autos in der Regel sehr hoch sind. Das heißt, je größer das Unternehmen, desto geringer die Kosten pro produzierter Einheit – wenigstens bis zu einem bestimmten Punkt. Das aber bedeutet, dass neue Marktteilnehmer nicht mit ihren größeren, bereits etablierten Rivalen konkurrieren können, besonders wenn der lokale Markt klein ist und sie nicht in die Massenproduktion einsteigen können, um bei den Kosten konkurrenzfähig zu werden.)

Ein uneingeschränkt freier Handel verhindert also weitgehend die Entwicklung armer Länder. Er zwingt sie, ihre Rohstoffe billig zu verkaufen und die Einnahmen für den Konsum statt für die Entwicklung einer eigenen Industrie zu verwenden.

Die einzige Möglichkeit, diesen Teufelskreis zu durchbrechen, besteht darin, dass die armen Länder Einfuhrbeschränkungen erlassen, um so die Grundlagen für die Industrialisierung zu schaffen. Ihre Bürger müssen dann eine Zeitlang für die im Land hergestellten Autos, Medikamente sowie Computer mehr bezahlen. Damit ziehen sie sich zwar den Zorn der ausländischen Wettbewerber zu, aber sie können, wenn sie dann konkurrenzfähig sind, ihre Grenzen wieder öffnen. Genau das haben China, Japan und Südkorea im 20. Jahrhundert getan, und zwar mit großem Erfolg. Sie sahen, dass der unbeschränkte Freihandel sie daran hinderte, eine konkurrenzfähige heimische Industrie aufzubauen. Wegen der Einfuhrschranken wurden (und werden) sie des Protektionismus, des Verstoßes gegen die Spielregeln und des unfairen Vorgehens bezichtigt. Aber sie haben sich damit die tragfähigen industriellen Grundlagen geschaffen, über die sie bis heute verfügen.

In den letzten Jahrzehnten hat sich die Situation jedoch geändert und die Entwicklungsländer können diesen Weg nicht mehr ohne Weiteres gehen. Aufgrund bestehender und geplanter internationaler Freihandelsabkommen können diese Länder, ihre Unternehmen und Politiker künftig von Schiedsgerichten verurteilt werden, sollten sie irgendetwas unternehmen, was den Interessen der großen, weltweit agierenden Konzerne zuwiderläuft.

Deshalb stimmt es nicht, dass offene Märkte in jedem Fall gut und geschlossene Märkte schlecht seien, wie die von Mont Pelerin beeinflussten Ökonomen jedermann einreden wollen. Wie so viele moderne Wirtschaftstheorien dient auch das Konzept offener Märkte vor allem den reichen Ländern, also denen, die bereits ein hohes industrielles Niveau erreicht haben und politische Macht ausüben.

Die Forderung nach offeneren Märkten, weniger Staat und weniger Regulierung ist jedoch inzwischen weitaus mehr als nur eine Wirtschaftsphilosophie. Ausgehend von der politischen Rechten in den USA, übernommen vom amerikanischen State Department und den Außenministerien vieler europäischer Länder ist das marktradikale Denken zu einem Dogma geworden, zu einem Instrument der reichen Welt, um ihre Übermacht gegenüber der armen Welt aufrechtzuerhalten. Öffnet eure Märkte für uns, sagen die Länder der reichen Welt, um das Wachstum anzuregen und den Lebensstandard zu heben – das heißt natürlich, unseren Lebensstandard.

Gewiss hat dieses Denken Wirtschaftswachstum gebracht. In den letzten 30 Jahren hat sich der Umfang der US-Wirtschaft mehr als verdoppelt. Doch gleichzeitig hat sich die Kluft zwischen Arm und Reich dramatisch vergrößert, die Gefängnispopulation hat sich mehr als verdreifacht, Millionen Menschen sind in die Arbeitslosigkeit gerutscht und jeder Sechste auf der Welt lebt heute in Armut.[2] Trotz alledem stellt nur eine kleine Minderheit die Wachstumsagenda infrage. In Wahrheit aber ist ein gutes

Leben auch ohne konventionelles Wirtschaftswachstum absolut machbar. Die Grundlage dafür muss jedoch erst für die Mehrheit akzeptabel werden: Die Kluft zwischen Arm und Reich muss sich verkleinern und jeder muss über ein anständiges Einkommen verfügen.

Bevor wir uns jedoch anschauen, wie das erreicht werden kann, müssen wir unsere Heiltrankmischung noch durch eine weitere Zutat ergänzen.

KAPITEL 7

Die Stürme vor uns

*Nur solche Wirtschaftsmodelle können funktionieren,
bei denen die beunruhigenden Klimabedingungen
der Zukunft berücksichtigt werden.*

»Die Gesetze der Menschheit und die Gesetze der Physik entwickeln sich zunehmend auseinander, und die Gesetze der Physik werden sich wahrscheinlich nicht unterordnen.«[1]

Die Stagnation der Volkswirtschaften der reichen Welt und der Anstieg der Arbeitslosigkeit aufgrund neuer Technologien treffen auf eine Welt, in der sich in vieler Hinsicht noch viel mehr verändert. Wegen des Klimawandels wird es sich um physikalische Veränderungen handeln. Dies ist von großer Tragweite, weil die Lösungen für die wirtschaftlichen und sozialen Probleme, die wir vorschlagen, langfristig den Klimawandel eindämmen, wenn auch nicht stoppen werden.

Die meisten Menschen haben bereits eine vage Vorstellung davon, was es heißt, in einer von der Erderwärmung beeinflussten Welt zu leben. Sie wissen, was steigende Meeresspiegel, häufige Hitzewellen und andere Extremwetterereignisse bedeuten. Aber sie scheinen unfähig zu begreifen, was der Verlust von Millionen Pflanzen- und Tierarten impliziert und was es für künftige Generationen heißt, sich um den Atommüll zu kümmern, den die Menschheit in den letzten Jahrzehnten produziert hat und der noch zehntausende Jahre strahlen wird.

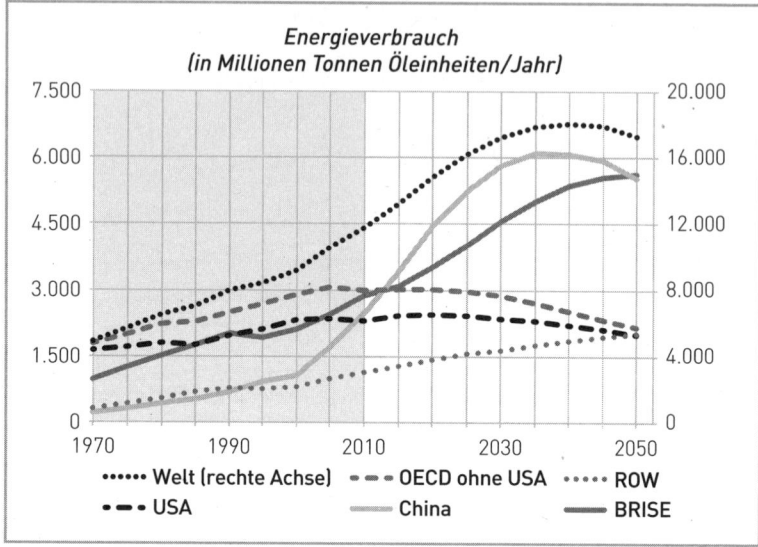

ABBILDUNG 12
Der weltweite Energieverbrauch wird 2040 seinen Höhepunkt erreichen

Der weltweite Energieverbrauch – gemessen in Millionen Tonnen Öleinheiten pro Jahr – wird 2040 seinen Gipfelpunkt erreichen und danach wieder sinken. Die reiche Welt wird den größten Anteil an dieser Abnahme haben, da sie wegen der Dämpfung des BIP-Wachstums von 2020 an immer weniger Energie nutzt und sich weiterhin auf Energieeffizienz konzentriert. In der übrigen Welt – vor allem in China und den 14 großen Schwellenländern (BRICS/BRISE) – wird der jährliche Energieverbrauch drastisch zunehmen.

Das größte Erbe, das die moderne Gesellschaft ihren Enkeln hinterlassen wird, sind nicht etwa schlaue Computer und Roboter, nicht einmal enormer Reichtum und Schuldenberge. Vielmehr ist es die wachsende Menge an Treibhausgasen in der Atmosphäre – die Ursache für den Klimawandel auf diesem Planeten.

Es ist unglaublich – jedenfalls für uns –, dass 25 Jahre nach der Gründung des Weltklimarats (Intergovernmental Panel on Climate Change, IPCC) immer noch so viel über den Klimawandel debattiert wird und man in Zeitungen und Online-Foren eifrig über dessen Ursachen, Auswirkungen und Trends diskutiert.

ABBILDUNG 13
Der Energieverbrauch pro Kopf wird sich weltweit langsam annähern

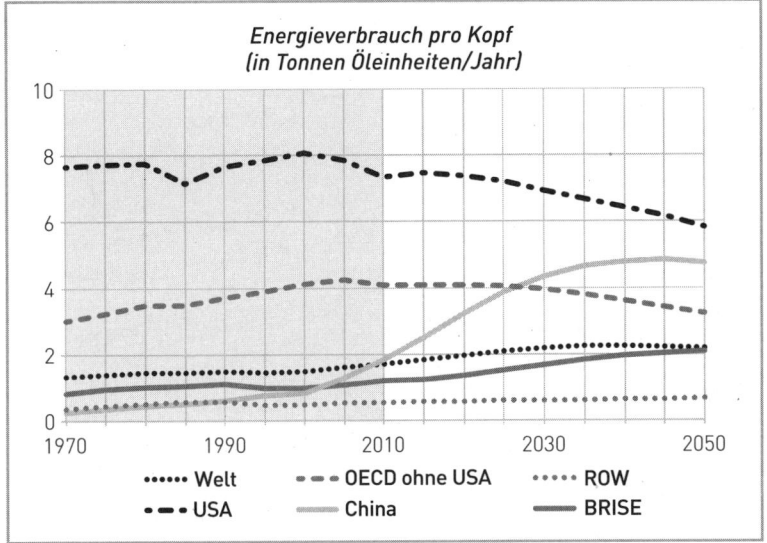

Der Energieverbrauch pro Kopf – gemessen in Tonnen Öleinheiten pro Bewohner und Jahr – ist der Energieverbrauch einer Region (siehe Abbildung 12) geteilt durch deren Bevölkerungszahl (siehe Abbildung 1). US-Bürger verbrauchen zurzeit doppelt so viel Energie wie der Durchschnitt im Rest der reichen Welt (OECD ohne USA). Letztere wiederum verbraucht doppelt so viel Energie wie der Durchschnitt der Chinesen. Um 2050 wird sich dieses Verhältnis ändern, weil die Volkswirtschaften mit unterschiedlichen Raten wachsen werden und es insgesamt einen Abwärtstrend beim Energieverbrauch geben wird, da überall der Fokus auf der Energieeffizienz liegt.

Unter Wissenschaftlern gibt es keinen Diskussionsbedarf. Sie wissen genau, was sich abspielt. Zweifel bestehen nur unter Nichtwissenschaftlern, die Debatten lostreten, während Denkfabriken und Lobbyisten Fehlinformationen und Unsicherheit verbreiten. Sie alle vermitteln den Menschen die Hoffnung, dass sie weder ihr Verhalten noch ihre Wirtschaftsweise ändern müssen, die Hoffnung, dass sie mit der Umweltverschmutzung weitermachen können wie bisher.

ABBILDUNG 14
Die weltweiten CO₂-Emissionen werden 2030 ihren Gipfelpunkt erreichen

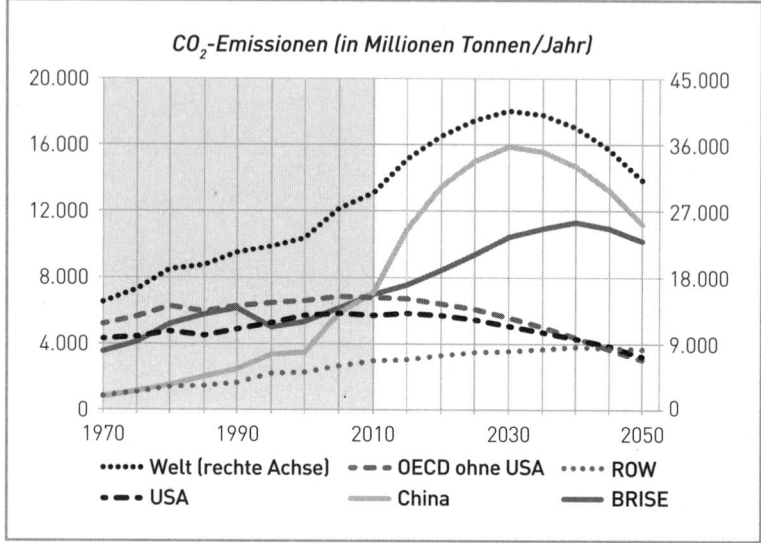

Die weltweiten CO_2-Emissionen – gemessen in Millionen Tonnen CO_2 pro Jahr – werden um 2030 ihren Gipfelpunkt erreichen und danach sinken. Die Entwicklung/Kurve verläuft parallel zu der des Energieverbrauchs (siehe Abbildung 12) und spiegelt die Tatsache wider, dass alle Weltregionen nach und nach zu weniger kohlenstoffintensiven Energiequellen wie Sonne, Wind, Wasser und Biomasse übergehen werden. Die reiche Welt wird diesen Prozess anführen, dennoch wird immer noch die Hälfte der Gesamtenergie aus fossilen Quellen stammen.

Die Fakten sind jedoch vergleichsweise leicht zu verstehen. Über viele Jahre hinweg hat der Mensch wachsende Mengen Treibhausgase produziert, und zwar vor allem durch die Verbrennung von Kohle, Öl und Erdgas. Meist werden diese Treibhausgase von Wäldern und anderen Formen von Biomasse oder den Meeren absorbiert, ein Prozess, der allerdings lange dauert. Inzwischen sind die Emissionen einfach zu hoch, und das System ist überlastet. Es werden mehr Gase emittiert, als die Natur verdauen kann, und der Überschuss sammelt sich in der Luft, die uns umgibt. Dieser Überschuss speichert einen Teil der Wärme, die

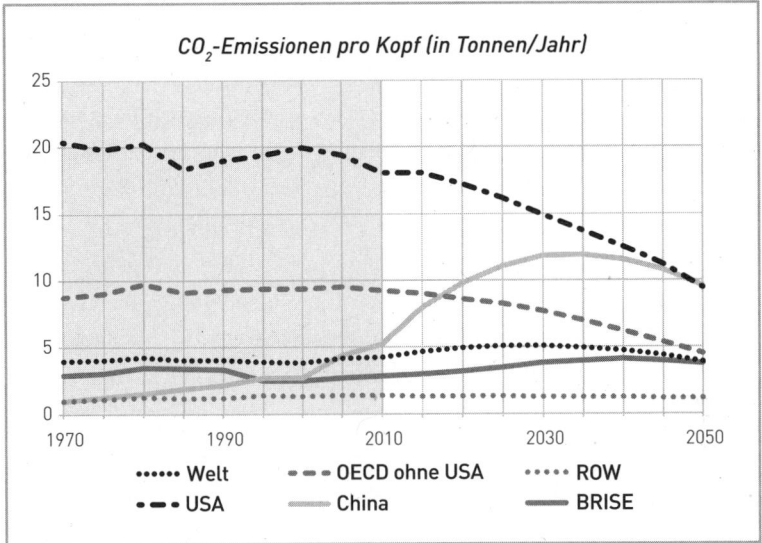

**ABBILDUNG 15
Die Emissionen pro Kopf
werden am Ende abnehmen**

Die CO$_2$-Menge, die pro Kopf emittiert wird – gemessen in Tonnen CO$_2$ pro Einwohner und Jahr – entspricht den CO$_2$-Emissionen einer Region (siehe Abbildung 14) geteilt durch ihre Bevölkerungszahl (siehe Abbildung 1). US-Bürger emittieren zurzeit doppelt so viel CO$_2$ wie der Durchschnitt im Rest der reichen Welt (OECD ohne USA). Letzterer emittiert wiederum doppelt so viel wie der Durchschnitt der Chinesen. Dies wird sich um 2050 verändern, weil die Volkswirtschaften in unterschiedlichen Raten wachsen und es als Folge einer weltweit anhaltenden Verschiebung hin zu kohlenstoffneutralen Energiequellen insgesamt einen Abwärtstrend bei den Emissionen pro Einheit Energieverbrauch geben wird.

von Land und Meeren ins All zurückstrahlt, was dazu führt, dass die durchschnittliche Oberflächentemperatur des Planeten steigt.

Die Hauptverantwortlichen dafür sind Kohlendioxid (CO$_2$), Methan (CH$_4$) und Lachgas (N$_2$O). Auch die zunehmenden Mengen von Wasserdampf spielen eine wichtige Rolle, obwohl sie eine Folge und nicht eine Ursache der Erderwärmung sind.[2] Wasserdampf verstärkt die Wirkung der anderen Treibhausgase und – was noch wichtiger ist – er bleibt in der Luft, bis die Oberflächentemperatur sinkt. Und auch das dauert sehr lange – hunderte Jahre. Weil Wasserdampf selbst zur Erwärmung beiträgt, wird er selbst dann noch in der Atmosphäre sein, wenn die Menschheit aufgehört hat, Treibhausgase zu emittieren. Direkt verantwortlich für den Löwenanteil des Erwärmungseffekts ist CO_2, ein Gas, das vor allem aus drei Quellen stammt. Bis in die jüngere Vergangenheit ging der größte Anteil der durch den Menschen verursachten CO_2-Emissionen auf Landrodungen zurück, auf die Abholzung von Wäldern und die Zerstörung der sonstigen ursprünglichen Vegetation. Wenn die Menschen Pflanzen und Wälder niederbrennen, wird der darin enthaltene Kohlenstoff in Form von CO_2 freigesetzt.

Zum Glück sind diese Emissionen seit ihrem Höchststand um 1990 rückläufig und trotz fortgesetzter Zerstörung der Regenwälder in Brasilien, Kongo, Indonesien und vielen anderen Ländern sinkt die CO_2-Menge, die durch Rodungen entsteht. CO_2 wird aber auch bei der Produktion von Zement in großen Mengen freigesetzt; darauf entfallen etwa fünf Prozent des Gesamtvolumens. Den höchsten Anteil an der Gesamtemission von CO_2 aber hat die Verbrennung fossiler Rohstoffe – Kohle, Öl und Erdgas – vor allem zur Stromerzeugung oder als Treibstoff für Fahrzeuge.

Insgesamt bewirken die von Menschen verursachten Emissionen eine Steigerung der Konzentration von CO_2 in der Atmosphäre um über 40 Prozent im Vergleich zum vorindustriellen Zeitalter (um 1750) oder von 280 Teilen pro Million (ppm) auf etwas mehr als 406 heute (2016). Ein nicht absorbiertes CO_2-Molekül bleibt jahrhundertelang in der Atmosphäre und deshalb ist die Lösung des Problems noch lange nicht in Sicht. Um die Periode der Erderwärmung zu verkürzen, könnte die Menschheit in der zweiten Hälfte des Jahrhunderts extensive Kohlenstoffabscheidungstechniken anwenden und den CO_2-Gehalt in der Atmosphäre aktiv senken. Allerdings wären dazu mehrere tausend Abscheidungsanlagen notwendig, die ein halbes Jahrhundert oder länger auf vollen Touren laufen müssten.[3]

Das zweitwichtigste Gas ist Methan, auf dessen Konto etwa ein Fünftel der Erderwärmung geht. Methan wird freigesetzt, wenn in einer Umgebung mit zu wenig Sauerstoff ein organischer Zersetzungsprozess stattfindet – etwa auf Mülldeponien und in den Verdauungsorganen von Tieren, aber auch bei der Förderung von Erdöl, Kohle und Erdgas (das weitgehend aus Methan besteht). Methan ist etwa 20-mal potenter als CO_2, bleibt aber bei weitem nicht so lange in der Atmosphäre – etwa zehn Jahre, dann wird es in CO_2 umgewandelt.

Distickstoffmonoxid schließlich – allgemein unter dem Namen Lachgas bekannt – erzeugt ein Zwölftel der gegenwärtigen Erderwärmung. Es wird vorwiegend bei der Degradation synthetischer Stickstoffdünger in warmen und wassergesättigten Böden sowie in Flüssen freigesetzt, in die landwirtschaftliche Abwässer eingeleitet werden. Distickstoffmonoxid ist im Vergleich zu Methan noch wirksamer und 300-mal potenter als CO_2.[4]

Leider werden diese Treibhausgase auch dann noch jahrzehntelang in die Atmosphäre strömen, wenn die Menschheit sie nicht mehr produziert. Würde die Gesellschaft beispielsweise ab morgen auf Mineraldünger verzichten, dann stiege dennoch weiterhin jahrelang Distickstoffmonoxid aus dem Boden in die Atmosphäre auf. Gleiches gilt für das aus Mülldeponien austretende Methan.

Wenn wir weiterhin auf dem gegenwärtigen Niveau Gase emittieren, die eine Erderwärmung verursachen – und die Emissionsrate ist heute höher als je zuvor –, dann wird die durchschnittliche Temperatur auf der Erde in wenigen Jahrzehnten im Vergleich zum vorindustriellen Zeitalter um 2 Grad Celsius steigen.[5] Um die Mitte der 2030er Jahre wird die durchschnittliche Konzentration von CO_2 in der Atmosphäre 450 ppm überschreiten und die durchschnittliche Temperaturerhöhung auf der Erde wird aufgrund von systembedingten Verzögerungen etwa ein Jahrzehnt später die 2-Grad-Grenze erreichen. Auf der 15. Internationalen Klimakonferenz in Kopenhagen 2009 wurde dargelegt, dass jeder Anstieg über 2 Grad gefährlich ist, weil er das Risiko eines sich selbst verstärkenden galoppierenden Klimawandels erhöht. Viele Wissenschaftler sind – bestätigt durch die 21. Klimakonferenz 2015 in Paris – der Ansicht, dass selbst 2 Grad zu viel sind, und empfehlen eine Obergrenze von 1,5 Grad. Und selbst dann würde höchstwahrscheinlich die Hälfte aller Korallenriffe weltweit absterben.

Neben vielen anderen schädlichen Folgen könnte ein Temperaturanstieg um mehr als 2 Grad ein unkontrollierbares Auftauen der gewaltigen sibirischen und kanadischen Permafrostböden in Gang setzen. Dabei würden große Mengen Methan freigesetzt, die die Atmosphäre weiter aufheizen und das Auftauen beschleunigen würden. Höhere Temperaturen werden auch das Verschwinden des Eises an den Polkappen und Abschmelzen des grönländischen Eisschilds beschleunigen. Dabei wird der Meeresspiegel noch weiter angehoben, dessen Anstieg bereits aufgrund der thermalen Ausdehnung der oberen Meeresschichten (bis zu einer Tiefe von 700 Metern) nicht mehr aufzuhalten ist. Aber es ist wichtig zu wissen, dass dieser Prozess äußerst langsam verläuft. Es wird 100 Jahre dauern, bis der Meeresspiegel um mehr als einen Meter ansteigt (vorausgesetzt, die Weltgemeinschaft erkennt die Notwendigkeit der Emissionsverminderung). Das einzig Gute dabei ist, dass die Menschheit genügend Zeit hat. Ungünstig wirkt sich hingegen aus, dass es lange dauert, bis die Menschen am eigenen Leibe erfahren, welchen Schaden ihre kollektive Untätigkeit anrichtet.

Das Problem besteht zum Teil darin, dass nur wenigen Menschen klar ist, was ein Anstieg der durchschnittlichen Erdtemperatur um 2 Grad tatsächlich bedeutet. Die Temperaturschwankungen, die Menschen tagtäglich erleben, betragen – selbst am Äquator – weitaus mehr als diese Temperaturspanne. Deshalb erscheinen weitere 2 Grad geradezu banal und viele fragen sich, ob es wirklich so schlimm ist, wenn die durchschnittliche Oberflächentemperatur auf unserem Planeten von 13,5 °C im Jahr 1750 auf 15,5 °C im Jahr 2150 steigt.

Um zu verstehen, welch enorme Veränderung dies tatsächlich darstellt, ist es hilfreich, einen Vergleich mit dem menschlichen Körper zu ziehen. Wie die Erde ist auch der menschliche Körper ein fein austarierter biologischer Mechanismus, dessen Temperatur in einem bestimmten Gleichgewicht gehalten werden muss. An einem normalen Tag weicht diese Temperatur lediglich um ein halbes Grad von 37 Grad ab. Ein Anstieg um ein Grad wird als Fieber bezeichnet. Ein Anstieg um mehrere Grade gefährdet den Körper.

Die Durchschnittstemperatur unseres Planeten betrug 2015 etwa 14,5 Grad, ein Grad mehr als 1750. Auch wenn ein Anstieg um ein Grad nicht hoch erscheint, versetzt er die Erde in einen Zustand wie vor 10 Millionen Jahren, bei einem Sprung um drei Grad Celsius würde sie in die Situation vor über 40 Millionen Jahren zurückfallen, einer Zeit, als es kein Eis auf der Erde gab. Würde es dazu kommen und das gesamte Eis unseres Planeten schmelzen (was Jahrtausende dauern würde, aber dennoch …), würde der Meeresspiegel um über 130 Meter ansteigen und das Leben auf der Erde radikal verändern.

Trotz aller Beweise für den Klimawandel winken viele ab: Es habe auch früher schon Schwankungen in der Erdtemperatur gegeben, wenden die Klimaleugner ein. Wir bräuchten uns keine großen Sorgen zu machen, weil Schwankungen Teil eines normalen Zyklus seien – und zwar im Brustton der Überzeugung, obwohl sie bei diesem komplexen Thema keineswegs gut informierte Experten sind.

Leider irren sich diese Leute.

Es stimmt zwar, dass es in der gesamten Erdgeschichte immer wieder innerhalb relativ kurzer Zeit große Veränderungen der Oberflächentemperatur gab. Auf Grönland existierten über mehrere Jahrhunderte hinweg – in der sogenannten mittelalterlichen

Warmzeit – ausgedehnte Ansiedlungen. In den folgenden Jahrhunderten – in der Kleinen Eiszeit – froren in Europa regelmäßig die Flüsse zu. Und seit mehr als zwei Millionen Jahren leben wir in einem Eiszeitalter mit enormen Temperaturschwankungen. Diese Temperaturschwankungen sind jedoch gut erforscht und manche betrafen nur Teile der Erde und nicht den gesamten Planeten. In der mittelalterlichen Warmzeit beispielsweise war es nur auf der nördlichen Hemisphäre wärmer, auf der restlichen Erdkugel jedoch kühler. Die Durchschnittstemperatur auf der gesamten Erde unterschied sich damals kaum von der des 20. Jahrhunderts.

Die entscheidende wissenschaftliche Erkenntnis lautet, dass sich das heutige Geschehen beziehungsweise die Ereignisse der letzten 50 Jahre grundlegend von den genannten früheren Ereignissen unterscheiden. Das Tempo des heutigen Emissions- und Temperaturanstiegs sowie ihre räumliche Ausdehnung sind wirklich beispiellos. Wissenschaftlich erwiesen ist ebenfalls, dass die Winter sich schneller erwärmen als die Sommer und die Nächte schneller als die Tage. Desgleichen, dass sich in Bäumen, Meeren und in der Luft tatsächlich mehr Kohlenstoff befindet, was nur mit der Verbrennung fossiler Rohstoffe zu erklären ist. Bekannt ist außerdem, dass weniger Wärme in den Weltraum entweicht, weil ein gewisser Anteil der Sonneneinstrahlung in der Atmosphäre zurückgehalten wird.

Die optimistischeren Vorhersagen – beruhend auf der Annahme, dass die Weltgemeinschaft nur so lange in das Geschehen eingreift, als das Profite bringt – legen nahe, dass die von Menschen erzeugten Emissionen kurz nach 2030 ihren Höhepunkt erreichen und dann in den folgenden 20 Jahren auf das heutige Niveau absinken. Doch selbst dann wird das Volumen der vom Menschen erzeugten Emissionen weiter steigen, nur eben langsamer.

Sie werden zu häufigeren Dürren, Hitzewellen, Überschwemmungen, Unwettern und Hurrikanen führen. In vielen Teilen der

Erde werden Gebäude durch extreme Kälte, Hitze und Feuchtigkeit beschädigt werden. Der Meeresspiegel wird steigen und tiefliegende Deltas sowie kleine Inseln überschwemmen. Durch Luft, Insekten und Wasser übertragene Krankheiten werden nicht nur weltweit zunehmen, sondern auch an Orten auftauchen, an denen sie bislang nicht vorkamen. Das arktische Meereis wird verschwinden, zunächst immer länger im Sommer, dann das ganze Jahr über. Die neuen Wetterlagen werden in vielen Weltregionen die Nahrungsmittelproduktion vermindern, weil die Nutzpflanzen den höheren Temperaturen, stärkeren Niederschlägen und länger andauernden Dürren nicht immer gewachsen sind. In diesen Regionen werden Bauern andere Pflanzen anbauen und sich die Konsumenten auf einen neuen Speiseplan einstellen müssen. Gleichzeitig werden jedoch – zur großen Freude der Klimaleugner – Nutzpflanzen und Wälder im gemäßigten Norden besser gedeihen, zumindest in den nächsten 50 Jahren. Da sich viele große Ökosysteme im Meer wie an Land den neuen Bedingungen nicht werden anpassen können, werden hunderte Säugetier- und Vogelarten aussterben. Aufgrund des steigenden CO_2-Gehalts in den Meeren werden auch die marinen Schalentiere stark dezimiert.

Die Auswirkungen der Erderwärmung sind bereits in Alaska, in Nordkanada, Nordrussland, im Arktischen Ozean und am Rand der Antarktis sichtbar. Dort schmelzen Gletscher, zieht sich das Meereis alljährlich weiter zurück und die Permafrostgrenze wandert immer weiter nordwärts. Auch in relativ dicht besiedelten Gebieten ist die Erwärmung bereits spürbar, vor allem im Westen der Vereinigten Staaten, im Mittelmeerraum, in Nordafrika, Zentralasien, Ostaustralien und in den Tropenwäldern um den Amazonas. Inzwischen bestehen erhebliche Befürchtungen, dass die verbleibenden Regenwälder austrocknen, beim Absterben CO_2 freisetzen und den Erwärmungsprozess zusätzlich beschleunigen könnten.[6]

Auf manche Regionen wird sich der Temperaturanstieg positiv auswirken – in Gebieten höherer Breiten wie Skandinavien, Sibirien und Kanada werden sich die Ernteerträge verbessern. In anderen Weltteilen hingegen wird es einfach zu trocken und zu heiß sein, um dort Nutzpflanzen anbauen zu können. Auch Verfügbarkeit und Qualität des Wassers werden abnehmen, was aber wahrscheinlich durch Erhöhung der Preise und Entsalzung gelöst wird – für die Reichen kein Problem, für die Armen eine zusätzliche Bürde.

Trotz alledem und obwohl sich diese Folgen mit großer Sicherheit voraussagen lassen, fürchten wir, dass diese Prognosen die Menschheit nicht veranlassen werden, in den kommenden zehn Jahren ihre Treibhausgasemissionen drastisch zu senken. Natürlich wird es hier und dort Fortschritte geben, etwa die allmählichen, aber zu langsamen Schritte in Richtung kohlenstoffarmer Energien und einer energieeffizienteren Produktionsweise. Doch dieser Prozess wird dadurch behindert, dass die meisten notwendigen Veränderungen aus Sicht des gegenwärtigen Wirtschaftssystems keinen Profit bringen.

Auch die Unternehmen, die mit fossilen Brennstoffen hohe Gewinne einfahren, werden einen Wandel behindern, während sich die Klimaleugner und -zweifler so lautstark zu Wort melden, dass sie die Stimme der Vernunft übertönen. Die Gründe dafür sind das kurzfristige Denken der Menschen, ihre Angst vor Veränderungen und ihr tief verwurzelter Glaube an die freien Marktwirtschaft sowie ihre Liebe zum Geld. Der einzige Hoffnungsschimmer ist die Tatsache, dass Solarstrom in sonnigen Gebieten endlich konkurrenzfähig geworden ist und somit immer mehr Investoren anlockt.

Die allmähliche Erderwärmung wird auch die Haltung der Menschen verändern. Viele werden verängstigt und unsicher, ihr Vertrauen in die Politiker, deren Kompetenz man zunehmend anzweifelt, wird schwinden, und die Furcht vor der Zukunft wird wachsen. Durch die höheren Kosten für notwendige Reparaturen der Umweltschäden sowie höhere Steuerabgaben für die kollektive Anpassung an das Klima werden auch immer mehr Menschen in die Armutsfalle geraten.

Die gute Nachricht ist, dass es technisch noch möglich ist, das Schlimmste zu verhindern, den Übergang zu einer kohlenstofffreien Welt zu vollziehen und unter der 2-Grad-Grenze zu bleiben. Aber dies erfordert sofortiges Handeln und äußerst ungewöhnliche Maßnahmen. Die Lösung wäre bezogen auf das BIP und die Beschäftigungsrate nicht sehr kostspielig – etwa ein Prozent pro Jahr –, aber sie würde eine enorme Veränderung in der Struktur der weltweiten Energiesysteme in kürzester Zeit erfordern. Notwendig wäre eine rasante Steigerung der Investitionen in die erneuerbaren Energien über viele Jahre hinweg, was den vehementen Widerstand der heutigen Beschäftigten und Aktionäre in der Fossilindustrie wecken wird.

Aus diesen Gründen glauben wir leider nicht, dass im gegenwärtigen Wirtschafts- und Politiksystem die notwendigen Schritte unternommen werden. Die Menschheit wird sich beständig auf 2 Grad plus und eine Ära extremer Wetterlagen sowie steigender sozialer Spannungen zubewegen, obwohl dies durchaus vermeidbar wäre.

KAPITEL 8

Eine neue Perspektive

*Die reiche Welt
muss Wirtschaft neu denken*

**18 Die größten Herausforderungen,
vor denen die reiche Welt steht**

Die reiche Welt steht vor fünf großen Herausforderungen

- Eine Automatisierung, die die Arbeitslosigkeit erhöhen und die Kluft zwischen Arm und Reich vergrößern wird.
- Eine alternde Bevölkerung, die voraussichtlich höhere Staatsausgaben erfordern oder aber die Ungleichheit verschärfen wird.
- Ein erschwerter Zugang zu Rohstoffen, sodass für den konventionellen Konsum weniger Geld da ist, weil die Förderkosten steigen.
- Der Klimawandel, der mehr staatliche Eingriffe und stufenweise höhere staatliche Ausgaben erforderlich machen wird.
- Eine nur noch geringe Produktivitätssteigerung in den Wirtschaftsbereichen, in denen die meisten Menschen arbeiten werden – vor allem bei den nicht automatisierbaren Dienstleistungen, in der Kultur und in der Pflege. Die Folge ist, dass der Konsum nur noch begrenzt wachsen kann.

> Wenn man diesen Herausforderungen mit dem marktradikalen Denken begegnet, wird es zu höherer Arbeitslosigkeit, einer noch größeren Kluft zwischen Arm und Reich, zur Beschleunigung des Klimawandels und langfristig zu geringerem Konsumwachstum pro Kopf kommen – das heißt in der Summe zu einer Abnahme des allgemeinen Wohlergehens.
>
> Die gegenwärtige Herangehensweise macht es zudem nahezu unmöglich, den Klimawandel in den Griff zu bekommen und die Abhängigkeit von fossilen Brennstoffen rasch abzubauen.
>
> Daher müssen wir völlig neue Wege gehen und mit der Vergangenheit brechen. Der Staat muss planen und regulieren, statt viele wichtige Entscheidungen den Launen »des Markts« und »der unsichtbaren Hand« zu überlassen.

Im Prinzip ist es ganz einfach, den oben (siehe Box 18) aufgelisteten Herausforderungen zu begegnen. Um eine Gesellschaft mit einem kleineren ökologischen Fußabdruck zu schaffen, muss die reiche Welt »lediglich« Mittel und Wege finden, um:

- die Nutzung von Kohle, Erdöl und Erdgas zu beenden (technisch möglich, aber kostspielig),
- Wohlstand von den Reichen zu den Armen umzuverteilen (und zwar anhaltend, damit die Armen Wege aus ihrer Situation finden und sich daraus befreien können),
- die Märkte im Interesse der Mehrheit und zugunsten der Erde zu regulieren und
- kurzfristiges Denken abzubauen, vor allem im Finanzsektor.

Die Hoffnung darauf, dass diese Schritte in den Staaten der reichen Welt tatsächlich durchgeführt werden, ist allerdings gering. Sie würden heftigen Widerstand hervorrufen – und das wird sich wahrscheinlich so schnell nicht ändern. Es existiert keine politische Mehrheit, die für die Verminderung der Industrieproduktion, für die Schließung einer relevanten Zahl von Betrieben der Fossilindustrie, für eine drastische Schrumpfung und Beschränkung des Finanzsektors und die Aufkündigung von Freihandelsverträgen eintritt.

Auch gibt es keine einfache und gesellschaftlich akzeptierte Methode, die Weltbevölkerung zu verringern, was ebenfalls nötig wäre, wenn alle Erdbewohner auf lange Sicht einen hohen materiellen Lebensstandard genießen sollen. Alles, was die Gesellschaft für eine Verlangsamung des Bevölkerungswachstums tun kann, ist, den Menschen, insbesondere Frauen, eine bessere Bildung zukommen zu lassen, die Einkommen der Armen zu erhöhen, die Gesundheitsfürsorge zu verbessern und den Zugang zu Empfängnisverhütungsmitteln zu erleichtern. Ohne Hungersnöte, die Ausbreitung von Krankheiten oder Krieg bleibt das Bevölkerungswachstum in den kommenden 30 Jahren eine Tatsache.

Allem Anschein nach wird unsere Spezies nur dann einen besseren Weg einschlagen, wenn genügend Menschen nicht nur die Notwendigkeit von Veränderungen einsehen, sondern sich auch auf die dafür unerlässlichen Schritte einigen. Unter anderem wäre dazu eine groß angelegte Kampagne erforderlich, um die genannten Erkenntnisse zu verbreiten, das heißt, um zu erreichen, dass mehr Menschen die Notwendigkeit zur Veränderung begreifen. Eine solche Kampagne müsste von den Medien unterstützt werden, ohne dass sie dem Druck oder Widerstand durch Unternehmen und politischen Lobbyisten ausgesetzt sind. Doch vor allem müssten die Menschen den Wunsch haben, entsprechend zu handeln.

Das aber ist nicht nur extrem schwer zu realisieren, es ist praktisch unmöglich. Deshalb unternimmt die reiche Welt nahezu gar nichts, um den Herausforderungen zu begegnen, weil der Berg zu hoch, die Aufgabe zu komplex, das Ziel zu unbestimmt und die

> **19** **Greifbare Lösungen
> für die Probleme der reichen Welt**
>
> Die (zumindest für uns) naheliegenden Lösungen für die fünf in Box 18 aufgelisteten Herausforderungen bestehen darin:
> 1. die Gewinne der Automatisierung auf die gesamte Bevölkerung zu verteilen,
> 2. genügend Arbeitsplätze in die Pflege alter Menschen zu verlagern,
> 3. ausreichend Arbeitsplätze in die Versorgung mit klimaschonenden Ressourcen zu verlagern,
> 4. einen gerechteren Anteil am Nationaleinkommen auf die Armen umzuverteilen,
> 5. die Nutzung von Kohle, Erdöl und Erdgas zu beenden und
> 6. zu akzeptieren, dass das Gesamteinkommen nicht weiter steigen wird, wenn die Mehrzahl der Menschen im nicht automatisierbaren Dienstleistungssektor tätig ist, und eine weitere Umverteilung somit die einzige Möglichkeit darstellt, die Armen zu unterstützen.
>
> All diese Schritte – die Umverteilung von Arbeitsplätzen und Einkommen unter verschiedenen sozialen Gruppen – zusammengenommen und zielstrebig umgesetzt, würden die Probleme Arbeitslosigkeit, Ungleichheit und Klimawandel lösen.
> Aber sie sind politisch nicht durchsetzbar, und zwar nicht nur, weil sie bei den Reichen und Mächtigen auf Widerstand stoßen, sondern auch, weil sie kurzfristig die Arbeitslosigkeit erhöhen oder den Pro-Kopf-Konsum verringern würden. Mit anderen Worten, sie sind wegen der Kurzsichtigkeit des Markts und der Wähler nicht realisierbar. Um überhaupt politisch akzeptierte Veränderungen herbeizuführen, müssen sie der Mehrheit der Menschen einen kurzfristigen Vorteil bringen, das heißt, einen Anreiz bieten.

20 Welche Kriterien müssen erfüllt sein, damit wir uns den Herausforderungen stellen?

Es muss ein Weg nach vorn gefunden werden, der

- kurzfristig nicht mehr kostet, als untätig zu bleiben,
- langfristig nicht zu höherer Arbeitslosigkeit führt und die Kluft zwischen Arm und Reich nicht vergrößert,
- dazu beiträgt, das politische System und die politische Führung in eine positivere Richtung zu lenken,
- nicht zur Folge hat, dass das bestehende System zusammenbricht oder ins Wanken gerät,
- das Bewusstsein für das Ausmaß der notwendigen Veränderungen verstärkt,
- von der demokratischen Mehrheit, wenn auch nicht zu 99 Prozent, begrüßt wird,
- den meisten Menschen unmittelbare Vorteile bringt und
- die Menschheit in eine bessere und nachhaltigere Zukunft mit einem verkleinerten ökologischen Fußabdruck pro Kopf führt.

Nur wenn die meisten dieser Bedingungen erfüllt werden, kann es gelingen, auf unserem Weg voranzukommen.

Risiken auf dem Weg dorthin zu groß erscheinen. Die Welt wieder ins Gleichgewicht zu bringen, ist viel schwieriger, als nichts zu tun, obwohl die langfristigen Folgen fatal sind. Wähler und Politiker fürchten die Nebenwirkungen einer Veränderung, soziale Unruhen und den Verlust an Arbeitsplätzen während des Übergangs – mit anderen Worten, die kurzfristige Senkung des Lebensstandards.

Die Geschichte zeigt, dass diejenigen den Kampf aufnehmen, die sich vor folgenschweren Veränderungen fürchten oder gegen

21 Was ist notwendig, um einen Planeten des Wohlstands zu schaffen?

Wir haben bereits die fünf Herausforderungen genannt, vor denen die reiche Welt steht, sowie sechs auf der Hand liegende Lösungen und die acht Voraussetzungen, die erfüllt sein müssen, um diese Lösungen politisch umzusetzen. Doch was sind die Bedingungen für einen »Planeten des Wohlstands«?

- Eine Wirtschaft mit einem weitaus langsameren Durchsatz. Das heißt nicht, dass das BIP schrumpfen muss. Es wird im Gegenteil wahrscheinlich sogar zunehmen, weil der Wert vieler gegenwärtiger ökonomischer Aktivitäten steigen und viele neue Formen wirtschaftlicher Tätigkeit entstehen werden – beispielsweise im Umweltschutz, bei der Steigerung der Ressourceneffizienz, in der Forschung, in der Kultur und im Pflegebereich.

- Ein ökologischer Fußabdruck des Menschen, der unterhalb der nachhaltigen Belastbarkeit des Planeten liegt. Die Wirtschaft – das BIP – kann weiter wachsen, der menschliche Fußabdruck darf es nicht. Er muss geringer werden. Die Förderung von Rohstoffen, die Emissionen und die Zerstörung der Artenvielfalt müssen vermindert werden, und zwar drastisch. Am deutlichsten sichtbar ist dies im Bereich der von Menschen erzeugten Treibhausgasemissionen.

- Eine Umverteilung der Einkommen, sodass jeder gut leben kann. Am schnellsten wäre dies zu erreichen, wenn jeder sein Leben lang als elementares Menschenrecht ein garantiertes existenzsicherndes, staatlich finanziertes Einkommen erhielte. (Wir werden später erklären, warum dies praktisch leider nicht möglich ist – obwohl in dieser Richtung viel getan werden könnte.)

- Mittel und Wege, um zu gewährleisten, dass jeder einen Arbeitsplatz hat oder einer für ihn sinnvollen Tätigkeit nachgehen kann. Dazu muss neu definiert werden, was bezahlte Arbeit ist.
- Vorschriften und politische Mechanismen, die dafür sorgen, dass all dies umgesetzt wird.
- Ein Wirtschaftssystem, das die Organisierung und Finanzierung sämtlicher kollektiven Maßnahmen zur Bewältigung des Klimawandels und anderer Bedrohungen für das menschliche Wohlergehen ermöglicht.
- Eine Methode, um das subjektive Wohlbefinden zu messen und damit zu gewährleisten, dass sich die Gesellschaft auf dem richtigen Weg befindet.

sie sind; die Befürworter des Wandels dagegen sind unsicher, weil schließlich nicht klar ist, wie es am Ende ausgeht. Darüber hinaus sind die meisten Menschen offenbar nicht wirklich bereit, sich so altruistisch zu verhalten, dass andere von ihrem Handeln profitieren könnten. Heute sind nur noch wenige Menschen zu Opfern bereit, und zwar nicht einmal zugunsten ihrer eigenen Enkel. Deshalb haben wir diesem Buch nicht den Titel gegeben *Ihre Kinder und wie Sie vermeiden können, sie umzubringen*, woran wir ursprünglich gedacht haben.

Die Regierungen der reichen Gesellschaften sind unfähig, die sechs auf der Hand liegenden Lösungen für die fünf Herausforderungen umzusetzen, weil diese kurzfristig Kosten für einen langfristigen Vorteil mit sich bringen – einen Vorteil, der möglicherweise nicht mehr zu Lebzeiten derer zum Tragen kommt, die Opfer gebracht haben.

Glücklicherweise gibt es eine Reihe alternativer, unkonventioneller Maßnahmen, mit denen dasselbe Ergebnis erzielt werden kann. Sie bieten der Mehrheit einen unmittelbaren Gewinn, sodass sie politisch umsetzbar sind, und eröffnen zugleich die Möglichkeit, Schritt für Schritt die fünf großen Herausforderungen anzugehen. Zugleich können damit Arbeitslosigkeit und Ungleichheit vermindert und der Klimawandel eingedämmt werden.

Wir räumen allerdings ein, dass unsere Vorschläge bei weitem nicht ideal sind. Die Maßnahmen sind notwendigerweise indirekter Natur und womöglich zunächst einmal schwer verständlich, selbst für Leute, die alles zu tun bereit sind, um eine Veränderung in Gang zu setzen. Hinzu kommt, dass es geraume Zeit dauern wird, bis ihre Auswirkungen spürbar sind. Und sie bedeuten einen Verstoß gegen zentrale Elemente der Ökonomie des freien Markts. Aber sie werden die reiche Welt in eine positivere Richtung bringen und hoffentlich für die Mehrheit annehmbar sein.

Unsere Vorschläge führen bewusst vom gegenwärtigen marktradikalen Denken weg, ohne jedoch das gesamte System aushebeln zu wollen. Sie lenken die Volkswirtschaften der reichen Welt allmählich in eine nachhaltigere Zukunft und verlangsamen die vom Wachstum angetriebene Tretmühle so weit, dass sich die Weltgesellschaft daraus befreien könnte. Darüber hinaus bieten sie eine Garantie dafür, dass die Volkswirtschaften der reichen Länder einem Plan folgen, der der Mehrheit zugute kommt und nicht nur die kurzfristigen Gewinne für wenige maximiert.

Der Hauptgrund, warum in der reichen Welt immer noch die Steigerung von Produktion und Konsum oberstes Ziel ist, besteht darin, dass damit ein Kollaps des Wirtschaftssystems verhindert werden soll. Und das ist es auch, was das Finanzsystem von der Wirtschaft verlangt.

Doch die Industrieländer brauchen weder mehr Reichtum noch zusätzliche Güter. Wie bereits Keynes feststellte, haben wir bereits genug. Was die Gesellschaften der reichen Welt am dringendsten brauchen, ist eine gerechte Umverteilung von Arbeit, Wohlstand und Einkommen. In den Entwicklungsländern sieht die Situation anders aus, dort besteht noch das Bedürfnis nach konventionellem Wirtschaftswachstum. Wir werden diesen Punkt in Kapitel 11 näher betrachten.

Glücklicherweise ist der Großteil all dieser für den Wandel unabdingbaren Schritte technisch möglich.

Es ist möglich, die schädlichen Emissionen zu verringern, und zwar ohne schwerwiegende Folgen für den Arbeitsmarkt und ohne eine Verschärfung der Ungleichheit. Es ist möglich, Einkommen mithilfe von Steuern und Anreizen umzuverteilen. Es ist möglich, sinnvolle Tätigkeiten für alle zu schaffen und jedem ein Grundeinkommen zu sichern.

Im nächsten Kapitel stellen wir 13 unkonventionelle, zum Teil umstrittene, aber politisch umsetzbare Vorschläge für die notwendigen Veränderungen vor.

KAPITEL 9

Dreizehn leicht realisierbare Maßnahmen gegen Arbeitslosigkeit, Ungleichheit und Erderwärmung

Ein realistischer Weg hin zu einer besseren Welt besteht in der Umverteilung von Einkommen und Arbeit, die zugleich den ökologischen Fußabdruck der Menschheit verkleinert. Dabei wird mit Widerstand aus Wirtschaft und Finanzwelt zu rechnen sein. Doch wenn die Politik Maßnahmen ergreift, die der Mehrheit der Bevölkerung kurzfristige Vorteile bringen, wird es mehr Gewinner als Verlierer geben.

Zur Erinnerung: In den letzten 30 Jahren ist die Arbeitslosigkeit in der reichen Welt fast permanent gestiegen und die Kluft zwischen Arm und Reich immer größer geworden. Das ist nicht gerade das, was konventionelle Ökonomen vorausgesagt haben. Ihnen zufolge hätten aufgrund des starken Wirtschaftswachstums seit 1980 neue Arbeitsplätze entstehen und der Wohlstand gleichmäßiger verteilt werden müssen, besonders weil es von Freihandel und Deregulierung begleitet wurde. Stattdessen stagniert in einem Großteil der entwickelten Welt seither der durchschnittliche Lebensstandard oder sinkt. Nur die Reichen sind reicher geworden, während die Armut wächst. Und dank neuer Technologien sind heute noch mehr Arbeitsplätze gefährdet.

Diese Probleme erschweren auch die Bewältigung der großen ökologischen Herausforderungen wie Umweltverschmutzung, Erschöpfung der Ressourcen, Artensterben und Klimaschäden, denn viele glauben, dass alle Maßnahmen, die zur Lösung dieser Probleme getroffen werden können, das Wachstum verlangsamen, weitere Arbeitsplätze kosten und sogar die Ungleichheit vergrößern würden.

Doch es widerspricht jeder Vernunft, den gegenwärtigen Weg fortzusetzen. Die sich vertiefende Kluft zwischen Arm und Reich wird schließlich die soziale Stabilität gefährden. Am gegenwärtigen System festzuhalten, wird außerdem unseren Planeten für zukünftige Generationen zerstören, denn ein weiteres herkömmliches Wirtschaftswachstum kann nur durch den Einsatz von noch mehr fossiler Energie erreicht werden, wodurch noch mehr Emissionen freigesetzt werden, die den Klimawandel beschleunigen.

Für den Großteil der reichen Welt existiert die Option, weiterhin auf ein rasches BIP-Wachstum zu setzen, ohnehin nicht mehr. Denn die Produktivitätssteigerung bei allen Tätigkeiten, die nicht automatisiert oder computerisiert werden können, wird sich weiterhin verlangsamen, ohne dass Ökonomen oder Politiker etwas dagegen ausrichten könnten. Die Bevölkerungen Europas und Japans nehmen bereits ab, womit die Zahl der Konsumenten und damit auch der Produzenten sinkt. Die kommende Welle neuer Technologien wird zwar bei jenen, die noch einen Arbeitsplatz haben, die Produktivität steigern. Doch sobald alles automatisiert ist, was automatisiert werden kann, wird der Spielraum für weitere Produktivitätssteigerungen kleiner, weil die Mehrzahl der Menschen in den nicht automatisierbaren Bereichen des Dienstleistungssektors, vor allem in Kultur und Pflege arbeiten werden. In diesen Sektoren nimmt aber die Produktivität nur sehr langsam zu und ihre Steigerung ist oft nicht erwünscht. Daraus resultiert der geringe Spielraum für weiteres Wirtschaftswachstum in einer postindustriellen, postautomatisierten Wirtschaft, in der die Automatisierung bereits ihren Gipfelpunkt erreicht hat. Und in vielen Ländern wird nicht nur die Bevölkerungszahl abnehmen, sondern es wird auch das durchschnittliche BIP pro Kopf stagnieren oder sogar sinken.

Das System wird also zum Stillstand kommen, unabhängig davon, wie sehr die Zinssätze beschnitten, wie viele Arbeitnehmer umgeschult werden und wie viel Geld »gedruckt« wird. Gleichzeitig wird der Staat mehr Geld ausgeben müssen, um den Klimawandel zu bewältigen, was ihn dazu zwingt, die Steuern zu erhöhen. Damit wiederum werden Arbeitskräfte und Investitionen aus der Konsumgüterproduktion abgezogen und das Konsumwachstum wird sich verlangsamen. Bestimmte Rohstoffe werden außerdem teurer werden und es wird größerer Anstrengungen bedürfen, um einen annehmbaren Ressourcenfluss aufrechtzuerhalten, was ebenfalls die Möglichkeiten der Konsumsteigerung einschränkt.

Wie wir schon gezeigt haben, ist die Bewältigung dieser Probleme mithilfe konventioneller Theorien und innerhalb des gegenwärtigen Wirtschaftssystems nicht möglich. Ein neues Denken ist erforderlich, eine Alternative zum marktradikalen Denken. Arbeitslosigkeit und Ungleichheit müssen direkt angegangen werden, nicht indirekt durch die Förderung konventionellen Wirtschaftswachstums. Außerdem wissen wir, dass nur Maßnahmen zum Ziel führen, die der demokratischen Mehrheit kurzfristig Vorteile verschaffen, denn nur das bewegt die Menschen dazu, für Veränderungen zu stimmen und sie dann auch einzufordern.

Deshalb legen wir hier 13 Empfehlungen zur Steigerung des allgemeinen Wohlergehens in der reichen Welt vor. Unser Ziel ist eine Zukunft mit einem höheren durchschnittlichen Lebensstandard als unter den Bedingungen fortgesetzten marktradikalen Denkens. Wir glauben, dass mit unseren Vorschlägen – umgesetzt im gegenwärtigen System des freien Markts – die reiche Welt in eine bessere Zukunft geführt werden kann, dass die fünf großen Herausforderungen (siehe Box 18, Seite 137) gemeistert und vor allem Arbeitslosigkeit, Ungleichheit und Erderwärmung

22 Dreizehn Vorschläge
zur Verminderung der Arbeitslosigkeit,
der Ungleichheit und der Erderwärmung

- *Verkürzung der Jahresarbeitszeit*, damit jeder mehr Freizeit hat.

- *Anhebung des Renteneintrittsalters*, damit ältere Menschen ihren Lebensunterhalt so lange selbst bestreiten können, wie sie wollen.

- Eine *Neudefinition des Begriffs »bezahlte Arbeit«*, der auch die häusliche Pflege von Angehörigen umfasst.

- *Erhöhung des Arbeitslosengeldes*, um während des Übergangs die Nachfrage zu stärken.

- *Erhöhung der Steuern von Unternehmen und Reichen*, um die Gewinne umzuverteilen, vor allem die aus der Automatisierung.

- *Verstärkter Einsatz grüner Konjunkturpakete*, finanziert durch zusätzlich »gedrucktes« Geld oder Steuererhöhungen, damit der Staat auf den Klimawandel reagieren und Einkommen umverteilen kann.

- *Besteuerung fossiler Brennstoffe und faire Verteilung der Erlöse auf alle Bürger*, damit kohlenstoffarme Energie konkurrenzfähig wird.

- *Verlagerung von der Einkommensbesteuerung auf die Besteuerung von Emissionen und Rohstoffverbrauch*, um den ökologischen Fußabdruck zu verringern, Arbeitsplätze zu erhalten und die Nutzung von Rohstoffen zurückzufahren.

- *Erhöhung der Erbschaftssteuern* zur Verringerung der Ungleichheit, zur Beschneidung von Philantropismus und zur Erhöhung der staatlichen Einnahmen.

- *Förderung gewerkschaftlicher Organisation*, um die Einkommen zu steigern und die Ausbeutung zu verringern.

> ▶ *Beschränkung des Außenhandels*, wo nötig, um Arbeitsplätze zu erhalten, das allgemeine Wohlergehen zu erhöhen und die Umwelt zu schützen.
>
> ▶ *Förderung kleinerer Familien (Geburtenkontrolle)*, um den Bevölkerungsdruck auf den Planeten zu verringern.
>
> ▶ *Einführung eines existenzsichernden Grundeinkommens für diejenigen, die es am dringendsten brauchen*, damit alle ohne Zukunftsangst leben können.

vermindert werden können. Die Umsetzung unserer Vorschläge muss Schritt für Schritt erfolgen, über viele Jahre, wenn nicht sogar Jahrzehnte.

Diese Vorschläge mögen idealistisch erscheinen und sicher glauben viele, dass sie keine Chance haben, von den Machthabern akzeptiert zu werden – und damit meinen wir die Kapitalgeber, die Reichen und die Konzerne, nicht die gewählten Politiker. Vieles davon wird auch bei jenen auf Widerstand stoßen, die um ihren Arbeitsplatz fürchten oder Angst vor höheren Steuern haben. Wir betonen jedoch, dass gerade diese Vorschläge unserer Meinung nach in der reichen Welt politische Akzeptanz finden können. Denn mit Ausnahme des vorletzten Vorschlags wird jede der genannten Maßnahmen den meisten Menschen unmittelbare Vorteile bringen. Sie dürften für die demokratische Mehrheit der Wähler attraktiv sein, die in den meisten Regionen der reichen Welt immerhin noch so viel Gewicht hat, dass sie Einfluss auf die Gesetzgebung nehmen kann – obwohl wir einräumen, dass dies eine Weile dauern kann.

Wir werden später einige Hürden unter die Lupe nehmen, die überwunden werden müssen, um diese Veränderungen tatsächlich zu realisieren. Zunächst aber möchten wir unsere Vorschläge im Einzelnen erläutern.

1. Verkürzung der Jahresarbeitszeit

Unser erster Vorschlag gilt einer gerechteren Verteilung des Nationaleinkommens unter den Bürgern. Anstatt dass 90 Prozent der Erwerbsfähigen in Vollzeit arbeiten und pro Jahr 30.000 Dollar verdienen, besteht unser Ziel darin, dass 100 Prozent der erwerbsfähigen Bevölkerung einen Arbeitsplatz haben, der dann »nur« mit jeweils 27.000 Dollar im Jahr vergütet wird. Die wichtigsten Vorteile dieser Verteilung der bezahlten Arbeit auf alle, die arbeiten wollen, wären:

- Verringerung der Arbeitslosigkeit,
- Verringerung der Kluft zwischen Arm und Reich,
- mehr Flexibilität, um den Klimawandel zu bremsen.

---

23 **Welche Auswirkungen hat eine Verkürzung der Jahresarbeitszeit?**

In einer Volkswirtschaft muss jedes Jahr ein bestimmtes Quantum an Arbeit verrichtet werden. Im Idealfall würde sich jeder an dieser Arbeit beteiligen und seinen Anteil am Gesamtergebnis erhalten. (Wir sprechen hier von bezahlter Arbeit, nicht von ehrenamtlicher oder Familienarbeit, für die viele Menschen sehr viel Zeit investieren.)

Vollbeschäftigung kann schon dadurch erreicht werden, dass man die gesamte Arbeit, die verrichtet werden muss, unter allen verteilt, die arbeiten wollen. Wenn es nicht genügend Arbeit gibt, um alle in Vollzeit zu beschäftigen, ist es sinnvoll, die Zahl der Jahresarbeitsstunden pro Kopf zu senken (das heißt, dass 100 Prozent der arbeitsfähigen Bevölkerung 90 Prozent der aufzuwendenden Stunden arbeiten, statt dass 10 Prozent der arbeitsfähigen Bevölkerung ohne entlohnte Beschäftigung bleibt und die übrigen die volle Stundenzahl arbeiten). Bei vorhandener Arbeitslosigkeit belaufen sich daher die Kosten einer organisierten Verkürzung der Jahresarbeitszeit auf null. Mit dieser Maßnahme werden lediglich die notwendige Gesamtarbeitszeit und deren Entlohnung auf die gesamte arbeitsfähige Bevölkerung verteilt.

Eine Verkürzung der Jahresarbeitszeit wird jedoch bei vielen Vollzeitbeschäftigten auf Widerstand stoßen. Sie werden nicht unbedingt einen Teil ihres Einkommens an die bislang Arbeitslosen abtreten wollen. Doch in diesem Fall könnte man die Verkürzung so gestalten, dass die Mehrheit sie unterstützt. Man könnte sie beispielsweise Schritt für Schritt einführen, indem man die Zahl der gesetzlich vorgeschriebenen Urlaubstage erhöht (etwa zwei zusätzlich pro Jahr bei voller Bezahlung).

Würde man in den Vereinigten Staaten diese Maßnahme durchführen, würden Amerikaner (die gegenwärtig 2.000 Stunden pro Jahr in Vollzeit beschäftigt sind) nach 25 (!) Jahren endlich nicht länger arbeiten müssen als die Deutschen (mit jährlich 1.600 Stunden). Insgesamt würde eine Erhöhung der »gesetzlich vorgeschriebenen Urlaubstage« ein langsameres BIP- und Konsumwachstum, eine Verminderung des Ressourcenverbrauchs und beim Einzelnen mehr Zeit für andere Dinge – etwa die Familie, Freunde und Hobbys – mit sich bringen.

Bei Vollbeschäftigung hingegen würde jede Verkürzung der Jahresarbeitszeit auf Kosten des Produktivitätszuwachses gehen. In diesem Fall wird es darauf hinauslaufen, sich für ein niedriges Produktivitäts- und Konsumwachstum, damit aber auch für mehr Freizeit zu entscheiden.

Viele Länder haben genau dies in den letzten 30 Jahren getan, indem sie eine Verminderung des Produktivitätswachstums entweder zugunsten erhöhter Löhne oder zugunsten von mehr Urlaubstagen in Kauf genommen haben.

Das erste Problem bei diesem Vorschlag besteht darin, dass viele vollzeitbeschäftigte Menschen weder ihre Arbeitszeit verkürzen noch ihr Einkommen vermindert sehen wollen – auch nicht, wenn sie dafür mehr Freizeit bekommen. Das zweite Problem ist die praktische Schwierigkeit, einen Arbeitsplatz auf mehrere Beschäftigte aufzuteilen. Und drittens dürfte es nicht leicht sein zu verhindern, dass manche mehr Stunden arbeiten, als erlaubt ist.

Diese Probleme sind real, aber sie sind, wie wir zeigen werden, auch lösbar, besonders wenn die Jahresarbeitszeit schrittweise reduziert wird – indem man beispielsweise jedes Jahr ein, zwei zusätzliche Urlaubstage vorschreibt.

Die Verkürzung der Jahreshöchstarbeitszeit beziehungsweise die Erhöhung der Mindesturlaubstage hat noch einen zusätzlichen Vorteil. Mehr Freizeit für die Menschen wird die Vergrößerung ihres ökologischen Fußabdrucks verlangsamen. Statt ihre Zeit mit der Produktion von Waren zu verbringen und dabei Ressourcen zu verbrauchen und zur Umweltzerstörung beizutragen, werden die Menschen mehr Freizeit genießen. Wichtig ist, dass diese zusätzliche Freizeit nicht zu erhöhten Ausgaben führt, weil ja das Gesamt-BIP konstant bleiben soll. Natürlich besteht auch die Gefahr, dass die Menschen öfter fliegen, damit ihren CO_2-Fußabdruck vergrößern und die Umweltsituation noch verschlimmern. Doch das sollte den Staat nicht davon abhalten, die Jahresarbeitszeit zu verkürzen. Vielmehr sollte er zunächst die notwendigen Schritte unternehmen, um das Wirtschaftssystem allmählich nachhaltiger zu machen, und sich erst dann den unerwünschten Folgen zuwenden. Darauf werden wir später noch zurückkommen.

Die Verlierer dieser Maßnahme sind all jene, die nichts anderes wollen, als so viel Geld wie möglich zu verdienen. Doch da sie in der Minderheit sind, sollte die Mehrheit der Wähler/Beschäftigten in der Lage sein, für Gesetze zu sorgen, die sie vor den wenigen schützen, die ihren Lebenszweck in der Anhäufung von Geld sehen.

Sehen wir uns die Einzelheiten an.

Wenn die anständig bezahlte Arbeit knapp ist, das BIP-Wachstum sich auf null zubewegt und die Gesellschaft die Ungleichheit verringern will, besteht die Lösung darin, die Wirtschaft so zu strukturieren, dass Arbeit und Einkommen gerechter verteilt werden. Die Wirtschaftsstruktur muss so gestaltet werden, dass jeder Mensch einen angemesseneren Anteil am jährlichen Gesamtergebnis erhält.

Die grundlegende Frage, die sich hier stellt, ist leicht zu verstehen. Teilt man das BIP eines durchschnittlichen Landes der reichen Welt durch die Bevölkerungszahl, erhält man einen ungefähren Wert für das Bruttoeinkommen pro Kopf. In Deutschland belief es sich im Jahre 2005 auf 35.000 Dollar Kaufkraftparität[1] (siehe Abbildung 3), in den USA auf über 40.000 Dollar. Selbst in den ärmeren Ländern der industrialisierten Welt wie Rumänien und Bulgarien beträgt es rund 15.000 Dollar. (Man beachte, dass es sich um Pro-Kopf-Angaben handelt, nicht um Zahlen pro Beschäftigten. Für eine vierköpfige Familie ist daher das Vierfache dieser Zahlen in Anschlag zu bringen – das heißt, 60.000 Dollar jährlich in den ärmeren europäischen Ländern.)

Theoretisch verfügen also in jedem Land der reichen Welt die Menschen über genügend Einkommen, um ein halbwegs gutes Leben zu führen. Dabei bleibt sogar Spielraum für eine gewisse Ungleichheit der Einkommen, sodass diejenigen, die größere Verantwortung tragen, besser bezahlt werden können als der Durchschnitt. Jedenfalls müsste niemand mehr Arbeitslosigkeit oder ein Einkommen fürchten, das unter dem Existenzminimum liegt. Und keiner müsste mehr als die vorgeschriebenen Stunden pro Jahr schuften. Jeder erhielte einen anständigen Anteil an der verfügbaren Arbeit sowie am Volkseinkommen.

Doch wie können wir das erreichen, vor allem, da einige Leute – nämlich diejenigen, die zurzeit am meisten verdienen – dabei den Kürzeren ziehen würden?

Unser Vorschlag lautet, dass sich die Gesellschaften Schritt für Schritt auf ein gerechteres System zubewegen, indem sie die genehmigte *Höchstarbeitszeit* pro Kopf (pro Woche/Monat/Jahr) so vermindern, dass das *durchschnittliche* Volumen der pro Person geleisteten bezahlten Arbeit allmählich abnimmt und System und Gesellschaft Zeit haben, sich anzupassen.

Wir möchten dies näher erläutern.

In den meisten Ländern der reichen Welt liegt der Anteil der Bevölkerung, der einen Arbeitsplatz hat oder arbeiten möchte, bei knapp der Hälfte. In den Vereinigten Staaten beispielsweise mit einer Bevölkerung von 320 Millionen stehen der Zivilwirtschaft 155 Millionen erwerbsfähige Menschen zur Verfügung.[2] Von diesen Beschäftigten arbeiten knapp unter 120 Millionen gegenwärtig in Vollzeit, etwas über 27 Millionen in Teilzeit und 8 Millionen sind arbeitslos.[3]

Wenn wir annehmen, die 120 Millionen Vollzeitbeschäftigten arbeiten 40 und die Teilzeitbeschäftigten 20 Stunden pro Woche, dann kommen insgesamt 5.340 Millionen Wochenarbeitsstunden zusammen. Gleichmäßig unter allen zur Verfügung stehenden Arbeitskräften verteilt, müsste jeder nur 34 Stunden in der Woche arbeiten (5.340 Millionen Wochenarbeitsstunden geteilt durch 155 Millionen Menschen).

Anders gesagt, können die Vereinigten Staaten Vollbeschäftigung erreichen, indem sie die von den gegenwärtig 120 Millionen in Vollzeit beschäftigten Menschen geleistete Arbeit um 15 Prozent vermindern, das heißt von 40 auf 34 Wochenarbeitsstunden senken – oder von 2.000 auf 1.700 Stunden pro Jahr, was wohl realistischer ist.[4] Damit würden genügend neue bezahlte Arbeitsplätze entstehen, um alle 155 Millionen Menschen in Vollzeit zu beschäftigen (es müsste also jeder nur 1.700 Stunden pro Jahr im Vergleich zu 2.000 Stunden heute arbeiten).

Ohne jegliches Wirtschaftswachstum wäre also genügend bezahlte Arbeit für alle da. Und es hätte nicht nur jeder eine Vollzeitbeschäftigung, sondern im Durchschnitt auch mehr Freizeit als heute.

Man kann sich das in etwa so vorstellen (wir haben ein einfaches Beispiel gewählt, um unseren Ansatz zu erklären): Ein Bauer möchte in der Erntezeit Menschen zum Äpfelpflücken einstellen und es melden sich 100 Bewerber. Er kann entweder 80 in Vollzeit und 10 in Teilzeit beschäftigen, sodass 10 ohne Arbeit bleiben. Der Bauer kann aber auch alle einstellen und sie etwas weniger arbeiten lassen. Damit bekäme er dasselbe Ergebnis zu denselben Kosten. Jeder würde dann über das Geld verfügen, um den Apfelsaft zu kaufen, den der Bauer herstellt, und hätte mehr Zeit, ihn zu konsumieren. Und wenn die Erntehelfer sehr durstig sind und ihren gesamten Lohn für seinen Apfelsaft ausgeben, würde er bei 80 Beschäftigten genauso viel verkaufen wie bei 100. Das heißt, das BIP (Wirtschaftsleistung) ist dasselbe, wie viele Menschen auch immer beschäftigt werden. Das Problem besteht natürlich darin, dass die 100 jeweils ein etwas geringeres Einkommen haben als es die 80 gehabt hätten. Doch dieses Problem dürfte im wohlhabenden Teil der Welt überwindbar sein, da dort das Durchschnittseinkommen bereits hoch genug ist, um die meisten jeweils landesüblichen Bedürfnisse zu befriedigen. Außerdem drängen die meisten Beschäftigten nicht deshalb auf höhere Löhne, weil sie tatsächlich mehr Geld brauchen, sondern weil sie mit ihren Nachbarn mithalten wollen.

Eine gesetzlich vorgeschriebene maximale Jahresarbeitszeit – oder, um es positiver auszudrücken, eine Erhöhung der Zahl der gesetzlichen Urlaubstage – sollte für hunderte Millionen Menschen in der gesamten reichen Welt eine willkommene Option sein. Die meisten Vollzeitbeschäftigten könnten dann weniger arbeiten und hätten mehr Freizeit, während alle (beziehungsweise wohl richtiger: fast alle), die heute arbeitslos sind, eine Stelle fänden und ein anständiges Einkommen erzielten; das würde ihnen Selbstachtung und eine gewisse Zielstrebigkeit wiedergeben.

Wie ist ein solcher Wandel möglich, ohne größere Brüche in der Gesellschaft zu verursachen?

Wie gesagt, besteht eine Möglichkeit, die maximale Jahresarbeitszeit zu verkürzen, darin, nach und nach den bezahlten Jahresurlaub zu verlängern. Eine andere wäre, die Wochenarbeitszeit nach und nach zu senken. Unter praktischen Gesichtspunkten ist Ersteres einfacher, weil unter Umständen selbst eine geringe Verkürzung der Wochenarbeitszeit für Unternehmen kompliziert und schwer umsetzbar ist.

Würde der amerikanische Kongress die durchschnittliche Zahl der vergüteten Urlaubstage der Beschäftigten (sie betrug im Jahr 2014 knapp acht Tage) gesetzlich allmählich auf das gegenwärtige Niveau in Deutschland (etwa 30 Tage, bezahlte gesetzliche Feiertage nicht eingerechnet) erhöhen, würde damit die durchschnittliche Jahresarbeitszeit in den USA um etwa 10 Prozent verringert. Das würde reichen, um die meisten der gegenwärtig in Teilzeit Arbeitenden und Arbeitslosen zu beschäftigen. Wieder müssen wir betonen, dass es gegen diesen Schritt wohl heftigen Widerstand gäbe, vor allem bei den Unternehmern und den Reichen, denn sie würden dem Anschein nach den Löwenanteil der finanziellen Last schultern, die mit mehr Urlaubstagen verbunden wäre. Aber man darf nicht vergessen, dass dies nur auf kurze Sicht so wäre; auf lange Sicht würden die Kostensteigerungen sowieso auf die Verbraucher abgewälzt, die im Tausch für mehr Freizeit höhere Preise bezahlen müssten.

Viele reiche Länder haben die Jahresarbeitszeit bereits systematisch und mit Erfolg verkürzt. In Norwegen beispielsweise ist die Zahl der bei einer Vollzeitbeschäftigung geleisteten Arbeitsstunden seit den 1970er Jahren stetig von etwa 1.800 auf 1.400 pro Jahr gesunken. Dennoch hat die Arbeitsproduktivität zugenommen, und zwar so weit, dass das Jahreseinkommen der Norweger heute um 30 Prozent höher liegen würde, wenn sie dem US-Modell gefolgt wären, das längere Arbeitszeit und weniger Urlaub vorsieht. Aber sie haben einen anderen Weg gewählt. Heute glauben nur wenige Norweger, dass sie glücklicher wären, wenn sie weniger Freizeit und mehr Geld hätten.

Ähnlich sieht es in Dänemark aus, wo einmal Gewerkschaftsmitglieder aufgefordert wurden, zwischen einer dreiprozentigen Gehaltserhöhung und drei Prozent weniger Arbeitszeit zu wählen. Die überwältigende Mehrheit stimmte für Letzteres, weil in einem reichen Land mehr Freizeit attraktiv ist. Zu beachten ist in diesem Fall, dass das Jahresgehalt gleichblieb, während das pro Arbeitsstunde gezahlte Gehalt um die üblichen drei Prozent stieg.

Selbst Deutschland hat diese Strategie verfolgt und in den vergangenen 50 Jahren die Jahresarbeitszeit von 2.000 auf 1.600 Stunden gesenkt. Erreicht wurde dies durch die allmähliche Anhebung der bezahlten Urlaubstage und die gleichzeitige Reduzierung der Wochenarbeitszeit über mehrere Jahrzehnte hinweg (und zwar wie in Norwegen so langsam, dass noch Freiraum blieb für eine gewisse Steigerung der Jahreseinkommen).

In den USA, wo es keinen gesetzlich vorgeschriebenen bezahlten Mindesturlaub gibt, würde unser Vorschlag ein neues Gesetz erfordern und wäre somit im gegenwärtigen politischen Klima wohl schwer durchsetzbar. Wir hoffen jedoch, dass er von vielen zunehmend Unterstützung findet, da seine Realisierung im Interesse der Mehrheit liegt.

Natürlich könnten unsere Kritiker auf Frankreich verweisen, wo es seit fast 20 Jahren die 35-Stunden-Woche gibt und viele Menschen diese Politik als gescheitert betrachten, weil die Arbeitslosenzahlen nicht gesunken sind. Doch erstens sind es vorwiegend Unternehmer und die politische Rechte, die behaupten, die französische Politik sei gescheitert, während Arbeitnehmer und Linke sie unterstützen. Ein Großteil der Kritik beruht also auf Eigeninteresse. Zweitens hat es dem französischen Staat nicht nur an öffentlicher Unterstützung gefehlt, er hat auch die Verkürzung der Wochenarbeitszeit zu schnell eingeführt. Wir schlagen hingegen vor, sie Schritt für Schritt umzusetzen, und zwar über mindestens 20 Jahre, um für alle die Anpassung zu erleichtern. Und schließlich drittens der wichtigste Punkt: Die Franzosen haben das Renteneintrittsalter nicht genügend heraufgesetzt, um die kürzere Wochenarbeitszeit auszugleichen. Stattdessen leisten heute viele Menschen weniger Arbeitsstunden und gehen zudem früher in Rente, womit sie dem Staat zusätzliche Lasten auferlegen. Dies erklärt zum Teil, warum unser zweiter Vorschlag lautet, das Renteneintrittsalter zu erhöhen (siehe unten).

Wie also würde die Gesellschaft den Übergang zu einer kürzeren Jahresarbeitszeit finanzieren? Die Antwort hängt von den Bedingungen zur Zeit der Einführung dieser Maßnahme ab.

Herrscht Arbeitslosigkeit, werden die »Gewinner« die bislang Arbeitslosen sein, weil sie eine Beschäftigung bekommen und Einkommen erzielen. Die »Verlierer« werden die bislang Vollzeitbeschäftigten sein, weil sie auf einen Teil ihres Einkommens zugunsten von mehr Freizeit verzichten müssen. Wenn Vollbeschäftigung herrscht, werden die Kosten des Gewinns an Freizeit von allen gemeinsam getragen.

Wird die Zahl der Arbeitsstunden ohne Lohnverlust reduziert, werden die Unternehmer die Kosten in Gestalt höherer Preise an die Konsumenten weiterreichen. Werden hingegen die zusätzlichen Urlaubstage durch einen anteiligen Lohnverzicht ausgeglichen, tragen die Lohnabhängigen die Kosten direkt und sind gezwungen, ihren Konsum zu reduzieren.

In jedem Fall bezahlt aber die Mehrheit die Rechnung – in Form von geringerem Konsumwachstum. Dafür kommt sie jedoch in den Genuss von mehr Freizeit.

Dieses System ist flexibel. Wenn in den nächsten 20 Jahren Arbeitnehmer in dem Maße durch Maschinen und Roboter ersetzt werden, wie vielfach erwartet wird, kann unser Modell von Jahr zu Jahr angepasst werden, um die Vollbeschäftigung zu erhalten und zu gewährleisten, dass jeder einen Arbeitsplatz und genug

Geld zum Leben hat. Niemand müsste Arbeitslosigkeit fürchten, auch dann nicht, wenn sich die Gesamtproduktion (das BIP) verringert.

Sicher werden manche Menschen die Beschränkung der bezahlten Arbeitsstunden als Eingriff in ihre persönliche Freiheit betrachten. Daher sollte man zur Finanzierung der vorgeschlagenen Arbeitszeitverkürzung das Lohnniveau vorerst aufrechterhalten und die Kosten auf die Verbraucher abwälzen. Wahrscheinlich akzeptieren die Menschen eher ein Gesetz, das ihnen mehr Freizeit bei gleichem Jahreseinkommen bietet. (Die Kosten an die Konsumenten weiterzugeben, wäre trotz Wettbewerb möglich, weil alle Unternehmen dieselbe Erhöhung der Kosten pro Arbeitsstunde hinnehmen müssten.)

Die Einführung einer gesetzlichen Höchstarbeitszeit würde natürlich in erster Linie größere Unternehmen betreffen, die Arbeitsgesetze nicht umgehen können. Daher bleibt noch die Frage, wie sich unser Vorschlag zur Verkürzung der Jahresarbeitszeit auf die Beschäftigten in kleineren Unternehmen und auf Selbstständige auswirken würde. Die knappe Antwort lautet, dass diese beiden Gruppen die Wahl hätten, entweder nach einem sicheren Arbeitsplatz in einer größeren Firma – mit einem garantierten Einkommen und mehr Freizeit – Ausschau zu halten oder sich selbstständig zu machen und so viele Stunden zu arbeiten, bis das gewünschte Einkommensniveau erreicht ist. Damit dies funktioniert, müsste es großen Unternehmen untersagt werden, ständige Aufgaben an Selbstständige oder kleine Unternehmen auszulagern. Außerdem müsste gesetzlich vorgeschrieben werden, dass Selbstständige von ihren Kunden einen Stundensatz verlangen, der auch die Kosten für ihre Krankenversicherung und ihre Altersversorgung abdeckt.

Wer sich selbstständig macht, könnte dann wählen, ob er so viel Urlaub macht wie alle anderen oder ob er so viel arbeitet, wie er will. Wenn die Mehrzahl den letzteren Kurs einschlägt, würde die Wirkung unseres ersten Vorschlags abgeschwächt. Doch wie uns sehr reiche Länder zeigen, ist diese Gruppe recht klein, und die Neigung, sich Freizeit zu gönnen, wird stark durch das Verhalten der Nachbarn beeinflusst. Wenn sich große Unternehmen gezwungen sehen, für die Aufgaben, die sie derzeit auslagern, Vollzeitbeschäftigte einzustellen, wird das Leben als Selbstständiger womöglich so unsicher, dass viele diesen Traum zugunsten eines zuverlässigen Einkommens und zunehmender Freizeit aufgeben.

Wer mehr arbeiten will, sollte sich zudem klarmachen, dass dies der Gesundheit schadet. Eine 2015 in der medizinischen Zeitschrift *The Lancet* veröffentlichte Studie mit über 600.000 Männern und Frauen aus ganz Europa, den Vereinigten Staaten und Australien ergab, dass bei Menschen, die 55 oder mehr Stunden in der Woche arbeiten, das Risiko eines Schlaganfalls um 33 Prozent und das einer koronaren Herzerkrankung um 13 Prozent höher ist als bei denjenigen mit 35 bis 40 Wochenstunden.[5]

In manchen Teilen Europas, und sogar in einigen der wirtschaftlich erfolgreichsten Länder, ist es nicht leicht, ein Ein-Personen-Unternehmen zu gründen. Abschreckend wirkt, dass hier der Staat die Selbstständigen vom ersten Tag an den vollen Satz in die Sozialkassen einzahlen lässt, sie müssen also denselben monatlichen Krankenkassenbeitrag entrichten wie die Beschäftigten bei großen Firmen, was nur gerecht ist, weil sie eines Tages derselben Pflege wie diese bedürfen. Dasselbe gilt für Rentenbeiträge, die ebenfalls gesetzlich vorgeschrieben sind. Manche Länder gewähren Selbstständigen auch kaum Steuervorteile, einer der wichtigsten Anreize für Selbstständige in den meisten wirtschaftsliberalen Ländern.

Diese Maßnahmen sind das Gegenteil dessen, was beispielsweise in den Vereinigten Staaten und Großbritannien zur Normalität geworden ist. Dort wird die Selbstständigkeit gefördert, weil sie dem offenkundigen Wunsch vieler Menschen entspricht, Unternehmer zu werden und damit mehr persönliche Freiheit zu gewinnen. Doch diese Vorstellung erweist sich in Wirklichkeit weitgehend als Illusion und ist der Lobbymacht großer Unternehmen geschuldet, die Geld sparen wollen. Die Träume von Millionen Menschen, von denen viele in die Tretmühlen prekärer, schlecht bezahlter Jobs geraten, die ihnen keinen besonderen Spaß machen, erfüllen sich auf diese Weise jedenfalls nicht.

Taxifahrer des amerikanischen Unternehmens Uber beispielsweise sind meist selbstständig. Sie arbeiten, so lange sie wollen, und da sie keine Angestellten sind, muss Uber ihnen weder Urlaubstage bezahlen, noch zu ihrer Altersversorgung beitragen oder sonstige Sozialabgaben für sie leisten. Damit wird die Verantwortung für diese Aufgaben auf die Gesellschaft abgeschoben, die in Form von Sozialhilfe dafür aufkommt, während Uber Geld spart. Zum Teil ist dies der Grund dafür, dass das Unternehmen relativ niedrige Preise für die Fahrten verlangen kann. Es bleibt allein den Fahrern überlassen, für die Zukunft vorzusorgen, ihre Krankenversicherung zu bezahlen und ihre Lebenshaltungskosten anderweitig zu decken, wenn sie mit dem Taxi nicht genug verdienen.

Unternehmen wie Uber senken ihre Kosten, um besser konkurrieren zu können, indem sie einen Großteil der üblichen Sozialbeiträge (für Rente, Kranken- und Arbeitslosenversicherung), die mit der Beschäftigung von Menschen verbunden sind, auf die Einzelnen, ihre Familien und die übrige Gesellschaft abwälzen. Ihre Fahrer werden irgendwann dasselbe Maß an medizinischer Versorgung benötigen wie alle anderen, und auch im Alter oder bei Arbeitsunfähigkeit brauchen sie ein Einkommen. Uber greift vorwiegend auf selbstständige Fahrer zurück, lehnt also die Verantwortung für diese Kosten ab (die konventionelle Taxiunternehmen tragen müssen).

In solchen und vielen anderen Fällen sollte der Selbstständigkeit ein Riegel vorgeschoben werden, um gleiche Bedingungen für alle Arbeitgeber zu schaffen und den fairen Wettbewerb zu gewährleisten. Nur so kann verhindert werden, dass Unternehmen auf Kosten der Allgemeinheit Geld sparen.

Die Verkürzung der Jahresarbeitszeit kann auch mit dazu beitragen, das Tempo der Umweltzerstörung durch den Menschen zu drosseln. Wie bereits dargelegt, kann man die jährliche Wirtschaftsleistung eines Landes (sein BIP) auch als die Zahl der Beschäftigten multipliziert mit der Jahresleistung pro Arbeitnehmer betrachten. Die Jahresleistung eines Arbeitnehmers ist gleich der Zahl seiner Jahresarbeitsstunden multipliziert mit der Leistung pro Arbeitsstunde. Wenn also die durchschnittliche Zahl der Jahresarbeitsstunden um mehr als die Wachstumsrate der Bevölkerung gesenkt wird, verringert sich das BIP (verglichen damit, wie es sich *ohne* die Verminderung der Jahresarbeitsstunden entwickeln würde) und letztlich auch der ökologische Fußabdruck des Landes. Die Menschen hätten mehr Urlaub, müssten weniger Zeit für ihre Arbeit opfern und könnten die Vorteile einer gesünderen Umwelt genießen.

Was würden die Menschen der reichen Welt tun, wenn sie mehr Zeit außerhalb des Büros oder der Fabrik verbringen könnten?

Wir glauben, sie würden nach und nach all die Dinge tun, von denen sie gegenwärtig nur träumen können – mehr Zeit mit der Familie verbringen, ihren Hobbys nachgehen und sich ihres Lebens freuen. Und sie würden vieles von dem selbst machen, wofür sie gegenwärtig andere bezahlen, wie kochen, ihre Wohnung in Schuss halten und sich um ihre Angehörigen und Mitmenschen kümmern. Und wenn diese strukturelle Veränderung zu Arbeitslosigkeit in der Gastronomie, im Handwerk und im Pflegebereich führen sollte, könnte man das Problem durch eine weitere Kürzung der bezahlten Jahresarbeitsstunden pro Kopf lösen. Die begrenzt zur Verfügung stehende (bezahlte) Arbeit sollte auch dann gleichmäßig unter den Bürgern verteilt werden. Statt dass einige arbeitslos wären, würden alle einer bezahlten Beschäftigung nachgehen und mehr Urlaub haben als gegenwärtig.

Mehr gesetzlicher Urlaub und ein kürzeres Arbeitsjahr sind eine gute Lösung für das Problem der Arbeitslosigkeit in der reichen Welt, besonders dann, wenn sich das BIP-Wachstum verlangsamt. Sie verringern die Kluft zwischen Arm und Reich und tragen sogar dazu bei, die vom Menschen verursachten Umweltschäden zu verringern. Und sie werden wahrscheinlich von der Mehrheit der Bevölkerung gutgeheißen. Sie erfüllen also unsere Kriterien für erfolgreiche unkonventionelle politische Maßnahmen, die der Mehrheit der Menschen unmittelbare Vorteile bieten.

2. Anhebung des Renteneintrittsalters

Unser zweiter Vorschlag für ein nachhaltigeres Wirtschaftssystem ist die Anhebung des Renteneintrittsalters. Damit könnten mehr Menschen länger arbeiten, selbst für ihren Lebensunterhalt sorgen und ihren Anteil an den staatlichen Sozialasten verringern.

Seit einigen Jahrzehnten hat der Großteil der industrialisierten Welt kein vernünftiges nachhaltiges demografisches Rentengleichgewicht mehr, in dem eine handhabbare Zahl älterer Menschen für eine überschaubare Zeit Bezüge aus einer angemessen finanzierten Rentenkasse erhielten. Stattdessen gibt es mittlerweile eine große und weiterhin wachsende Zahl älterer Menschen, die früher in Rente gehen und länger leben als frühere Generationen und die von Rentensystemen abhängig und zudem weitgehend unterfinanziert sind – teils wegen der Finanzkrise, teils weil das Sparen aus der Mode gekommen ist.

Die Menschen, die um 1900 rentenberechtigt waren, erhielten ihre erste Rente im Alter von 65 Jahren.[6] Es war das gesetzlich festgelegte Renteneintrittsalter. Dennoch kamen nur wenige Menschen in den Genuss dieser Zahlungen, weil die durchschnittliche Lebenserwartung damals lediglich 44 Jahre betrug. Ein Jahrhundert später lag das Renteneintrittsalter immer noch bei 65, doch die durchschnittliche Lebenserwartung war auf 74 Jahre gestie-

24 Welche Auswirkungen hat die Anhebung des Renteneintrittsalters?

Die Anhebung des Renteneintrittsalters vermindert den Abhängigkeitsquotienten (also den Anteil der unter 14-Jährigen und der über 65-Jährigen am Rest der Bevölkerung), womit es für die Beschäftigten leichter ist, für den Lebensunterhalt der Jungen und Alten aufzukommen. Sie ist ein hochwirksames politisches Instrument zur Senkung der Staatsausgaben, denn in den reichen Ländern würden bereits wenige Jahre Verlängerung der Lebensarbeitszeit ausreichen, um die Abhängigkeitsrate signifikant stärker zu senken, als sie unter Beibehaltung der gegenwärtigen Politik in den nächsten Jahren steigen würde. Wenn das Renteneintrittsalter von 65 auf 70 Jahre angehoben würde, könnte die Gesellschaft den wegen sinkender Bevölkerungszahlen erwarteten Anstieg der Abhängigkeitsrate verhindern.

Sofern mit dieser Methode nicht die Arbeitslosigkeit zunimmt, führt sie zu einer Erhöhung der Beschäftigungsquote und des BIP und damit auch des BIP pro Kopf (vorausgesetzt, die Bevölkerung wächst nicht). Außerdem kann sie die Kluft zwischen Arm und Reich verkleinern, wenn die Durchschnittslöhne höher sind als die Durchschnittsrenten.

In der Regel werden zwei Einwände gegen die Erhöhung des Renteneintrittsalters vorgebracht.

Erstens, dass viele ältere Menschen nicht in der Lage seien, über das bisherige Rentenalter hinaus zu arbeiten, oder es nicht wollen. Doch man könnte die Menschen vor die Wahl stellen, mit einer niedrigeren Rente früher aus dem Arbeitsleben auszuscheiden oder später, dafür aber mit einer höheren Rente. Die Gesamtkosten für den Staat (oder die Ausgaben aus der Rentenkasse) pro Rentner sollten dabei gleich bleiben. Eine andere Lösung wäre, allen älteren Menschen eine Übergangszeit zu gewähren, in der

> sie, wenn sie wollen, weniger Stunden pro Jahr arbeiten (mit einem geringeren Jahreseinkommen).
>
> Der zweite Einwand lautet, dass mit einer Anhebung des Renteneintrittsalters Arbeitsplätze für junge Leute fehlen. Das setzt jedoch eine gleichbleibende Nachfrage voraus. Wenn aber ältere Menschen länger arbeiten, bleibt die Nachfrage nicht konstant, sie steigt vor allem im Kultur-, Reise- und Gesundheitssektor. Und auch eine stagnierende Nachfrage und zunehmende Arbeitslosigkeit können mit einer Verringerung der Jahresarbeitszeit bewältigt werden.

gen. Statt einer kleinen Minderheit der älteren Bevölkerung erhält also heute die Mehrheit eine Rente.

Diese Situation hat sich allem Anschein nach inzwischen durch niedrigere Geburtenraten noch verschärft, denn die Zahl der jungen Menschen, die in die Rentenkasse einzahlen können, sinkt. Im Jahr 1960 wurde in den Vereinigten Staaten jeder Rentner von etwas mehr als fünf Beschäftigten finanziert, sodass sich die Last der Altersversorgung auf mehrere Menschen verteilte (wobei das Geld nicht aus einem Pool stammte, der angespart und investiert worden war, sondern aus Einkommenssteuern).

Im Jahr 2030 werden auf einen Rentenempfänger etwas mehr als zwei Beschäftigte kommen – ein sehr viel ungünstigeres Verhältnis.[7] Doch wie wir in Kapitel 5 gezeigt haben, ist dies nicht das grundlegende Problem, weil mit dem Wachsen der älteren Bevölkerung der Anteil der Kinder und Jugendlichen abnimmt (siehe Abbildung 11, Seite 97). Die Beschäftigten müssen zwar mehr zum Lebensunterhalt der Rentner beitragen, sparen aber auch Geld, da sie für weniger Kinder aufkommen. Schwierig wird es deshalb, weil in modernen Gesellschaften die Kosten für Kinder weitgehend von den Eltern übernommen werden, während Renten- und

Gesundheitsausgaben für die Älteren im Großen und Ganzen der Staat (oder ein Pensionsfonds) trägt. Folglich müssen in alternden Gesellschaften die Steuern erhöht werden, womit den Beschäftigten das Geld, das sie wegen ihrer geringeren Kinderzahl sparen, wieder genommen und unter den Rentnern verteilt wird.

Auch die steigenden Gesundheitsausgaben und die unrealistischen Erwartungen vieler Menschen mittleren Alters bezüglich der Rente, die sie im Alter bekommen werden, stellen ein Problem dar. Großbritannien und einige andere Länder stehen außerdem noch vor zwei weiteren Herausforderungen. Zum einen verstehen viele Menschen das Rentensystem nicht richtig und denken, dass sie bis zum Alter nicht sparen müssen.[8] Zum anderen lässt der Staat gegenwärtig zu, dass sich die Menschen alles, was sie fürs Alter gespart haben, auszahlen lassen und es ausgeben, anstatt es nach und nach in ihren Rentenjahren zu verbrauchen. Es besteht also ein erhöhtes Risiko, dass alle, die sich ihre Lebensversicherung oder ihre Ersparnisse auszahlen lassen und verbrauchen, dem Staat in Zukunft zur Last fallen – oder im hohen Alter völlig mittellos dastehen. Diese Rentenprobleme existieren für alle, die in irgendeiner Form in der Privatwirtschaft oder für den Staat gearbeitet haben, und zwar in den meisten Ländern der OECD. Ohne eine neue gesetzliche Regelung des Rentensystems besteht die Gefahr, dass Millionen Menschen ihren Lebensstandard nicht halten können und gleichzeitig nicht über das gegenwärtige gesetzliche Renteneintrittsalter hinaus arbeiten dürfen.

Durch die Kombination unserer ersten beiden Vorschläge mit einem weiteren, nämlich einer Anhebung des Arbeitslosengeldes (die wir als Nächstes erläutern werden), ist es unserer Meinung nach möglich, dass alle Erwerbsfähigen eine Beschäftigung finden, während für alle, die nicht mehr arbeiten können, der Lebensunterhalt gesichert ist.

Außerdem meinen wir, dass Gesetze zur Anhebung des Renteneintrittsalters politisch durchsetzbar sind. Die große Mehrheit der Wähler wird erleichtert aufatmen, wenn sich der Zeitpunkt verschiebt, von dem an sie für ihre betagten Eltern aufkommen müssen.

3. Eine Neudefinition der »bezahlten Arbeit«, die auch die häusliche Pflege von Angehörigen umfasst

In der Zeit des rasanten Wirtschaftswachstums nach dem Zweiten Weltkrieg war es ein großes Plus, dass sehr viele Frauen den Weg in die Arbeitswelt fanden. Damit erhielt ein großer Teil der Bevölkerung erstmals die Chance, Geld zu verdienen, was erheblich zur Emanzipation beitrug.

Wirtschaftlich hatte dies jedoch eigenartige Folgen. Während Millionen Frauen aufhörten, zu Hause die Wäsche zu waschen, sich um ihre Kinder zu kümmern und die älteren Familienangehörigen zu pflegen, übernahmen viele am Ende dieselben Aufgaben als Erwerbstätige – sie arbeiteten in Wäschereien, Kindergärten und Krankenhäusern. Mit der Befreiung der Frauen von der Hausarbeit hat sich in vielen Ländern das BIP annähernd verdoppelt, doch an der Verfügbarkeit von lebenswichtigen Dienstleistungen änderte sich wenig. Viele Frauen erzielten nun ein Einkommen, wurden unabhängiger und hatten mehr Mitsprache bei der wirtschaftlichen Entwicklung. Und zweifellos verbesserte sich damit die Lage der Frauen, ohne dass die Männer darunter zu leiden hatten.

Der entscheidende Punkt war jedoch, dass diese neue Struktur des Arbeitsmarkts ein Licht auf ein ungewöhnliches Phänomen in der Wirtschaft warf, nämlich dass ein Großteil der unbezahlten häuslichen Arbeit – die Versorgung von Kindern und die Altenpflege – einen beträchtlichen Wert darstellte.

Unser dritter Vorschlag lautet daher, dass die gesamte, mit der Fürsorge für andere verbundene Arbeit, unabhängig davon, wo sie stattfindet, angemessen bezahlt wird.

> **25** **Welche Auswirkungen hat es, wenn aus unbezahlter Arbeit bezahlte Arbeit wird?**
>
> Stellen wir uns zwei Menschen im erwerbsfähigen Alter vor. Der eine pflegt zu Hause seine Eltern, der andere arbeitet in einem Altersheim. Der eine erhält kein Geld für seine Tätigkeit, der andere wird dafür bezahlt. Beide verrichten die gleiche Arbeit. Was geschieht, wenn die Gesellschaft auch für die häusliche Pflege aufkommt?
>
> Erstens steigt das BIP, weil auch der Wert der häuslichen Pflege in die Rechnung einfließt. Dies bedeutet auch einen Anstieg des BIP pro Kopf. Zweitens wächst die Zahl der bezahlten Arbeitsplätze und der Prozentsatz der Bevölkerung steigt, der als erwerbstätig gemeldet ist (Erwerbsquote). Drittens wird durch die Bezahlung von Tätigkeiten, die zuvor kostenlos verrichtet wurden, Einkommen umverteilt. Und damit kommt es auch zu einer Umverteilung der wirtschaftlichen Macht, sodass diejenigen, die für ihre Arbeit bisher kein Geld erhielten, jetzt ökonomisch unabhängig handeln können und nicht auf das Einkommen eines anderen angewiesen sind.
>
> Insgesamt verändert sich die soziale Wirklichkeit nur geringfügig, weil nach wie vor dieselben Aufgaben erledigt werden. Signifikant sind hingegen die Veränderungen des BIP und des BIP pro Kopf, bei den Arbeitsplätzen, der Erwerbsquote und der Einkommensverteilung.

Der beste Weg zu diesem Ziel besteht unserer Meinung nach darin, die Betreuung durch eine offizielle Einrichtung zu organisieren, statt einfach nur die Menschen für die häusliche Arbeit zu bezahlen. Dies würde die Kontrolle erleichtern, die Betreuungspersonen in ein Netzwerk einbinden und Ausbeutung in diesem Sektor weitgehend verhindern. In der Praxis müssten Pflege und Betreuung natürlich auf beiderlei Art erfolgen: formell durch Organisationen und – weniger formell – durch die Bezahlung der häuslichen Tätigkeit.

Wird die häusliche Pflege bezahlt, so erhalten die Betreuungspersonen mehr gesellschaftliche Anerkennung – eben genau wie diejenigen, die heute im Grunde die gleiche Arbeit tun, nur eben in Kindergärten und Altenheimen. Außerdem würde so das BIP wachsen und damit würden alle, die Wirtschaftswachstum per se für eine gute Sache halten, diese Veränderung begrüßen. Natürlich müssten die Betreuungspersonen wie alle anderen auch in den Genuss einer kürzeren Jahresarbeitszeit kommen. Und sie müssten sich mit ihrem Verdienst eine gute Krankenversicherung und Altersvorsorge leisten können.

Die einfachste Methode, all dies zu erreichen, bestünde darin, Betreuung und Pflege aus den öffentlichen Haushalten zu bezahlen, sodass sich alle Steuerzahler die Gesamtkosten teilen. Das Problem dabei ist natürlich, dass die Mehrheit wahrscheinlich weder höhere Steuern entrichten noch Pflege und Betreuung stundenweise direkt bezahlen will. Aber diese Hürde ist nur scheinbar unüberwindlich. Die angemessene Entlohnung kommt der Mehrheit der Bevölkerung in unterschiedlichen Lebensstadien zugute – als Pflegenden und als denjenigen, die gepflegt werden. Sie erhöht das allgemeine Wohlergehen und trägt zur Umverteilung von Einkommen bei. Und viele Pflegebedürftige würden davon profitieren, dass die Menschen, die sich um sie kümmern, besser motiviert wären.

Bisher unbezahlte Arbeit zu bezahlen, würde dazu beitragen, die Belastungen durch eine alternde Bevölkerung in vielen Ländern der reichen Welt abzumildern. Heute müssen viele Familien ihre kranken Eltern über Jahre, wenn nicht Jahrzehnte, pflegen – ohne dafür bezahlt zu werden –, bevor diese in öffentliche oder von Versorgungskassen finanzierte Altenheime aufgenommen werden. Würde diese Pflege angemessen vergütet, würde der Druck auf das öffentliche Gesundheitssystem verringert, und zwar nicht nur, weil dann weniger Altenheimplätze notwendig wären, sondern auch, weil es oft billiger (und besser) ist, wenn ältere Menschen zu Hause versorgt werden statt in einem Heim.

4. Erhöhung des Arbeitslosengeldes

Keine Gesellschaft ist jemals völlig frei von Arbeitslosigkeit. Zuweilen befinden sich Menschen zwischen zwei Anstellungen beziehungsweise sie finden als Saisonarbeiter oder bei einem Wirtschaftsabschwung keine Arbeit, wenn Unternehmen Beschäftigte entlassen. Auf lange Sicht würde die von uns vorgeschlagene Verkürzung der Jahresarbeitszeit die Arbeitslosenrate zwar verringern, aber nicht auf null bringen. Ohne einen Umbau der Sozialsysteme würde es also in einem Großteil der industrialisierten Welt stets Menschen ohne ausreichendes Einkommen geben. In einer besseren Zukunft aber sollte es ein vernünftiges Sicherheitsnetz geben, ein Sozialhilfesystem, das gewährleistet, dass Arbeitslose auf demselben Niveau leben können wie Beschäftigte.

Die Erhöhung des Arbeitslosengeldes hat mehrere große Vorteile. Auf der Hand liegt natürlich die Verringerung der Ungleichheit. Auch wird damit der Wohlstand umverteilt, weil der Staat gezwungen ist, den Armen mehr zu bezahlen, und er damit eher dazu veranlasst wird, die Reichen stärker zu besteuern oder alternative sozial verträgliche Finanzierungsquellen zu finden, von denen wir einige später näher erläutern werden. Die Erhöhung des Arbeitslosengeldes sichert außerdem die Einkommen der Beschäftigten.

Wie lässt sich all das erreichen?

Eine Anhebung des Arbeitslosengeldes vermindert die Ungleichheit, weil den Ärmsten und Gefährdetsten in der Gesellschaft mehr Geld zur Verfügung steht. Mit einem höheren Einkommen verringert sich die finanzielle Kluft zwischen ihnen und den Menschen mit einem durchschnittlichen Gehalt.

> **26**   **Welche Vorteile hat eine Anhebung der Arbeitslosenunterstützung?**
>
> Eine Erhöhung des Arbeitslosengeldes vermindert die Ungleichheit. Sie belebt die Nachfrage und erhält somit Arbeitsplätze und Einkommen der Beschäftigten. Außerdem vereinfacht sie die stetige Umstrukturierung der Wirtschaft, die zum Produktivitätswachstum nötig ist, weil eine höhere Sozialhilfe es schlecht laufenden Betrieben (moralisch) erleichtert, Mitarbeiter zu entlassen. Diese können dann für einen Arbeitsplatz in wachsenden Wirtschaftssektoren umgeschult werden und würden zugleich wissen, dass die Gesellschaft ihnen in der Zwischenzeit ein anständiges Einkommen gewährt. Schließlich zwingt ein höheres Arbeitslosengeld die Regierung, Geldquellen aufzutun, um die Arbeitslosen zu bezahlen. Dies kann durch Besteuerung der Wohlhabenden erreicht werden, durch Anleihen (die traditionelle Defizitfinanzierung, wie sie Keynes vorgeschlagen hat) oder indem Geld »gedruckt« und den Arbeitslosen gegeben wird (was gleichbedeutend ist mit der Verteilung der Kosten auf die gesamte Bevölkerung in Gestalt einer leicht erhöhten Inflation oder einer Abwertung der Währung). In jedem Fall wird, so glauben wir, das Wohlergehen zunehmen.

Ein höheres Arbeitslosengeld hilft auch den Beschäftigten insofern, weil es ihnen dann leichter fällt, schlecht bezahlte Stellen oder solche mit gefährlichen Arbeitsbedingungen abzulehnen oder auch die Forderung nach Überstunden zurückzuweisen. So wird die Ausbeutung der Beschäftigten erschwert. Ein höheres Arbeitslosengeld verschiebt das Verhältnis Arbeitgeber/Arbeitnehmer ein wenig zugunsten der Beschäftigten, was ebenfalls im Interesse der Mehrheit der Bevölkerung liegt.

Es überrascht nicht, dass ein hohes Arbeitslosengeld bei Unternehmern auf Widerstand stößt, da sie selbst in der Regel nicht auf solche Leistungen angewiesen sind und doch ihren Anteil dazu beitragen müssen. Klar ist aber auch, dass das Arbeitslosengeld unter dem Durchschnittslohn liegen muss, damit die Erwerbsfähigen einen Anreiz haben, sich um eine bezahlte Beschäftigung zu bemühen.

Für viele nicht ganz klar ist hingegen die positive Langzeitwirkung eines hohen Arbeitslosengeldes auf das Wirtschaftswachstum. Da diese Maßnahme die Schließung nicht wettbewerbsfähiger Betriebe leichter macht – weil die Arbeitgeber wissen, dass die Arbeitnehmer auch nach ihrer Kündigung noch über ein anständiges Einkommen verfügen –, werden Arbeitskräfte und Kapital eher für neue, produktivere Unternehmen frei. Dies zeigte sich etwa in dem raschen Wirtschaftswachstum der nordeuropäischen Länder im Vergleich zu anderen reichen Volkswirtschaften Europas um die Jahrhundertwende, das unter dem Begriff »Skandinavisches Modell« bekannt wurde.[9] Die Produktivität – wie auch auf lange Sicht die Durchschnittslöhne – nimmt rascher zu, weil es einfacher ist, Menschen von wenig produktiven in hochproduktive Tätigkeiten zu bringen, wenn alle wissen, dass sie in der Übergangszeit über ein existenzsicherndes Einkommen verfügen.

Natürlich werden ein höheres Arbeitslosengeld und somit auch höhere Löhne vielen Arbeitgebern einen Anreiz liefern, mehr in die Mechanisierung und die Automatisierung zu investieren, um Arbeitsplätze abzubauen und ihre Gewinne zu steigern. Aber die Gesellschaft kann diesem Effekt durch Gesetze entgegenwirken, die dafür sorgen, dass der Gewinn der Produktivitätssteigerung gerecht verteilt wird und nicht nur den Besitzern der Maschinen zugute kommt. Dies kann durch die Befolgung unseres ersten Vorschlags – durch eine allmähliche Verkürzung der Jahresarbeitszeit – sowie der weiter unten erläuterten Empfehlungen erreicht werden.

Die Erhöhung des Arbeitslosengeldes führt auch zu einer Steigerung der Nachfrage, weil damit mehr Geld in die Hände jener kommt, denen es materiell weniger gut geht – und weniger auf den Bankkonten der Reichen liegen bleibt. Ein Wachstum der Nachfrage regt zu Neuinvestitionen an und bietet weitsichtigen Unternehmern somit eine zusätzliche Motivation, höhere Arbeitslosengelder zu akzeptieren. Mit anderen Worten, eine Anhebung des Arbeitslosengeldes fördert das Wirtschaftswachstum.

Natürlich besteht unser langfristiges Ziel für die reiche Welt darin, das durchschnittliche Wohlergehen zu steigern. Es besteht nicht darin, das Durchschnittseinkommen und die Nachfrage zu erhöhen, sondern Schritt für Schritt die Produktion und den Konsum schädlicher Güter zu beschneiden, die Emissionen zu senken und den Ressourcenverbrauch zu verlangsamen – und all das bei gleichzeitiger Verminderung der Arbeitslosigkeit und der Ungleichheit. Dazu muss die Wirtschaft umstrukturiert werden, was ohne einen wirksamen Anreiz auf Widerstand stoßen wird. Es bedarf eines kurzfristigen Vorteils, der diese Umstrukturierung für die Mehrheit annehmbar macht. Für Arbeitnehmer stellt eine Erhöhung des Arbeitslosengeldes einen solchen Anreiz dar, für Unternehmer und Reiche gilt das sicher nicht. Das aber ist in einer demokratischen Gesellschaft kaum von Bedeutung, da die letzteren beiden Gruppen politisch eine Minderheit darstellen.

Langfristig – vielleicht im Lauf von 20 Jahren – wird bei einer Absenkung der Arbeitsstunden pro Kopf, wie wir sie vorschlagen, das Durchschnittseinkommen langsamer steigen, ebenso der Material- und Energieverbrauch – mit anderen Worten, der ökologische Fußabdruck pro Person wird kleiner. Dieser »grüne« Wandel kann durch höhere Steuern auf Rohstoffe beschleunigt werden (wir werden dies in Kürze erläutern), wodurch die Kosten für viele Güter steigen, sowie durch eine Absenkung der Einkommensteuern (auch das werden wir noch näher ausführen). Eine solche Umstrukturierung der Wirtschaft wird einfacher und schneller vonstatten gehen, wenn das Arbeitslosengeld erhöht wird. Anders als man vielleicht denkt, vereinfacht dies – bei einem kurzfristig höheren Materialverbrauch – die Reduzierung des Materialverbrauchs in der Zukunft.

Schließlich zwingen höhere Rohstoffsteuern große Unternehmen in der reichen Welt zu einer Größenkorrektur (in Kapitel 11 zeigen wir, dass dies nicht unbedingt auch für die arme Welt gilt). Mit anderen Worten, »schmutzige« Branchen werden schrumpfen müssen, damit der schädliche Durchfluss von Rohstoffen und die daraus folgenden Treibhausgasemissionen abnehmen.

Natürlich werden sich die Reichen und die großen Unternehmen heftig gegen solche Veränderungen sträuben und behaupten, das alles sei ungerecht, führe zu Kostensteigerungen und weite die Rolle des Staates zu sehr aus. Aber noch einmal: Unsere Ideen sollten realisiert werden, weil sie im Interesse der demokratischen Mehrheit liegen. Wenn die meisten Menschen in der industrialisierten Welt feststellen, dass sie auch mit weniger Arbeit einen annehmbaren Lebensstandard haben können – allerdings mit weniger Kinkerlitzchen – und dies sogar in der Zeit zwischen zwei Anstellungen, dürften sich wohl die meisten für diese bessere Richtung entscheiden.

Aus unserer Perspektive muss sich das Wirtschaftssystem in der reichen Welt ohnehin in diese Richtung verändern, weil es keine andere (friedliche) Möglichkeit gibt. Mit der Aussicht auf zunehmende Arbeitslosigkeit und Ungleichheit durch die Automatisierung und eine nur langsame Entstehung neuer Arbeitsplätze liegt die Fortsetzung des bisherigen Wegs auch nicht im langfristigen Interesse der Unternehmer und der Reichen. Ohne einen anderen Pfad einzuschlagen, wird es immer weniger Arbeitsplätze, mehr Rentner, abnehmende Bevölkerungszahlen und eine sinkende Nachfrage geben. Somit wird auch weniger konsumiert. Und das wird zu Lasten der Unternehmen und auch der Banken gehen, denn dann sind immer weniger Menschen in der Lage, ihre Schulden zu begleichen. Unternehmen und Reiche sollten also ein höheres Arbeitslosengeld und ein dadurch ausgeglicheneres Wirtschaftssystem begrüßen. Allerdings kann das eine Weile dauern.

Die Umverteilung von Reichtum, Arbeit und Einkommen durch Maßnahmen wie Erhöhung der Arbeitslosenunterstützung und Reduzierung der Jahresarbeitsstunden ist die beste Methode, um Unternehmen und Banken in der industrialisierten Welt eine stabile ökonomische Zukunft zu garantieren, weil diese Schritte mehr Geld in die Taschen der Armen spülen. Sie ermöglichen es den weniger Wohlhabenden, mehr Geld auszugeben, womit der wirtschaftliche Niedergang, der einige Sektoren treffen wird, für Unternehmen, Investoren und Banken leichter zu bewältigen ist. Die wirtschaftliche Entwicklung wird für alle berechenbarer.

Der Vorschlag, die Arbeitslosenunterstützung zu erhöhen (finanziert durch höhere Steuern auf den Rohstoffverbrauch, die von den Reichen und den Unternehmen bezahlt werden, und in Kombination mit geringerer Besteuerung der Arbeit, um Unternehmer zum Erhalt von Arbeitsplätzen zu motivieren) erfüllt ebenfalls unsere Kriterien: Die Anhebung des Arbeitslosengeldes bringt der demokratischen Mehrheit unmittelbaren Gewinn, und zwar auch denen, die einen Arbeitsplatz haben. Außerdem bringt sie den zusätzlichen Vorteil einer größeren langfristigen Wirtschaftsstabilität mit sich. Sie trägt zu mehr Gleichheit bei und sie erschwert die Ausbeutung. Eine Anhebung des Arbeitslosengeldes wird die Verbindung von Arbeit und Wachstum kappen. Sie macht es leichter, die Produktion schädlicher Güter zu reduzieren, weil die Schließung kohlenstoffintensiver Industriebetriebe nicht mehr als Bedrohung von Arbeitsplätzen gesehen wird, sondern als erster Schritt hin zu einer klimafreundlicheren Wirtschaft. Die Menschen werden sich sicherer fühlen, weil sie wissen, dass es keine finanzielle Katastrophe für sie bedeutet, wenn sie ihren momentanen Arbeitsplatz verlieren.

Manche mögen uns für Träumer halten. Die Hoffnung, dass Politiker unsere Vorschläge übernehmen und langfristige Maßnahmen ergreifen, die den Bedürfnissen der Mehrheit gerecht werden, scheint unrealistisch. Schließlich weist der gegenwärtige wirtschaftliche Trend in vielen Ländern der reichen Welt in die entgegengesetzte Richtung. Dort sind die Regierungen bestrebt, die Sozialleistungen zu kürzen, Menschen zu irgendwelchen Arbeiten zu »zwingen« und die öffentlichen Ausgaben im Namen der Austerität gering zu halten. »Der Markt« werde das Problem der Arbeitslosigkeit lösen, sagen sie, und der Einzelne müsse selbst die Verantwortung für sein Wohlergehen tragen.

Unternehmer unterstützen dieses Denken, weil dessen Umsetzung ihnen einen Pool potenzieller Arbeitnehmer zur Verfügung stellt, aus dem sie auswählen können, und es ihnen ermöglicht, die Löhne zu drücken. Doch dieses Denken hat die Kluft zwischen Armen und Reichen stetig vertieft, die Obdachlosigkeit steigen und die Durchschnittseinkommen sinken lassen. Dieses Denken ist nicht nachhaltig!

Die gegenwärtige Praxis kann nur begrenzt weiterbetrieben werden. Wenn die industrialisierte Welt einen Rückfall in Sozialstrukturen vermeiden will, wie sie zum Teil bis ins 20. Jahrhundert hinein herrschten, als die Kluft zwischen Arm und Reich extrem groß war und weitgehend als natürlich galt, muss sich etwas ändern. Die Ungleichheit muss abnehmen.

An diesem Punkt wollen wir nicht unerwähnt lassen, dass es auch eine Möglichkeit gibt, das Geld für die Anhebung des Arbeitslosengeldes und die Verminderung der Ungleichheit ohne Erhöhung der Unternehmenssteuern zu generieren: Wo der Staat die Kontrolle über seine Währung hat, könnte er einfach das nötige Geld »drucken«, um den Arbeitslosen ein existenzsicherndes Einkommen zu verschaffen, ohne dem Privatsektor auch nur im Geringsten zur Last zu fallen. In vernünftigem Rahmen umgesetzt, wäre die Folge schlicht eine geringfügig höhere Inflation, durch die die Kosten auf die gesamte Gesellschaft verteilt würden. Eine solche Maßnahme würde sich noch positiver auf das allgemeine Wohlergehen auswirken, wenn die Arbeitslosen aufgefordert würden, während der staatlichen Unterstützung einer nützlichen Tätigkeit nachzugehen. Diese Möglichkeiten werden wir an späterer Stelle näher beleuchten.

5. Erhöhung der Steuern für Unternehmen und Reiche

Wie wir bereits ausführlich gezeigt haben, ist eines der großen Probleme unserer Zeit die sich vertiefende Kluft zwischen Arm und Reich. Wenn sich reiche Länder von dieser Entwicklung befreien sollen, muss das bisherige Einkommen der Reichen wenigstens teilweise zu den Armen umgelenkt werden, das heißt, zur Mehrheit derer, die gegenwärtig weniger als ihren gerechten Anteil vom Kuchen kriegen.

Unsere ersten vier Vorschläge für ein besseres Wirtschaftssystem zielen darauf ab, das Wohlbefinden des Durchschnittsbürgers durch eine Erhöhung des Grundeinkommens für alle (für die Arbeitslosen, die alten Menschen und diejenigen, die unbezahlt Pflegedienste leisten) und durch eine Verteilung der verfügbaren bezahlten Arbeit zu stärken. Auf lange Sicht muss dies durch ein langsameres Konsumwachstum von allen gemeinsam bezahlt werden. Kurzfristig können diese Maßnahmen umgesetzt werden, indem Unternehmen ihren Beschäftigten bei einer Verkürzung der Jahresarbeitszeit denselben Lohn zahlen wie gegenwärtig. Doch das wird nicht ausreichen. Wenn unsere Vorschläge langfristig tragfähig sein sollen, müssen die Steuern für Unternehmen und Reiche erhöht werden. Im Folgenden werden wir kurz die Besteuerung der Automatisierung, die Erbschaftssteuer und die Steuern auf den Rohstoffverbrauch erläutern.

Seit einigen Jahrzehnten drücken sich große Unternehmen geschickt vor der Zahlung von Steuern und damit auch vor ihrer sozialen Verantwortung. Die Wenigsten verstoßen dabei gegen

27 Ist es möglich, mehr Arbeitsplätze zu schaffen, indem man den Reichen etwas wegnimmt und es den Armen gibt?

Ja. Meist führt dies kurzfristig zu einer erhöhten Nachfrage. Das liegt schlichtweg daran, dass die Armen dazu neigen, ihr gesamtes Einkommen auszugeben – in der Regel für elementare und wesentliche Dinge –, während die Reichen einen Teil ihrer Einkünfte sparen, da sie mehr verdienen, als sie ausgeben müssen. Die Umverteilung von Geld von den Reichen zu den Armen hat deshalb unmittelbar eine Zunahme der Gesamtnachfrage nach Konsumgütern und Dienstleistungen zur Folge. Nimmt man einem Reichen 1.000 Dollar weg, verringert sich lediglich der Betrag, den er auf die hohe Kante legen kann. Gibt man dieses Geld einem Armen, wird er sich dafür umgehend Lebensmittel, Fahrkarten, Eintrittskarten, Kleidung und so weiter kaufen, besonders, wenn er davon ausgehen kann, dass dieser zusätzliche Geldregen regelmäßig niedergeht. Und wenn dies der Fall ist, wird er auch für den täglichen Bedarf mehr ausgeben (während er, falls es sich um einen einmaligen Geldregen handelt, die Summe für die Tilgung von Schulden nutzen könnte und damit wieder nur die Liquidität der Reichen erhöhen würde).

Wenn ein solcher Geldtransfer von Reich zu Arm anhält, steigt die Nachfrage nach Gütern und Dienstleistungen, was die Produktion ankurbelt. Die Folge ist wiederum, dass neue Arbeitsplätze entstehen und die Löhne steigen. Damit nimmt die Nachfrage weiter zu. Mit anderen Worten, es kommt zu einem erhöhten Wirtschaftswachstum. Natürlich wäre die abnehmende Sparquote der Reichen gleichbedeutend mit einer Verringerung ihres Vermögens und daher auch ihrer Möglichkeiten, Investitionen zu tätigen. Anders ausgedrückt, würde damit womöglich die Zahl der neu entstehenden Arbeitsplätze sinken. Doch dieser Effekt ist nicht sehr ausgeprägt und kommt erst nach längerer Zeit zum Tragen.

In den entwickelten Volkswirtschaften mit ihrer ungleichen Verteilung des Reichtums werden Investitionsentscheidungen eher von unbefriedigter Nachfrage beeinflusst als von der Verfügbarkeit ungenutzter Kapitalreserven.

In der Praxis kann der Staat einen stetigen Transfer von den Reichen zu den Armen auf zweierlei Weise herbeiführen. Er kann den Reichen dauerhaft höhere Steuern auferlegen und die so gewonnenen Einnahmen an die Armen weiterreichen. Oder er »druckt« Geld und verteilt es unter den Armen. Im ersten Fall wird die ganze Rechnung von den Reichen beglichen. Im zweiten Fall bezahlt die Allgemeinheit die Rechnung, indem sie eine (leicht) erhöhte Inflation in Kauf nimmt, die möglicherweise eintritt, wenn der Staat zu viel Geld in Umlauf bringt.

Schließlich möchten wir darauf hinweisen, dass der Erfolg einer Umverteilung von den Reichen zu den Armen ausfällt, wenn Arbeitslosigkeit herrscht. Denn die damit entstehende neue Nachfrage führt zur Schaffung neuer Stellen, die von den zuvor Arbeitslosen besetzt werden könnten, ohne dass dadurch das Lohnniveau allzu sehr steigt. Das bekannteste Beispiel hierfür ist die öffentliche Verschuldung für die Infrastruktur in den Vereinigten Staaten während der Depression in den 1930er Jahren.

Natürlich wehren sich reiche Leute meistens gegen solche Umverteilungsmaßnahmen zugunsten der Armen. Erstens gefällt es ihnen nicht, dass sie mehr bezahlen müssen, was ja nicht weiter überrascht. Und zweitens sehen sie es lieber, wenn alles Geld ihnen zufließt, damit sie es investieren können und selbst in den Genuss der Renditen kommen. Dass ihre Investitionen zur Entstehung neuer Arbeitsplätze führen, spricht ihrer Meinung nach für sie. In Wirklichkeit werden aber noch mehr neue Arbeitsplätze – und obendrein schneller – geschaffen, wenn man das Geld, das sie investieren wollen, den Armen gibt.

Gesetze, vielmehr nutzen sie hochkomplexe gesetzliche Regelungen aus und gründen verschiedene Holdinggesellschaften mit Sitz an obskuren Orten, wo man sie nur begrenzt kontrollieren kann. Dies ist aus mehreren Gründen ungerecht.

Erstens gewinnen diese großen, weltweit operierenden Unternehmen damit einen Wettbewerbsvorteil, da sie geringere Kosten haben als kleinere, heimische Konkurrenten, die im Stammland registriert und dort steuerpflichtig sind. Zweitens profitieren diese Konzerne von der sozialen Infrastruktur, im Rahmen derer sie tätig sind – von den Straßen, Flughäfen und Schienennetzen beispielsweise, die in der Regel staatlich finanziert sind –, tragen aber die Kosten dafür nicht mit. Dies gilt insbesondere für Unternehmen im Finanz- und Bankensektor, die systematisch Gewinne und Kapital ins Ausland verlagern, um Steuern zu vermeiden, ihren Sitz aber in einem internationalen Finanzzentrum haben, das über eine umfassende Infrastruktur verfügt. Wenn sie dann in Schwierigkeiten geraten, lassen sie sich vom Staat retten.

Paradoxerweise – zumindest aus einer gesamtgesellschaftlichen Perspektive – haben Regierungen in den letzten Jahrzehnten diese Steuerflucht zunehmend gefördert. Der Grund dafür ist, dass die Ideologen des freien Markts den Politikern eingeredet haben, weniger Regulierung und mehr Freiheit für die Wirtschaft steigere das Wachstum, und man müsse es »dem Markt« überlassen, für eine Korrektur zu sorgen. Darum unterbieten sich einige Länder gegenseitig mit niedrigen Unternehmenssteuern in der Hoffnung, dass ihnen Konzerne Investitionen, Arbeitsplätze und Wohlstand bringen.

Doch diese Hoffnung hat sich nicht erfüllt. Während kaum umfassende Investitionen durch große Unternehmen getätigt und keine nennenswerten Arbeitsplätze geschaffen wurden, haben hunderte skrupellose Firmen einfach ihre Zentralen in Steueroasen oder kleine Länder verlegt, in denen ihre internationalen Gewinne nur gering besteuert und ihre Aktivitäten kaum reguliert werden. Darüber hinaus stellen sie dort meist nur wenig Personal ein. Dann lassen sie in Niedriglohnländern produzieren, wo zudem Umweltschäden durch die Industrie kaum sanktioniert werden und es leichter ist, Aufträge an Subunternehmen zu erteilen, um Sozialabgaben zu umgehen; von dort aus können sie ihre Waren ins Ausland verschicken, ohne in dem Land selbst Mehrwertsteuern zu entrichten.

Aus Sicht der Unternehmen erscheint das alles natürlich sinnvoll, weil es die Quartalsergebnisse in die Höhe treibt, die von der Wall Street und den Rankingagenturen so genau beobachtet werden. Es führt bisweilen sogar dazu, dass die Unternehmen Länder gegeneinander ausspielen, um den besten Deal zu machen, und sie dann noch dazu überreden, Steuerabsprachen geheim zu halten.

Doch aus gesamtgesellschaftlicher Sicht ist nichts von alledem vernünftig.

Als eine Folge dieser Entwicklungen bezahlen heute viele multinationale Konzerne weniger Steuern als vor 35 Jahren. Zwischen 1980 und 2010, als die US-Wirtschaft um 145 Prozent wuchs, stiegen die Unternehmensgewinne nach Steuern um 240 Prozent[10] und seither legen sie noch rasanter zu. Im Jahr 2013 machten die Unternehmensgewinne in den Vereinigten Staaten fast 10 Prozent des Nationaleinkommens aus und brachen damit den Rekord von 1929, während die Löhne und Gehälter der Arbeitnehmer, die nur 40 Prozent der nationalen Wirtschaftsleistung ausmachten, ihren historischen Tiefpunkt erreichten.[11]

All das zeigt, dass die Konzerne – und der Staat durch seine direkte Unterstützung der Wirtschaft – die Verhandlungsmacht der Unternehmen gestärkt und die Gesellschaft gezwungen haben, die Kosten für die Mittellosen, die Arbeitslosen, die Alten und die Umweltschäden zu tragen.

Ein wichtiges Ziel unserer Vorschläge für ein besseres Wirtschaftssystem – und eine bessere Welt – besteht daher darin, dieses Ungleichgewicht durch eine allmähliche Erhöhung der Steuern für Wohlhabende und umsatzstarke Unternehmen zu korrigieren.

Viele Wege führen zu diesem Ziel, doch sie erfordern ein gewisses Maß an internationaler Zusammenarbeit. Steuererhöhungen werden, sofern sie durchsetzbar sind, allmählich die Wirtschaftsstruktur verändern. Es entsteht eine stärkere Nachfrage nach öffentlichen Dienstleistungen (nach den Dingen, die mit den höheren Steuereinnahmen bezahlt werden), während die Nachfrage nach Investitionsgütern abnimmt (nach den Dingen, die Wohlhabende und reiche Unternehmen mit ihrem vielen Geld erwerben). Kurzfristig führt dies zu einem höheren Konsumwachstum, langfristig aber wird dieses Wachstum geringer ausfallen, weil weniger Produktionskapazitäten geschaffen werden. Während des Übergangs kann es zu einem zeitweiligen Anstieg der Arbeitslosigkeit und zur Verminderung der Unternehmensgewinne kommen, langfristig aber ist das nicht der Fall: Höhere Steuern verändern lediglich die Struktur der Wirtschaft.

Wenn der Staat so klug ist, einen Teil des neu gewonnenen Steueraufkommens im Sinne des Gemeinwohls zu investieren, also etwa in höhere Energieeffizienz, die Verringerung der Treibhausgasemissionen und eine sauberere Umwelt, könnten mit den neuen Steuern nicht nur das BIP und Arbeitsplätze erhalten, sondern auch Produktion und Konsum materieller Güter reduziert werden, womit sich auch der ökologische Fußabdruck des Menschen verkleinert. Eine angemessene Besteuerung von Unternehmen ermöglicht es außerdem, nach und nach den Zeithorizont des Banken- und Finanzsektors zu vergrößern; damit wird das Gefahrenpotenzial verringert, das dieser Sektor im Moment für die Wirtschaftsstabilität birgt, weil er nur auf kurzfristige Schwankungen schielt und sie fördert.

Unternehmenssteuern lassen sich auf verschiedenen Wegen erhöhen. Die einfachste Methode ist die Erhöhung der Mehrwert-

oder Gewinnsteuer, vor allem, wenn dies, wie bereits erwähnt, in Abstimmung mit allen Ländern der reichen Welt stattfindet.

Andere Methoden wären etwa die Einführung einer Finanztransaktionssteuer, die Abschaffung bestimmter Privilegien wie zum Beispiel der Möglichkeit, Zinsen abzusetzen, ferner die Erhöhung der Vermögenssteuer, um den Kommunen mehr Einnahmen zu verschaffen, oder die Beteiligung der Unternehmen an den Kosten der Infrastruktur etwa durch die Einführung von Mautgebühren.

Intelligent eingesetzt, kann mit diesen Steuern sogar der ökologische Fußabdruck eines Landes verkleinert werden. Die Gesellschaft kann Unternehmen angemessen für ihre externen Effekte bezahlen lassen (diese werden wir später erläutern), insbesondere, wenn es um CO_2 und Umweltschäden geht. Und man könnte sogar die Lobbyarbeit und die Werbemaßnahmen der Unternehmen einschränken, wenn sie den Interessen der demokratischen Mehrheit zuwiderlaufen. Mit anderen Worten, Steuern können dazu verwendet werden, allmählich das Verhalten und die Haltung nicht nur von Unternehmen und Banken zu verändern, sondern der Gesellschaft insgesamt.

Die Frage ist natürlich, wie man die Zustimmung zu politischen Empfehlungen erreicht, die zu höheren Steuern raten. Während die Mehrheit der Menschen von höheren Unternehmenssteuern profitieren würde – weil sie Einkommen von oben nach unten verteilen –, so gilt doch auch, dass die Mehrheit gegenwärtig keinerlei Steuererhöhungen gutheißt, und zwar nicht einmal, wenn sie nur den Unternehmen auferlegt werden.

Das Misstrauen gegenüber Steuererhöhungen rührt daher, dass man den Menschen weismacht, höhere Unternehmenssteuern würden zum Abbau von Arbeitsplätzen führen. Tatsächlich verlagern höhere Unternehmenssteuern die Arbeit vom Konsumsektor – also von Unternehmen, die Konsumgüter herstellen – auf andere Wirtschaftsbereiche, zum Beispiel in den öffentlichen Sektor und in den Infrastrukturbereich. Höhere Unternehmenssteuern vermindern also den Konsum, während BIP und Arbeitsplätze erhalten bleiben. Diese Fehleinschätzung, was die Erhöhung von Unternehmenssteuern betrifft, wird natürlich heftig von jenen gefördert, die diese zusätzlichen Steuern bezahlen müssten. Sie wenden beträchtliche Mühe und sehr viel Geld auf, um bewusst Verwirrung zu stiften und ständig auf die kurzfristigen negativen Folgen hinzuweisen.

Höhere Unternehmenssteuern werden nicht nur nötig sein, um Unternehmen und Banken wieder auf Kurs zu bringen, die Kosten für höhere Sozialleistungen aufzubringen und auf diese Weise die Einkommensunterschiede ein wenig zu korrigieren. Sie werden auch benötigt, um die Kosten des Klimawandels zu decken, die mit der Erderwärmung und den dadurch ausgelösten zunehmenden Schäden steigen. Mit anderen Worten, höhere Unternehmenssteuern werden auch deshalb benötigt, damit die Gesellschaft all jene Maßnahmen bezahlen kann, die keinen Profit bringen, aber unabdingbar sind, um eine bessere Welt zu schaffen – eine Welt mit weniger Arbeitslosigkeit, weniger Ungleichheit und einem eingedämmten Klimawandel. Dafür wird der Staat einen größeren Anteil am Nationaleinkommen benötigen.

Eine weitere Möglichkeit, diese Ziele zu erreichen, besteht darin, unsere nächste Empfehlung zu beherzigen: die Ausweitung der staatlichen Ausgaben oder, wie wir es lieber nennen, grüne Konjunkturpakete.

6. Mehr grüne Konjunkturpakete, finanziert durch die Druckerpresse oder Steuererhöhungen

Wie haben erörtert, dass in reichen Gesellschaften der Staat mehr Geld benötigt, wenn das durchschnittliche Wohlbefinden erhöht werden soll. Er braucht dieses Geld in erster Linie für öffentliche Güter und Dienstleistungen – um beispielsweise auf die Auswirkungen des Klimawandels zu reagieren, die Rohstoffeffizienz zu erhöhen, die Artenvielfalt zu erhalten und die Mittellosen zu unterstützen. Die Finanzierung dieser kollektiven Maßnahmen durch den Staat ist deshalb nötig, weil sie (noch) nicht genügend Gewinn abwerfen, um private Investoren anzulocken. Das heißt, die Gesellschaft kann nur mit zusätzlichen Mitteln das Wohlergehen langfristig steigern und darf sich nicht auf das beschränken, was in unmittelbarer Zukunft Gewinn bringt.

Gemeinschaftliche Maßnahmen, die nicht auf Profit ausgerichtet sind, wie zum Beispiel die Förderung erneuerbarer Energien, können durch Steuererhöhungen finanziert werden, aber auch, indem man Geld »druckt«. Die Druckerpressen anzuwerfen hat den Vorteil, dass die Kosten als eine leicht erhöhte Inflation gleichmäßig auf die Gesellschaft verteilt werden. Dieses Vorgehen könnte auch in der Politik Zustimmung finden, teils weil damit eine Reihe interessanter neuer Arbeitsplätze im »Sanierungssektor« entstehen. Dabei können jene »grünen Konjunkturpakete« als Modell dienen, die manche reiche Länder nach der Finanzkrise im Jahre 2008 geschnürt haben. Sie wurden damals sogar von den Reichen befürwortet, weil sie zur Steigerung des Wirtschaftswachstums (und somit zum Profit der Unternehmen) beitrugen.

Ein Beispiel für ein durch Gelddrucken finanziertes Konjunkturpaket sind die 800 Milliarden Dollar, die auf Beschluss des chinesischen Volkskongresses 2014 in den nachfolgenden zehn Jahren für Maßnahmen zur Reinigung der Luft und des Wassers im Land verwendet werden sollen. Unter anderem werden damit etwa acht Millionen chinesische Ingenieure und andere Beschäftigte bezahlt, die weder Konsumgüter produzieren noch Dienstleistungen liefern. Diese Menschen werden mit frisch gedrucktem Geld entlohnt, das sie natürlich für Lebensmittel, Wohnungen und Freizeitbeschäftigungen ausgeben, womit die Inlandsnachfrage in die Höhe schnellen wird. Der Kampf gegen die Luftverschmut-

28 Wie können (grüne) Konjunkturpakete die Wirtschaftsleistung und die Beschäftigung erhöhen?

Konjunkturpakete – in der Regel finanziert durch Kreditaufnahme des Staates, unter Umständen aber auch durch das Anwerfen der Gelddruckmaschinen – waren in den Vereinigten Staaten das Mittel der Wahl während der Großen Depression in den 1930er Jahren. Damals ließ die amerikanische Regierung zusätzliches Geld drucken, um die Kosten von Infrastrukturmaßnahmen (wie beispielsweise Straßenbau und die Schaffung von Nationalparks) aufzubringen. Die Erwerbstätigen wiederum gaben das dabei verdiente Geld für Lebensmittel, Alkohol, Verkehrsmittel und Heizung aus und schufen damit neue Nachfrage nach diesen Gütern. Die Unternehmen erkannten die zusätzlichen Profitmöglichkeiten und schufen die notwendigen Produktionskapazitäten, um diese Nachfrage zu bedienen.

Die direkte Verteilung von Geld an die Beschäftigten, die dafür nützlichen Tätigkeiten nachgehen konnten (idealerweise außerhalb der kommerziell orientierten Sektoren), belebte auch den Markt für konventionelle Konsumgüter und Dienstleistungen.

In diesem besonderen Fall reichten die Konjunkturprogramme des Staates natürlich nicht aus, um die Arbeitslosigkeit zu beseitigen. Das wurde erst mit der enormen Stimulierung durch die »Kriegsanstrengungen« erreicht, die mit der Produktion militärischer Ausrüstung in großem Umfang geschah und durch die tausende Arbeitsplätze entstanden. Im Jahr 1945, drei Jahre nach dem Eintritt der Vereinigten Staaten in den Krieg, gingen sage und schreibe 37 Prozent des amerikanischen BIP (und wahrscheinlich auch der Arbeitsplätze) auf das Konto der Rüstungsindustrie, nur noch wenige Menschen waren arbeitslos.

Das erklärt, warum die nach der Finanzkrise von 2008 aufgelegten Konjunkturpakete, die sogenannte »Quantitative Locke-

> rung«, die wir bereits diskutiert haben, nicht die erhoffte Wirkung zeitigte. Das Geld floss nämlich nicht den Arbeitslosen, sondern den Reichen zu. Die aber fanden keine Investitionsmöglichkeiten, weil es keine unbefriedigte Nachfrage gab, und so missbrauchten sie das neue Geld, um die Preise für andere Anlagegüter in die Höhe zu treiben (Immobilien, Aktien und so weiter). Die Arbeitslosigkeit blieb weiterhin auf hohem Niveau und das BIP-Wachstum gering.

zung wird sich also genauso segensreich auswirken wie die amerikanischen Konjunkturpakete in der Zeit der Depression.

Die langfristige Steigerung des durchschnittlichen Wohlergehens in China (beziehungsweise in den Vereinigten Staaten), verbunden mit der Schaffung neuer Arbeitsplätze in kurzer Zeit, war eine politische Entscheidung. Natürlich bringt sie kurzfristig Kosten mit sich – die wohlweislich heruntergespielt werden –, und zwar insofern, als man ein höheres Konsumwachstum erreicht hätte, wenn man mit demselben Geld (demselben Konjunkturanreiz) dieselben Menschen für die Produktion von Konsumgütern und die Bereitstellung von Dienstleistungen bezahlt hätte.

7. Besteuerung fossiler Brennstoffe und faire Verteilung der Erlöse auf alle Bürger

Im Jahr 1988 war James Hansen, damals Direktor des NASA Goddard Institute für Weltraumforschung und heute Professor an der Columbia University, der erste Wissenschaftler, der bei einer Anhörung des US-Senats eindringlich schilderte, dass die vom Menschen erzeugten Treibhausgase entscheidend zur Erderwärmung und zum Klimawandel beitragen. Seither kämpft er an vorderster Front darum, dass die Menschheit ihren Kurs ändert. Wir möchten seinen zentralen Vorschlag für die USA eindringlich unterstützen und ihn hier in leicht abgewandelter Form als unsere siebte Empfehlung für eine bessere Welt vorstellen.

Ursprünglich als »Dividendensteuer« und später wegen des unüberwindlichen Widerstands gegen jegliche neuen Steuern in den USA als »Dividendengebühr« bezeichnet, ist Hansens vorgeschlagene Maßnahme eine einfache Möglichkeit, die Kosten für fossile Brennstoffe zu erhöhen, ohne dass die Armen darunter zu leiden haben. Hansen tritt für die Einführung einer CO_2-Steuer ein, zunächst in geringer Höhe und dann ansteigend, bis sich das Investitionsverhalten der Länder verändert und damit ihr Emissionsniveau. Doch im Gegensatz zu anderen Steuern sollen die Einnahmen zu 100 Prozent direkt an die Bürger zurückfließen, und zwar so, dass jeder denselben Betrag erhält.

Eine CO_2-Steuer in dieser Form würde jeder Familie eine stetige zusätzliche Einnahme verschaffen und allen einen Anreiz geben, weniger fossile Energie zu verbrauchen. Außerdem würde dies die Konkurrenzfähigkeit nicht fossiler Energiequellen wie Sonne, Wind und Biomasse erhöhen und somit Investitionen in diesen Sektor fördern. Darüber hinaus erhielte die Industrie einen Anreiz, in Technologien zur Verminderung der CO_2-Emissionen zu investieren.

Dividendensteuern – oder »Besteuerung und Verteilung«, wie wir dies Konzept lieber nennen – hat einen sichtbaren Umverteilungseffekt. Es nimmt den Reichen (die am meisten Energie verbrauchen) etwas und gibt es an die Armen weiter (die wenig Energie verbrauchen). Damit dürfte »Besteuerung und Verteilung« für die Mehrheit der Menschen eine annehmbare Option sein.

Leider wurde Hansens Konzept nicht umgesetzt, vor allem weil damit die Konkurrenzfähigkeit energieintensiver Exportprodukte geschwächt worden wäre, aber auch wegen der tief verwurzelten Abneigung gegen jede Form neuer Steuern in den USA. Womöglich aber hat es in anderen Teilen der Welt mehr Chancen, in Ländern, die höheren Steuern offener gegenüberstehen – vor allem Steuern, die zur Steigerung des allgemeinen Wohlergehens der Bevölkerung und der Umwelt beitragen – und denen der Gedanke, die heimische Wirtschaft durch Zölle auf ausländische, energieintensive Produkte zu schützen, weniger fremd ist.

Die Steuer würde zwar an der Quelle erhoben – also bei den Unternehmen, die Erdöl oder Kohle fördern –, lässt sich aber folgendermaßen leicht verständlich erklären: Die Amerikaner verbrauchen pro Jahr etwa 511 Milliarden Liter Benzin und knapp 175 Milliarden Liter Diesel. Wenn jeder Liter mit etwa 0,26 Dollarcent besteuert und die Einnahmen zu gleichen Teilen unter allen Erwachsenen verteilt würden, erhielte jeder 550 Dollar, ein Ehepaar 1.100 Dollar im Jahr. Diese Summe könnte in Monatsbeträgen auf ihre Bank oder mit einem Scheck ausgezahlt werden. Dazu wäre nichts weiter nötig als eine Sozialversicherungsnummer, was den unregistrierten Einwanderern einen zusätzlichen Anreiz gäbe, sich ins Melderegister eintragen zu lassen. (Kinder würden keine Zahlungen erhalten, weil dies das Bevölkerungswachstum anregen würde.)

Natürlich müssten dann Besitzer von Autos und SUVs (Sports Utility Vehicles) mehr für ihr Benzin bezahlen. (Ein Aufschlag von 0,26 Dollarcent auf einen Liter Benzin oder Diesel ist deutlich weniger, als der Preis dafür in den letzten zehn Jahren gestiegen ist, weshalb diese Regelung sicher tragbar wäre.) Im Durchschnitt müsste jeder etwa 675 Dollar mehr pro Jahr für Kraftstoff aufbringen.[12]

Ein Paar mit zwei Autos und der durchschnittlichen Zahl an Fahrtkilometern würde also schlechter wegkommen. Hätte das Paar nur ein Auto oder aber zwei Autos mit einem Durchschnittsverbrauch wie in Europa (4,7 Liter pro 100 Kilometer oder noch weniger), würde es bei dieser Regelung besser abschneiden.

Das Konzept »CO_2-Steuern und Verteilung« gibt den Menschen einen direkten Anreiz, weniger mit dem Privatauto zu fahren und

Fahrzeuge mit geringem Spritverbrauch zu kaufen. Familien, die zwei SUVs mit einem Verbrauch von jeweils bis zu 13 Litern unterhalten, könnten also, wenn sie sich stattdessen zwei kleinere Autos zulegten und außerdem ihre Fahrtkilometer pro Jahr um 25 Prozent verminderten, für diese geringe Einbuße an Bequemlichkeit ihr Jahreseinkommen um 850 Dollar erhöhen. Und damit würde auch der Abgasausstoß drastisch sinken.

Für zehntausende Haushalte in den Vereinigten Staaten, die kein Auto besitzen – meist weil sie zu arm sind – würde diese verteilte Steuer einem direkten Geldsegen gleichkommen.

Die Besteuerung von Kohle und Erdgas in derselben Weise konzipiert würde das Einkommen der Menschen noch weiter erhöhen und zusätzlich vom Verbrauch fossiler Energie abschrecken. Wie bereits erwähnt, wäre hier die einfachste Methode, die Abgabe bei der Produktion zu erheben, weil es unkomplizierter ist, einige wenige Unternehmen zu besteuern statt hunderte Millionen Endverbraucher. Die Konzerne würden die Steuern durch höhere Preise an die Konsumenten weiterreichen.

»Besteuerung und Verteilung« erfüllt also unsere Kriterien: Die Mehrheit würde sie wahrscheinlich begrüßen, denn die meisten profitieren davon. Nur den Reichen und denjenigen, die hemmungslos Energie verschwenden und die meisten Emissionen erzeugen, wird unser Vorschlag nicht gefallen. Immerhin aber bekämen sie damit einen Anreiz, ihre Lebensweise zu verändern.

Die ganze Sache hätte noch einen zusätzlichen Vorteil. Da ein Steueraufschlag von 0,26 Dollarcent pro Liter nicht nur ausreicht, den Energieverbrauch der Konsumenten zu senken, sondern auch das Verhalten der Investoren verändern würde, weil sich die zusätzlichen Steuern auf etwa 100 Dollar pro Tonne CO_2 beliefen, würden viele Maßnahmen zur Reduzierung der Treibhausgasemissionen profitabel.[13]

Darüber hinaus bietet diese Steuer einen Anreiz, zu erneuerbaren Energien zu wechseln, sie ermuntert die Verbraucher, energieeffizientere Geräte zu kaufen, und Hersteller, diese zu produzieren. Die Nachfrage nach energieeffizienten Gebäuden würde steigen. Es würde auch die Leute anregen, das Licht auszuschalten, wenn sie es nicht brauchen, und das Bewusstsein der Bürger für nicht effizient genutzte Energie schärfen. Der Druck, die Beleuchtung von Schaufenstern spätestens um 3:00 Uhr abzuschalten, würde steigen. Autobauer hätten einen starken Anreiz, Kraftfahrzeuge mit niedrigem Verbrauch zu entwickeln, was in den Vereinigten Staaten ohne allzu hohe Investitionen möglich wäre. Viele europäische Autos – selbst die von amerikanischen Firmen in der EU produzierten – kommen mit 3,35 Liter pro 100 Kilometer aus, also mit weniger als einem Drittel des gegenwärtigen Durchschnitts in den USA.

Aber natürlich würden bei einer CO_2-Steuer nicht nur die Kraftstoff- und Energiepreise zunehmen. Auch die Kosten für Lebensmittel und viele andere Güter würden steigen, je nachdem wie viel fossile Energie bei ihrer Produktion und Lieferung verbraucht wird. Dies würde durch andere Vorteile ausgeglichen: Der Verkauf lokaler Produkte würde angekurbelt und es würde weniger Obst und Gemüse aus fernen Ländern importiert (vorausgesetzt, auch sie würden nach ihrem CO_2-Fußabdruck besteuert).

Mit einer höheren Energieeffizienz würde die an jeden Bürger ausgezahlte Dividende natürlich mit der Zeit sinken. Es gibt zwei Möglichkeiten, dies zu umgehen. Erstens könnte man die Steuern stetig erhöhen, um so den Anreiz zu noch mehr Energieeffizienz aufrechtzuerhalten und den Verbrauch fossiler Brennstoffe zu mindern, oder man besteuert etwas anderes in derselben Weise. Man könnte auch beides parallel machen.

Das Prinzip, etwas mit Steuern zu belegen, das der Gesellschaft langfristig Schaden zufügt, lässt sich über fossile Brennstoffe hinaus auch auf andere Dinge anwenden; man macht etwas teurer, schreckt so von der Nutzung ab und die daraus entstehenden Einnahmen verteilt man gleichmäßig auf alle Bürger – damit sie zumindest etwas mehr von der verbotenen Frucht kaufen können, oder, was vernünftiger wäre, um mit dem Geld etwas zu erwerben, das ihre Bedürfnisse in gesellschaftlich verträglicher Weise befriedigt. Straßen, auf denen Mautgebühren erhoben werden, wären solch ein Beispiel, wobei Verkehrsteilnehmer, die in den Stoßzeiten mit dem eigenen Auto fahren, mehr bezahlen müssten. Die Einnahmen würden ebenfalls auf alle verteilt, sodass Bürger unterstützt werden, die mit öffentlichen Verkehrsmitteln unterwegs sind. Dies lässt sich besonders leicht in Städten einführen, in denen bereits eine Umweltmaut eingeführt ist, deren Einnahmen aber gegenwärtig von der Kommune einbehalten werden.

Somit erfüllt die Politik der Besteuerung und Umverteilung unsere Kriterien. Sie kommt der Mehrheit unmittelbar zugute und trägt zur Verminderung der Emissionen bei, was dem Planeten hilft.

8. Verlagerung von der Einkommensbesteuerung auf die Besteuerung von Emissionen und Rohstoffverbrauch

Viele können nur schwer begreifen, dass manche Dinge »unendlich« sind und weder einen Anfang, eine Mitte noch ein Ende haben; andere haben ein ähnliches Problem mit dem Wort »endlich«. Es gibt eine oft zitierte Bemerkung von Kenneth Boulding, dem Umweltberater J. F. Kennedys: »Wer glaubt, dass auf einem physisch begrenzten Planeten irgendetwas Physisches unendlich wachsen kann, ist entweder verrückt oder ein Ökonom.« Es enthält ein Wort, das meist übersehen wird: physisch.

Dabei ist es ein wichtiges Wort, weil die Menschheit das Wirtschaftswachstum zwar unendlich weitertreiben kann, wenn sie will. Ein unendliches Wirtschaftswachstum, das einer ständig zunehmenden Nutzung der physischen Ressourcen der Erde bedarf, ist jedoch nicht möglich, weil diese Ressourcen begrenzt, mithin endlich sind. Und ein unendliches Wirtschaftswachstum, das stetig wachsende Mengen an Treibhausgasen in die Atmosphäre unseres Planeten pumpt, ist ebenfalls undenkbar.

Boulding wies auch darauf hin, dass die Menschheit auf einem riesigen, einsamen Raumschiff lebt – der Erde –, auf dem die verfügbaren natürlichen Ressourcen in den für die Menschheit überschaubaren Zeiträumen nicht nennenswert vermehrt werden könnten. Deshalb ist es unumgänglich, die Nutzung der größtenteils begrenzten Rohstoffe streng zu kontrollieren.

Trotzdem kann die Menschheit so viel Wirtschaftswachstum erzeugen, wie sie will, weil das BIP nach Wert und nicht nach Quantität gemessen wird. Wenn wir dem, was wir tun, einen höheren Wert beimessen, wird das BIP inflationsbereinigt steigen.

Das heißt jedoch nicht, dass es keiner gesellschaftlichen Veränderung bedarf. Die Menschheit muss nicht nur nachhaltige Formen des Wirtschaftswachstums fördern, sondern auch ihren Rohstoffverbrauch und ihre Emissionen senken, deren Niveau gegenwärtig alles andere als nachhaltig ist. Die Gesellschaft braucht ein Wachstum, das ihren ökologischen Fußabdruck verkleinert, die Nutzung der knappen Ressourcen vermindert, Emissionen und Luftverschmutzung reduziert und das Artensterben aufhält. Sie braucht »grünes Wachstum«. Mit einem grünen Wachstum ist es möglich, die schädlichen Folgen menschlichen Handelns für den Planeten zu verhindern und dennoch eine gesunde, lebendige und, falls gewünscht, wachsende Wirtschaft zu haben. Die Gesellschaft muss lediglich aufhören, ein Wirtschaftswachstum zu fördern, das die Nutzung wertvoller, nicht erneuerbarer Rohstoffe der Erde in immer größeren Mengen nötig macht.

Wirtschaftswachstum ist auch möglich durch eine Erhöhung der Ressourceneffizienz, das heißt, der Wertschöpfung pro Tonne der genutzten Ressource. In vielen Industriebereichen ist die Verwendung von Rohstoffen und Energie heute äußerst ineffizient, zum einen weil sie viel zu billig sind, vor allem aber weil sie als Externalitäten gelten.

29 Was ist grünes Wachstum?

In diesem Buch verwenden wir den Begriff »grünes Wachstum« in seiner engsten Definition.

Grünes Wachstum ist eine Steigerung des Bruttoinlandsprodukts (BIP), die mit einer Verringerung des ökologischen Fußabdrucks (ÖF) einhergeht. Es kann das Resultat einer neuen Maßnahme sein (zum Beispiel der Errichtung und des Betriebs einer Abwasseranlage), die zur Emissionsverminderung führt. Oder sie folgt aus dem Ersatz zweier kleiner und schmutziger Fabriken (etwa Papiermühlen) durch eine größere und saubere. Der Grenzfall wäre der Ersatz eines schmutzigen Prozesses (etwa der Produktion von 50.000 umweltschädlichen Autos pro Jahr zum Preis von jeweils 40.000 Dollar) durch eine Produktion, die genau denselben BIP-Wert erzeugt – denselben pro Jahr in das BIP einfließenden Wert –, jedoch mit einem reduzierten ÖF, beispielsweise die Herstellung von 40.000 sauberen Autos pro Jahr zum Preis von jeweils 50.000 Dollar.

In diesem Beispiel beträgt die BIP-Steigerung, die wir als ΔBIP bezeichnen, null. Doch der Wechsel von schmutzigen zu sauberen Autos führt zu einer Verringerung des Fußabdrucks, zu ΔÖF < 0.

Unterm Strich verstehen wir unter grünem Wachstum ΔBIP $\geq$ 0 und ΔÖF < 0.

Andere definieren grünes Wachstum weniger streng. Für sie gilt eine BIP-Steigerung bereits unter der Voraussetzung ΔÖF = 0 als »grün« (zum Beispiel ein Frisör, der häufiger Haare schneidet). Andere gehen sogar so weit, zu sagen, es sei bereits grünes Wachstum, wenn ΔBIP/ΔÖF des neuen Projekts größer sei als bei herkömmlicher Herangehensweise. Ein Beispiel für Letzteres ist, wenn in einem Land ein neues Gaskraftwerk anstelle eines neuen Kohlekraftwerks gebaut wird. Die Erdgasvariante hat ein höheres ΔBIP/ΔÖF als die Kohlevariante, weil mit Erdgas erzeugter Strom pro Kilowattstunde rund zwei Drittel weniger Treibhausgasemissionen freisetzt als Kohlestrom. Wir halten das jedoch nicht für »grün«, sondern behalten dieses Etikett Projekten vor, die den ökologischen Fußabdruck tatsächlich verringern, und verwenden es nicht für Maßnahmen, mit denen lediglich die Vergrößerung des Fußabdrucks reduziert wird.

Wir möchten sicherstellen, dass »grünes Wachstum« zu »Entmaterialisierung« führt (worunter wir einen von Jahr zu Jahr geringeren Ressourcenverbrauch verstehen) und nicht nur zu einer »Entkoppelung« (also eine Steigerung des Ressourcenverbrauchs, die geringer ist als das BIP-Wachstum). Aber wir sind uns im Klaren darüber, dass manche den Begriff anders definieren.

30 Was bedeutet Rohstoffknappheit?[14]

Natürliche Ressourcen (wie Erdöl oder Gold) gelten als »erschöpft«, wenn ihre Förderung zunehmend schwierig ist. Sie sind nur noch in größerer Tiefe, in geringeren Mengen und in unwegsamen Gebieten zu finden oder können lediglich durch Recycling gewonnen werden. Zudem werden sie teurer, weil mehr Arbeit und Kapital notwendig sind, um den bisherigen Fluss (gemessen in Tonnen pro Jahr) aufrechtzuerhalten. Beides steht folglich nicht mehr für die Produktion von Konsumgütern und Dienstleistungen zur Verfügung. Der Effekt der »Rohstoffverknappung« auf der Makroebene ist eine erzwungene Verminderung des Konsums anderer Güter und Dienstleistungen. Diese Verminderung ist umso geringer, je eher ein Ersatz für erschöpfte Ressourcen gefunden wird.

Externalitäten sind die Folgen eines Handelns, die entweder unvorhergesehen eintreten oder bewusst ignoriert werden. Eine negative Externalität der Verbrennung fossiler Rohstoffe zum Beispiel ist die Emission von Chemikalien und Partikeln in die Luft. Sie führen zu Atemwegserkrankungen und anderen gesundheitlichen Problemen, machen das Leben in der Stadt weniger lebenswert und gehören zu den Hauptursachen des Klimawandels. Gegenwärtig klammern Unternehmen diese Kosten aus, wenn sie die Preise und die Rentabilität ihrer Produkte kalkulieren. Auch Wirtschaftswissenschaftler ignorieren sie in der Regel bei der Berechnung des BIP.

Aus langfristiger gesellschaftlicher Perspektive ist es schlichtweg unsinnig, weil die Kosten dieser Externalitäten extrem hoch sein können und häufig leicht zu berechnen sind. Die Gesellschaft weiß, was es kostet, Atemwegserkrankungen zu behandeln, und sie kann auch den Wert einer Verkürzung der Lebenszeit durch Smog bemessen. Ebenso lässt sich berechnen, was der Klimawandel bislang gekostet hat, und man kann die zukünftigen Kosten schätzen.

Glücklicherweise wurden beim Aufspüren der Externalitäten in den letzten 40 Jahren Fortschritte erzielt. Wirtschaftswissenschaftler und andere schätzen mittlerweile die unbeabsichtigten und bisher nicht in die Rechnung einbezogenen Folgen des Wirtschaftens und anderer menschlicher Aktivitäten mithilfe einer »Kosten-Nutzen-Analyse«.

Wir schlagen vor, nun auch den nächsten Schritt zu gehen und nicht nur diese Kosten zu schätzen, sondern sie auch den Unternehmen und Staaten in Rechnung zu stellen, die dafür das Recht auf Nutzung der Rohstoffe und Produktion von Emissionen erhalten. Natürlich würde es damit auf kurze Sicht immer noch Externalitäten geben. Aber es würde Unternehmen und Gesellschaft motivieren, langfristig ihr schädliches Verhalten einzuschränken oder ganz aufzugeben. Dies ist schon deshalb nötig, weil Externalitäten kein unbedeutendes und nur hier und da auftretendes Phänomen sind. Sie sind überall zu finden und sind in der Regel höchst unerfreulich.

Bei den Preisen für kohlenstoffbasierte Treibstoffe beispielsweise bleiben nicht nur die bei der Verbrennung entstehenden Emissionen unberücksichtigt, sondern auch die bei der Förderung verursachten Umweltschäden. Auch werden beim Preis für ein Barrel Öl, einen Sack Kohle oder eine Gaseinheit die stetige Ausschöpfung dieser Ressourcen und deren Folgen für künftige Generationen nicht in die Rechnung einbezogen. Der klassischen Ökonomie zufolge aber sollte dies der Fall sein.

Externalitäten erlauben es Unternehmen, Lebensmittel häufig billiger zu verkaufen, als sie sein sollten, weil sie nicht die vollen Kosten der zu ihrer Herstellung benötigten Brennstoffe tragen. Dasselbe gilt für die Umweltschäden durch Kunstdünger, der die Flüsse vergiftet, oder für die Auswirkungen der Hormone, mit denen Tiere vollgepumpt werden und die sie krank machen.

So wie Lungenkrebs jahrelang als eine Externalität des Rauchens betrachtet und von den Zigarettenherstellern ignoriert wurde, sind heute auch die rasant zunehmenden Erkrankungen aufgrund von (oft bekanntermaßen) zu viel Zucker, Fett und Salz in Lebensmitteln für deren Hersteller Externalitäten. Für die Folgen wie Fettleibigkeit, Depressionen und verkürzte Lebenszeit kommt die Gesellschaft auf, nicht die Unternehmen, die sie verursachen.

Das heutige ökonomische Denken belohnt Unternehmen für steigende Quartalsgewinne und deshalb sind sie daran interessiert, so viele Externalitäten wie möglich auszuklammern und sämtliche langfristigen negativen gesellschaftlichen Folgen ihres Handelns zu ignorieren (und häufig sogar zu leugnen).

Um diese externalisierten Kosten angemessen zu berücksichtigen, schlagen wir vor, dass die Gesellschaft sie mithilfe der sogenannten Pigou-Steuer den Verursachern in Rechnung stellt. Sie korrigiert das Marktversagen, als das man Externalitäten tatsächlich bezeichnen kann. (Die Verursacher geben sie natürlich an die Verbraucher weiter, die hoffentlich auf die höheren Preise reagieren, indem sie sich öfter für weniger schädliche Produkte entscheiden.)

Die Pigou-Steuer hat viele Vorteile. Die Unternehmen zahlen angemessen für die Folgen ihres Handelns und der Staat gewinnt eine Einnahmequelle hinzu, aus der er einen Teil der entstandenen Kosten begleichen kann (beispielsweise für das Gesundheitssystem und den Kampf gegen die Umweltverschmutzung). Statt dass man die Kosten eines schädlichen wirtschaftlichen Verhaltens »sozialisiert« – sie also notgedrungen von der Gesellschaft sowie von der Umwelt und zukünftigen Generationen getragen werden –, wie es gegenwärtig der Fall ist, werden sie an deren Verursacher zurückverwiesen.

Die Pigou-Steuer kann die Unternehmen motivieren, weniger schädliche Verfahren zu entwickeln, die volle Verantwortung für ihr Handeln zu übernehmen und sehr viel effizienter zu werden. Und sie macht für alle sichtbar, welche Probleme diese Unternehmen verursachen – auch das ist ein Vorteil.

Um sicherzustellen, dass auf diese Weise eine Aufwärtsspirale entsteht, kann der Staat die Steuer mit zunehmender Effizienz der Unternehmen anheben, sodass der Anreiz für Innovationen erhalten bleibt, die für die Verringerung des Verbrauchs knapper Rohstoffe und die Eindämmung der durch die Produktion verursachten Umweltschäden sorgen.

Selbstverständlich werden mit der Pigou-Steuer nahezu alle Preise ansteigen, in manchen Fällen sogar substanziell. Vor allem wird fossile Energie teurer werden. Daher muss diese neue Steuer Schritt für Schritt eingeführt werden, damit sich jeder darauf einstellen kann.

Die Pigou-Steuer kann in hohem Maße zur Verkleinerung des ökologischen Fußabdrucks des Menschen beitragen – aber nur dann, wenn der Staat die daraus erwachsenden Einnahmen nicht für Maßnahmen verwendet, die noch schädlichere Folgen zeitigen, und wenn die Verbraucher ihren ökologischen Fußabdruck nicht an anderer Stelle vergrößern. Das nennt man Rückkopplungseffekt.

Der Rückkopplungseffekt wirft eine entscheidende Frage auf: Wofür wird das Geld, das aus der einen Verwendung abgezogen wird (sodass ein bestimmter Fußabdruck schrumpft), stattdessen ausgegeben (was womöglich zur Folge hat, dass sich der ökologische Fußabdruck an anderer Stelle vergrößert). Wenn jemand beispielsweise sein Haus isoliert und damit weniger fossile Energie verbraucht, trägt er zur Reduzierung von Treibhausgasemissionen bei. Wenn der Hausbesitzer dann aber mit dem eingesparten Geld am Wochenende zum Shoppen nach Paris oder New York fliegt, sind die Treibhausgasemissionen von dieser einzelnen Reise womöglich höher als die, die er durch die Isolierung des Hauses vermieden hat. Paradoxerweise kann also die Erhöhung der Stromsteuer langfristig zu einem Anstieg der Emissionen führen. Die einzige Lösung für dieses Problem besteht darin, dass die Steuern für alle Verwendungen eines Rohstoffs erhöht werden, dessen Verbrauch man begrenzen will. Auf diesem Gedanken beruht der Traum von einer weltweiten Rohstoffsteuer (nach dem Vorbild des globalen Kohlenstoffpreises).

Natürlich ist die Durchsetzung einer solchen weltweiten Steuer schwierig, das heißt aber nicht, dass man den Gedanken einer angemessenen Besteuerung von Rohstoffverbrauch und Externalitäten ganz aufgeben sollte.

Die Pigou-Steuer und andere Abgaben auf Rohstoffe und Emissionen können dazu genutzt werden, die Anwendung schädlicher Verfahren in der Wirtschaft nach und nach abzubauen – also von Verfahren, bei denen große Mengen nicht erneuerbarer natürlicher Ressourcen verbraucht und gesellschaftliche Verpflichtungen umgangen werden und die ein hohes Maß an Umweltverschmutzung verursachen beziehungsweise Ökosysteme zerstören.

Sie sollten ersetzt werden durch Produktionsprozesse, die nicht im selben Maße auf knappen Rohstoffen basieren sowie sozialverträglich und umweltfreundlich sind.

Man sollte sich allerdings klarmachen, dass diese Arbeit kein Ende hat. Es wird immer Externalitäten geben, für die die Unternehmen eigentlich bezahlen müssten, die zu identifizieren und zu besteuern sind. Das heißt natürlich nicht, dass die Menschheit alles mit einem Preis versehen oder davon ausgehen sollte, dass etwas, was mit einem wirtschaftlichen Wert versehen wird, nur unter ökonomischen Gesichtspunkten zu betrachten ist.

Die Gesellschaft sollte natürlich weder Tiger noch den Himmel, weder den Regen noch die Liebe mit einem Preis versehen, weil der Wert solcher Dinge nicht ohne Weiteres in Geld bemessen werden kann. Das wäre sogar gefährlich, weil es manche Menschen veranlassen würde zu glauben, dass diese Dinge gehandelt, gekauft und verkauft werden können. Es sollten nur die Externalitäten bepreist werden, die bei gekauften und verkauften Gütern und Dienstleistungen entstehen, um ein Marktversagen auszugleichen. Für all die übrigen Dinge, die man für schützenswert hält, sollten andere Mechanismen entwickelt werden.

Die Gesellschaft muss also darauf achten, solche Steuern mit Bedacht zu erheben. Dass dies kompliziert ist, heißt nicht, dass man die Aufgabe nicht anpacken muss.

Steuern auf Rohstoffverbrauch und Externalitäten würden die Kosten für die Unternehmen zwar enorm erhöhen, aber sie würden es dem Staat durch die zusätzlichen Einnahmen ermöglichen, die Besteuerung der Arbeit zu senken und damit die Unternehmen zu entlasten. Ein solcher Ausgleich kann die Wirtschaft durchaus motivieren, unseren Vorschlag zu unterstützen.

Mit den Einnahmen aus der Besteuerung des Rohstoffverbrauchs und der Externalitäten könnten auch die Mehrwertsteuern auf Güter und Dienstleistungen gesenkt werden, die das allgemeine Wohlergehen verbessern. Der Staat könnte beispielsweise die Steuern auf gesunde Lebensmittel, medizinische Versorgung, Bildung und Freizeitaktivitäten senken, um die Menschen anzuregen, ein gesünderes, erfüllenderes und letztlich glücklicheres Leben zu führen. Das würde zweifellos die Akzeptanz für den Wandel fördern.

Der Staat könnte sogar manche der genannten Güter und Dienstleistungen subventionieren und dafür die in vielen Ländern übliche Förderung der fossilen Brennstoffe streichen. (Natürlich ist uns klar, dass ein Großteil der viel kritisierten Subventionen für fossile Brennstoffe zu den wenigen funktionierenden Mechanismen einer Umverteilung nach unten gehören. Das Problem ist nur, dass diese Transfers gewöhnlich den großen Energieverbrauchern noch mehr nützen als den Armen. Notwendig wäre die Begrenzung aller Subventionen auf einen annehmbaren Jahresverbrauch – zum Beispiel auf 200 Liter Brennstoff pro Person und Jahr. Mithilfe der modernen Computertechnologie wäre ein solcher Kontingentierungsplan selbst für bevölkerungsreiche Länder leicht durchführbar.)

Manche werden uns entgegenhalten, eine solche Förderung eines gesünderen Lebensstils sei ein Schritt hin zur staatlichen Bevormundung, und die Menschen sollten selbst entscheiden können, was sie tun und lassen, ohne Gängelung durch Vorschriften. Und den Unternehmen sollten keine unnötigen Kosten und gesellschaftliche Lasten aufgebürdet werden – so das gegenwärtige Mantra der marktradikalen Ideologen.

Doch wenn dies zu einem exzessiven Verbrauch knapper Rohstoffe, zu explodierenden Gesundheitskosten und zur Beschleunigung des Klimawandels führt, hat der Staat nicht nur die moralische Pflicht einzugreifen. Er trägt auch die soziale Verantwortung dafür. Gleich hört man den Vorwurf: Gouvernantenstaat! Gouvernanten oder Kindermädchen sind aber keine so schlechte Sache. Ihre Aufgabe ist es, die ihnen Anvertrauten anzuleiten und ihnen Hilfe angedeihen zu lassen, damit sie sich zu verantwortungsbewussten Menschen entwickeln können. Sie haben meistens einen positiven Einfluss, genauso wie Besteuerung und Politik ihn auf die Gesellschaft haben sollten.

9. Anhebung der Erbschaftssteuern

»Nichts ist schwerer zu begründen
als das dem Menschen zugesprochene Recht,
auch nach dem Tod über seine Güter zu verfügen.«
Adam Smith

Unser neunter Vorschlag zielt darauf ab, die Kluft zwischen Arm und Reich zu verringern. Eine Erhöhung der Erbschaftssteuer – also die weitgehende Übertragung des Reichtums eines verstorbenen Menschen auf die Gesellschaft – hat vielerlei Auswirkungen. Die Folge, die uns hier am meisten interessiert, ist die Möglichkeit, damit die Einkommens- und Vermögensunterschiede zu verringern. Damit wird sich auch der Geldzufluss an Stiftungen reduzieren, was wir ebenfalls für sinnvoll halten.

Die verbreitete Redensart »Das letzte Hemd hat keine Taschen« lässt sich auf zweierlei Weise interpretieren. Einmal als Ermunterung zu einem guten Leben. Die Menschen sollten, bevor sie sterben, bis zum letzten Cent alles ausgeben und ihr Leben genießen. Die andere Interpretation wäre, dass niemand seine Sachwerte mit ins Grab nehmen kann.

In manchen Kulturen wird der materielle Besitz der Menschen mit ihrem Leichnam verbrannt. In der reichen Welt hingegen wird er traditionell an die Kinder oder andere Verwandte weitergegeben. Das ist sehr schön für die glücklichen Erben. Wer zufällig wohlhabende Eltern hat, die einem etwas hinterlassen können, oder sich mit jemandem anfreundet, der einem seine Besitztümer vermacht, hat einen finanziellen Vorteil, ohne wirtschaftlich nützliche Arbeit dafür geleistet zu haben (ausgenommen Pfleger und Betreuer). Die meisten Erben mussten sich für ihr Erbe nicht besonders anstrengen. Die Mehrheit der Menschen auf der Welt erbt jedoch nichts, und für sie ist das offenkundig ungerecht. Die meisten Menschen können in der Erbschaftslotterie nicht mitspielen.

Für Hinterbliebene aber, die mitspielen können, kann ein Erbe das Leben verändern. Die Tatsache, dass man fast über Nacht um tausende, zehntausende oder gar Millionen Euro reicher ist, ermöglicht manchen Menschen eine Lebensweise, von der die Mehrheit nur träumen kann. Sie können sich mit dem Geld weiterbilden, sich ein Haus kaufen oder eine Kreuzfahrt machen. Manche können von den Zinsen leben, setzen sich zur Ruhe und genießen vorzeitig lebenslange Freizeit. Viele Schulen und andere Bildungseinrichtungen sowie Krankenhäuser und Kinderheime profitieren heute von solchen weder wirtschaftlich noch gesellschaftlich logischen Zuwendungen. Die Schenkungen der Verstorbenen stärken ihren Ruf, ohne dass sie unbedingt gesellschaftlich Sinnvolles geleistet hätten.

Bei der heutigen Gesetzeslage gewinnt ein kleiner Prozentsatz der Bevölkerung durch Erbschaften, und der Gewinn vermehrt sich womöglich noch von Generation zu Generation, während die Mehrheit finanziell in einem ausweglosen Kreislauf steckt, in dem jede Generation auf demselben niedrigen Wohlstandsniveau beginnt wie die vorherige – und nie darüber hinauskommt. Ein kleiner Prozentsatz hat, weil er zufällig in eine reiche Familie hineingeboren worden ist, die Chance, ein besseres Leben zu führen. Und die reich Verstorbenen begehen wissentlich eine der sieben Todsünden nach Mahatma Gandhi, indem sie einigen wenigen einen »Reichtum ohne Arbeit« vermachen.

Es ist wohlbekannt, dass ein Grundeinkommen das Leben der Ärmsten einer Gesellschaft in der reichen wie der armen Welt verändert. Ihr Bildungsniveau steigt, sie werden besser medizinisch versorgt, ernähren sich ausgewogener und erreichen insgesamt eine höhere Lebensqualität.[15] Somit besteht eine soziale Ungerechtigkeit auf der einen und eine soziale Bedürftigkeit auf der anderen Seite, die sich gegenseitig neutralisieren könnten, wenn wir es wollen.

Das marktradikale Denken auch auf die Erbschaft anzuwenden, ist im Großen und Ganzen überholt, und zwar zum Teil deshalb, weil es auf Ideen beruht, die während der europäischen Aufklärung entwickelt wurden. Es geht insbesondere auf den im 17. Jahrhundert lebenden Philosophen John Locke zurück, nach dem jeder ein Recht auf Leben, Freiheit und Eigentum hat. Es ist das Wort »Eigentum«, das uns hier beschäftigt, weil es viele heutige Theorien zu Erbschaftssteuern und Wirtschaft prägt, die geändert werden sollten, weil sie nicht mehr in moderne Gesellschaften passen. Locke meinte beispielsweise, die Erde müsse als Eigentum aller Menschen betrachtet werden, sie sei für das Überleben und den Nutzen der Menschheit da. Dies wie auch ein Großteil des religiösen Gedankenguts lässt viele glauben, sie dürften ohne schlechtes Gewissen den Planeten auch heute noch plündern, weil man sie gelehrt hat – und sie haben es nie hinterfragt –, dass die Natur dem Menschen zu dienen habe.

In seiner Theorie zum Eigentum in Form von Gütern und beweglichem Vermögen beginnt Locke mit der Prämisse, dass wir alle die Besitzer unseres Körpers sind. Deshalb sei es logisch, dass uns auch alles gehört, was der Arbeit dieses Körpers zu verdanken ist. Wenn unsere Arbeitskraft, die logischerweise unser Eigentum ist, einem äußeren Gegenstand hinzugefügt werde, gehöre uns auch dieser Gegenstand. Wenn wir einen Apfel von einem Baum pflücken, so Locke, wird er unser Eigentum, weil wir Arbeitskraft aufgewendet haben, um ihn zu bekommen. Und so folgert er, dass wir Land unser Eigentum nennen können, das wir bebauen, sofern es nicht einem anderen gehört.

Locke und viele andere argumentieren, jeder Einzelne gehe einen Vertrag mit der Gesellschaft ein, um sein Eigentum zu schützen, und zwar unter anderem deshalb, weil sein Eigentum ein Teil seiner selbst werde. Doch er betonte auch, dass die Menschen stets genug Land für andere übriglassen müssten, damit es niemandem schlechter gehe als davor. Wie bei fast allen Denkern der Aufklärung beruhten auch seine Vorschläge auf strengen moralischen Grundsätzen, er glaubte fest daran, dass alle Menschen gleich sind. Das Ziel vieler Philosophen dieser Zeit bestand darin, den durchschnittlichen Lebensstandard der Menschen zu heben und sie aus der Armut zu befreien. Sie wollten keineswegs einen Mechanismus schaffen, der zur Spaltung der Gesellschaft führt.[16] Adam Smith argumentiert in seinen Schriften über die Wirtschaft genauso. Er war überzeugt davon, dass die Menschen von Geburt an über soziale Fähigkeiten verfügen, die in ihrem Wunsch zum Ausdruck kommen, zum Nutzen anderer und der Gesellschaft zusammenzuarbeiten.

Diese Denkweise und ihre Weiterentwicklung wirkten sich im Lauf der Jahrhunderte für hunderte Millionen Menschen sehr positiv aus, brachten aber auch wirtschaftliche und gesellschaftliche Merkwürdigkeiten hervor. Die Vorstellung beispielsweise, dass Eigentumsrechte des Einzelnen naturgegeben sind oder von Gott verliehen werden, ist heute kaum noch haltbar, stellt aber nach wie vor die Grundlage für die Behauptung dar, die Erde sei da für die Ausbeutung durch den Menschen. Einige Eigentumsrechte, vor allem das Patentrecht, werden sogar über die Menschenrechte gestellt, was Ungerechtigkeiten hervorbringt. Wenn es beispielsweise um Medikamente geht, ziehen sie unter Umständen Tragödien nach sich. Heute findet man es sogar vernünftig, dass sich die Rohstoffe der Welt – selbst Wasser – zur Gewinnerzeugung im Besitz von Unternehmen und Privateigentümern befinden. Damit aber verfügen einige wenige Personen über das gesetzlich verbriefte Recht, die natürlichen Ressourcen der Welt zu vernichten, wenn sie es wollen, ohne dass andere und die Allgemeinheit sie zur Verantwortung ziehen könnten.

Historische Auffassungen von Eigentum haben auch zu der Vorstellung geführt, dass das, »was ich besitze, in deinen Besitz übergeht, wenn ich sterbe«, obwohl es keinen »Markt« für dieses übertragene Eigentum gibt und der Empfänger selten etwas wirtschaftlich Nützliches getan hat, womit er einen solchen Geldsegen verdient hätte. Sie perpetuiert die Ungleichheit nicht nur im Hinblick auf das Eigentum, sondern auch im Hinblick auf die Chancen. Wer Reichtum erbt, hat einen Vorteil vor den anderen, weil es leichter ist, im Leben voranzukommen, wenn man bereits wohlhabend ist.

Daher lautet unser neunter Vorschlag für mehr Wohlergehen und die Schaffung einer besseren Welt, dieses ungerechte Weiterreichen von Reichtum schrittweise abzuschaffen und das Privatrecht zu überarbeiten, um weitere Ungerechtigkeiten zu beseitigen. Dies würde auch der neuen Sicht der großen Religionen gerecht, dass die Rolle der Menschheit darin besteht, den Planeten zu verwalten, nicht, ihn sich anzueignen.

Wir empfehlen eine progressive Erbschaftssteuer und eine Anhebung vielleicht sogar bis zu 100 Prozent, damit jeder mit denselben Chancen im Leben antritt. Natürlich müsste im Einzelnen darauf geachtet werden, dass auch Geldgeschenke der noch Lebenden besteuert werden und die Bedürfnisse von hinterbliebenen Ehegatten oder Partnern Berücksichtigung finden.

Selbstredend sind wir nicht die Einzigen, die für höhere Erbschaftssteuern eintreten. Seltsamerweise unterstützen auch viele der reichsten Menschen der Welt dieses Vorhaben. Wie Theodore Roosevelt und Thomas Paine hielt auch Adam Smith deftige Erbschaftssteuern für sinnvoll: »… eine Rechtsmacht, mit ewiger Wirkung über Vermögen zu verfügen, ist offensichtlich absurd. Die Erde und ihre Fülle gehören jeder Generation, und die ältere kann kein Recht haben, dies der jüngeren vorzuenthalten.«[17]

Eine Anhebung der Erbschaftssteuer würde natürlich einige Menschen dazu anregen, ihr gesamtes Vermögen zu verprassen, bevor sie sterben. Doch die Geldmenge, die ein Mensch ausgeben kann, ist begrenzt und viele möchten bewahren, was sie besitzen.

Deshalb glauben wir, dass die überwiegende Mehrheit der Leute, die etwas zu vererben haben, genauso reich sterben würde wie heute. Der Hauptunterschied bestünde vielmehr darin, dass ihr Vermögen nicht auf ihre Kinder oder jemanden ihrer Wahl übergehen würde, sondern auf den Staat, der es für gesellschaftliche Verbesserungen verwenden könnte.

Eine höhere Erbschaftssteuer hätte sicher viele Nebenwirkungen, aber keine würde ihre Hauptziele untergraben, nämlich dafür zu sorgen, dass keiner sein Leben mit einem gewaltigen finanziellen Vorsprung beginnt und dass die Gesellschaft entscheiden kann, was zu tun sinnvoll ist – und nicht die Reichen.

Auch die Forderung nach einem weitgehenden Transfer des Reichtums eines Verstorbenen an den Staat erfüllt unsere Kriterien, insofern er der demokratischen Mehrheit einen unmittelbaren Vorteil bringt.

Hohe Erbschaftssteuern würden den gemeinnützigen Stiftungen zweifellos erheblichen Schaden zufügen, was auf den ersten Blick negativ erscheint. Wohltätigkeitsorganisationen und karitative Stiftungen genießen allgemein ein hohes Ansehen, weil sie so viele »gute Dinge« oder »wertvolle Ziele« unterstützen. Doch allein schon die Existenz solcher Organisationen zeigt, dass Teile des Wirtschaftssystems nicht richtig funktionieren. Wenn Kinder an Unterernährung sterben, Arten ausgelöscht werden oder Unternehmen die Umwelt zerstören, heißt das, dass ein großes, grundsätzliches Problem nicht richtig angegangen wird. Wohltätigkeitsorganisationen und Stiftungen kehren Probleme, die sie für beunruhigend halten, quasi unter den Teppich, statt ihn wegzuziehen und den Dreck aufzudecken. Sie werden zum Ersatz für echte soziale Verantwortung, weil sie die Umstrukturierung hin zu einer Gesellschaft ohne negative Externalitäten untergraben.

Gemeinnützige und humanitäre Stiftungen sind außerdem von den Wünschen ihrer zahlreichen Spender abhängig. Und die Manager dieser spendenden Unternehmen entscheiden darüber, wo und wie das Geld eingesetzt wird und welche Projekte sie unterstützen wollen. Folglich sind ihre Spenden häufig mit Vetternwirtschaft und Verschwendung verbunden und ineffizient. So wie ein Zoo am ehesten Spender für Tiger findet und die große Mehrheit der anderen Tiere leer ausgeht, fördern Stiftungen auch die Tiger in der Gesellschaft. Die Reichen spenden für etwas, was sie attraktiv finden oder mit dem sie persönliche Interessen verbinden, statt für die Bereiche, in denen die größte Not herrscht. Außerdem knüpfen sie ihre Spenden oft an Bedingungen – etwa die Ablehnung von Verhütungsmitteln, die Förderung der Werte ihres Landes oder einer Religion. Und während Behörden der öffentlichen Kontrolle unterliegen, gilt dies für Stiftungen nicht.

Zudem kämpfen Stiftungen selten für soziale Gerechtigkeit. Im Gegenteil, ihre Tätigkeit beruht ja darauf, dass sie eine gewisse Ungerechtigkeit hinnehmen, und zwar zum Teil deshalb, weil sie deren Nebenprodukt sind. Es mag lobenswert sein, wenn Stiftungen den Menschen das Leben erleichtern wollen, indem sie ihnen Medikamente zur Verfügung stellen, die Forschung fördern, Schulen finanzieren oder den Armen Zugang zu Wasser verschaffen. Doch all das dient in der Regel den Vorstellungen des Westens von Fortschritt und Entwicklung – meist sogar ausdrücklich. Es ermöglicht reichen Menschen und ihren humanitären Organisationen, Gott zu spielen und zu entscheiden, was gut und wichtig ist – ohne dass sie gegenüber der Gesellschaft ihr Tun verantworten müssen. Wirklich Notleidende sollten aber nicht von den Almosen der Reichen abhängig sein, die ihr Geld nach Gutdünken spenden.

Eine Erhöhung der Erbschaftssteuern würde zur Beseitigung dieser unliebsamen gesellschaftlichen Schieflage beitragen.

10. Förderung gewerkschaftlicher Organisation

Einer der wichtigsten Wege zu einem gesellschaftlichen Gleichgewicht zwischen den Besitzern von Unternehmen und denen, die dort beschäftigt sind und also für den Großteil der Wertschöpfung sorgen, ist die Förderung des gewerkschaftlichen Organisationsgrads. Nur wenn sich die Mehrheit zusammenschließt, kann sie erreichen, dass ihr rechtmäßiger Anspruch auf ihren Anteil an der Wirtschaftsleistung erfüllt wird.

Im Kampf gegen Ungleichheit und Ausbeutung ist Gewerkschaftsbildung von entscheidender Bedeutung und wir finden es bedauerlich, dass viele Gesellschaften der reichen Welt ihre Rolle bei der Verteidigung der Mehrheitsinteressen nicht mehr erkennen und deshalb tatenlos zusehen, wie sie an Bedeutung verlieren. In guten Zeiten, als die Löhne »von selbst« stiegen, war dies durchaus verständlich. Doch heute ist das nicht mehr der Fall und der Lebensstandard von Millionen Menschen in der reichen Welt stagniert oder sinkt sogar, wie wir oben dargelegt haben. Deshalb glauben wir, dass das Interesse am gemeinsamen Handeln wieder aufleben wird. Wir möchten dazu ermutigen.

Vielen Menschen ist nicht klar, dass die Aufgabe einer Gewerkschaft nicht in erster Linie darin besteht, den Arbeitgebern Lohnerhöhungen abzupressen, obwohl der Kampf um Lohngerechtigkeit immer noch von großer Bedeutung ist.

Die wichtigste Aufgabe einer Gewerkschaft in postindustriellen Dienstleistungsgesellschaften besteht vielmehr darin, Druck auf Politiker auszuüben. Gewerkschaften müssen sie dazu drängen, sich konstruktiver an der Schaffung einer besseren Gesellschaft zu beteiligen und sich um das Wohlergehen der Bürger zu bemühen. Dies ist vor allem deshalb wichtig, weil viele gewählte Repräsentanten von heute ihrer Aufgabe nicht gerecht werden. Sie versagen bei den Problemen der Einwanderung in Europa und den

Vereinigten Staaten, bei der Eindämmung von Kriegen und Konflikten, bei der Verkleinerung der Kluft zwischen Arm und Reich und der Arbeitslosigkeit. Und sie finden keine angemessene Antwort auf den Klimawandel. Angesichts der Kurzsichtigkeit der meisten Wähler und des Markts ist dies sogar verständlich. Aber wünschenswert ist es nicht – und dies eröffnet Gewerkschaften die Chance, wieder mehr Einfluss zu gewinnen und Politiker anzuregen, über die langfristigen Bedürfnisse der Gesellschaft nachzudenken. Doch um dies zu erreichen, müssen sie zunächst einmal stärker werden.

Die unter 50-Jährigen in der englischsprachigen Welt können sich vielleicht kaum vorstellen, dass in den reichen Ländern die Existenz von Gewerkschaften lange Zeit als unverzichtbar galt. Sie vertraten die Arbeitnehmer in dem offenbar ewigen Kampf zwischen den Unternehmern, denen es um Gewinnmaximierung ging, und den Menschen, die für sie arbeiteten und fair behandelt werden wollten. Gewerkschaften traten als Beschützer der Arbeitnehmer auf und erreichten im Lauf des 20. Jahrhunderts durch gemeinsame Aktionen für Millionen Menschen höhere Löhne und bessere Arbeitsbedingungen. Und sie hatten einen erheblichen Anteil an der Verringerung der Kluft zwischen Arm und Reich.

Seit einigen Jahrzehnten halten viele, vor allem in der angelsächsischen Welt, Gewerkschaften für weitgehend überflüssig, darunter auch viele, die bislang von ihnen profitiert haben. Diese Sichtweise wird vor allem von Arbeitgebern, marktradikalen Ideologen und heutigen Wirtschaftswissenschaftlern gefördert.

Doch wie eine Studie des Internationalen Währungsfonds von 2015 zeigt,[18] schlägt sich der abnehmende gewerkschaftliche Organisationsgrad unmittelbar in den Einkommen und im Verhältnis zwischen Arm und Reich nieder. Laut der Studie stagnieren die Löhne oder sinken sogar, die Arbeitslosigkeit nimmt seit 30 Jahren zu und die Kluft zwischen Arm und Reich vertieft sich. In der Studie wird betont, dass starke Gewerkschaften die Umverteilung von Einkommen und Vermögen ebenso fördern wie wirksamere Sozial- und Arbeitsgesetze, weil sie die Arbeitnehmer ermutigen, Parteien zu wählen, die für mehr Gerechtigkeit eintreten. Schwache Gewerkschaften hingegen, so die Studie weiter, führen zu mehr Ungleichheit und zur Schwächung der sozialen Grundrechte.

Während der schwindende gewerkschaftliche Einfluss die Verhandlungsmacht und die Einkommen der Arbeitnehmer vermindert, steigert er die Einkommen der Spitzenmanager und die Renditen der Aktienbesitzer. Produktivitätsgewinne fließen vermehrt den Reichen zu, statt gerechter unter denen verteilt zu werden, die diese Gewinne schaffen. Die Schwächung der Gewerkschaften verringert auch den Einfluss der Arbeitnehmer auf Unternehmensentscheidungen wie Fabrikschließungen und Vergütungen für die Firmenvorstände. Klar wird in der IWF-Studie außerdem, dass auch die Absenkung von Mindestlöhnen, die die »Ungleichheit beträchtlich erhöhen«, mit der Schwächung der Gewerkschaften zusammenhängt.[19]

Unser nächster Vorschlag ist daher die Aufforderung zu handeln, gewissermaßen ein Ruf zu den Waffen, an alle, die einen Arbeitsplatz haben, aber auch an die Arbeitslosen, sich gewerkschaftlich zu engagieren und die Stimme der Mehrheit lauter werden zu lassen.

Wenn genügend Menschen diesem Ruf folgen, wird sich der Erfolg unmittelbar und direkt einstellen. Eine Untersuchung des Economic Policy Institute[20] zeigt, dass Gewerkschaftsmitglieder etwa ein Viertel mehr verdienen als ihre nicht organisierten Kollegen. Besonders Arbeitnehmer mit niedrigem und mittlerem Einkommen profitieren von Gewerkschaften, unter ihnen wiederum vor allem diejenigen, die keinen höheren Schulabschluss haben. In den USA kommen Gewerkschaftsmitglieder eher in den Genuss von bezahltem Urlaub,[21] eines Arbeitgeberbeitrags zur Krankenversicherung[22] und von Betriebsrenten.[23] Außerdem erhalten sie höhere Renten und wesentlich mehr Urlaubstage. Zudem spielen Gewerkschaften eine entscheidende Rolle bei der Verbesserung der Sicherheit am Arbeitsplatz, der Vergütung von Überstunden und der Durchsetzung des Rechts auf Elternfreizeit und krankheitsbedingte Fehlzeiten.

Am wichtigsten ist jedoch, dass Gewerkschaften entscheidenden Einfluss auf die sanfte Umstrukturierung haben, die für jede Volkswirtschaft unverzichtbar ist. Soll die Wirtschaft wachsen, müssen unprofitable Unternehmen durch solche ersetzt werden, die mehr Wert pro Arbeitsstunde schaffen. Moderne Gewerkschaften erkennen die Notwendigkeit einer solchen Umstrukturierung und wissen, dass es kontraproduktiv ist, auf den Erhalt nicht profitabel wirtschaftender Unternehmen zu beharren (sofern die geringe Rentabilität nicht überhöhten Managervergütungen, Finanzbetrug oder zu hohen Dividenden für die Unternehmensinhaber geschuldet ist).

Moderne Gewerkschaften kämpfen darum, dass Arbeitnehmer in der Zeit zwischen zwei Anstellungen abgesichert sind, dass die Gesellschaft allen Menschen ein Einkommen gewährt und Arbeitnehmer, falls nötig, für einen neuen Arbeitsplatz umgeschult werden. Mächtige Gewerkschaften, die im Idealfall über 50 Prozent der Arbeitnehmer vertreten, sind in der Lage, Mechanismen durchzusetzen, die die Wirtschaftsleistung verbessern. In weiten Teilen Nordeuropas, aber auch in Deutschland, ist der gewerkschaftliche Organisationsgrad nach wie vor hoch. Zugleich gilt das auch für das Produktivitätswachstum, während die Arbeitslosigkeit immer noch gering ist. Gewerkschaften und Unternehmen arbeiten dort zusammen und konkurrieren oder kämpfen nicht gegeneinander – eine Situation, die auch auf gesetzlichen Regelungen auf Länder- und Bundesebene beruht.[24]

Studien zeigen durchgängig, dass Gewerkschaften entscheidend dazu beitragen, das Räderwerk einer sinnhaften Gesellschaft ohne allzu große Reibungsverluste in Gang zu halten. Natürlich zeichnen Medien, rechte Politiker und Unternehmenschefs ein anderes Bild und spielen die langfristigen sozialen Verdienste starker moderner Gewerkschaften herunter. Sie stellen sich gegen die Gewerkschaften, weil diese kurzfristig Wirtschaftsmacht von den Arbeitgebern hin zu den Arbeitnehmern verschieben.

Doch die Studien zeigen auch, dass Kinder aus Familien mit einem geringen Einkommen, deren Eltern Gewerkschaftsmitglieder sind, später mehr verdienen, Gewerkschaften also die soziale und generationsübergreifende Mobilität fördern.[25] Vielleicht liegt das daran, dass die Mitgliedschaft in einer Gewerkschaft Menschen dazu veranlasst, grundlegend über die Rechte des Einzelnen und den sozialen Aufstieg nachzudenken.

Der Niedergang der Gewerkschaften in den letzten 30 Jahren ist die Folge sozialer, wirtschaftlicher und politischer Veränderungen, die unmittelbar auf das Modell einer von staatlicher Regulierung freien Wirtschaft zurückzuführen sind, auf eine Wirtschaft, in der Unternehmen weder für negative Externalitäten bezahlen, noch im eigentlich gebotenen Maße gesellschaftliche Verantwortung übernehmen. Diese marktradikale Ideologie gereicht den Aktionären zum Vorteil, weil sie ihnen kurzfristige Gewinne verschafft. Langfristig aber bringt sie beiden Seiten nur Nachteile, weil sie die Wachstumsrate, die durch eine Zusammenarbeit von Gewerkschaften und Arbeitgebern erreicht werden könnte, verringert. Wenn der Einfluss der Wirtschaft zu groß wird, wie es der Fall war, als Griechenland nach der Finanzkrise 2008 zu extremen Sparmaßnahmen gezwungen wurde, sinkt am Ende die Nachfrage, weil der vom Konsum angetriebenen Wirtschaftsmaschine der Sprit ausgeht.

Auch der Trend, bestimmte Unternehmensbereiche auszulagern, schwächt seit einiger Zeit die Macht der Gewerkschaften, weil Arbeitnehmer unter diesen Bedingungen kaum eine kollektive Verhandlungsmacht aufbauen können. Diese Entwicklung umzukehren, ist nicht leicht, aber auch nicht unmöglich. Werkvertragsnehmer und Selbstständige sollten für Gesetze kämpfen, die gewährleisten, dass sie denselben Rechtsschutz genießen und dieselben Rechte bekommen wie angestellte Arbeitnehmer. Als ersten Schritt sollten sie sich einer Gewerkschaft anschließen, die auf dieser Ebene für Veränderungen eintritt. Ein zweiter Schritt bestünde darin, dafür zu sorgen, dass die Gewerkschaften nicht nur die Interessen der Beschäftigten vertreten, sondern sich auch für Leute ohne feste Anstellung einsetzen, beispielsweise durch die Anhebung des Arbeitslosengeldes und anderer Sozialleistungen.

11. Beschränkung des Außenhandels

Die Idee des freien Handels hat sich in den vergangenen 50 Jahren so weit durchgesetzt, dass sie schon fast sakrosankt ist. Denn allgemein herrscht die Vorstellung, von der Abschaffung von Handelsschranken würden alle profitieren. Doch das ist längst nicht mehr der Fall. Abkommen zur Förderung des freien Warenverkehrs waren im Allgemeinen segensreich für arme Gesellschaften, wo eine Steigerung der Gesamtproduktivität notwendig war. Doch in der reichen Welt gilt dies nicht mehr, denn hier geht es nicht mehr darum, mehr Socken und mehr Möbel herzustellen, sondern mehr Arbeitsplätze zu schaffen. Wenn die Arbeitslosigkeit zum Hauptproblem wird, kann ein liberalisierter Handel die Situation sogar noch verschlimmern, weil er den Unternehmen die Verlagerung von Jobs ins Ausland erleichtert.

Wir glauben, es ist an der Zeit, dass die reiche Welt neu über die Regulierung des Handels nachdenkt. Da sich die Menschen an eine zunehmend grenzenlose Welt gewöhnt haben, mag unser Vorschlag ketzerisch wirken, und wir räumen freimütig ein, dass dies ein Bruch mit der gegenwärtigen Politik ist. Außerdem erfordert die Umsetzung Zeit und Mühe, weil damit die Infragestellung, Aufweichung und womöglich sogar Verletzung hart erkämpfter Handelsvereinbarungen verbunden wäre. Doch den Freihandel einzuschränken, hat auch positive Folgen, vor allem wenn es darum geht, Arbeitsplätze zu erhalten, die Kluft zwischen Arm und Reich zu verringern und den Klimawandel einzudämmen oder zu stoppen.

Ursprünglich befürworteten Ökonomen wie Adam Smith den Freihandel. Denn er ermöglichte es, dass sich Länder spezialisierten, sich also auf Industrien und Branchen zu konzentrieren, in denen sie einen Wettbewerbsvorteil hatten, und dann mit den Ländern Handel trieben, die andere Vorteile besaßen. Ein Land mit reichen Kohlevorkommen, in dem keine Schafe gediehen, konnte mit einem anderen, das keine Kohlevorkommen hatte, wohl aber viele Schafe hielt, zum Nutzen beider seine Produkte tauschen. Somit konnten beide in ihre gewinnbringendsten Industrien und Wirtschaftszweige investieren, eine Massenproduktion entwickeln und auf diese Weise die Kosten senken. Gleichzeitig entstanden damit neue Arbeitsplätze und die Arbeitnehmer spezialisierten sich ebenfalls. Die Stückkosten sanken, womit sich die Märkte ausweiteten, sodass alle am Handel beteiligten Gesellschaften gleichermaßen profitierten.

Heute hingegen wirken sich offene Grenzen und freier Handel in vielen Fällen völlig anders aus. Derzeit ist der Freihandel – in erster Linie – ein Mechanismus, der die Verlagerung von Fabriken in Länder mit niedrigeren Arbeitskosten begünstigt, womit die Unternehmen ihre Gewinne steigern. Dabei zerstören sie heimische Arbeitsplätze und hinterlassen der Gesellschaft die Kosten für die entstehende Arbeitslosigkeit und die damit verbundenen sozialen Probleme.

Freihandelsabkommen zwingen die Unternehmen sogar zu diesem Schritt, wenn sie konkurrenzfähig bleiben wollen. Da sie alles, was sie im Ausland produzieren, uneingeschränkt importieren können, sind ihre Waren billiger. Ein Stahlkonzern kann eine Fabrik in Nordengland schließen und seine englischen Kunden zu niedrigeren Preisen mit Waren aus einer neuen Fabrik (möglicherweise mit denselben Maschinen produziert) in China beliefern. In England gehen dabei Arbeitsplätze verloren und obwohl China welche hinzugewinnt, erhalten die Beschäftigten dort einen geringeren Lohn. Aus der Sicht der Arbeitnehmer ist das kein Nullsummenspiel: Die Arbeitnehmer in England verlieren mehr, als ihre Kollegen in China gewinnen.

Aber auch für das Unternehmen und die Aktienbesitzer ist es kein Nullsummenspiel: Die Profite steigen ebenso wie Gewinnausschüttungen. Da diese Gewinne normalerweise wieder in die reiche Welt fließen und den Wohlhabenden noch mehr Einkommen bescheren, nimmt die Ungleichheit zu. Mit anderen Worten, dank der Marktöffnungen wird Einkommen von den Arbeitnehmern zu Firmeneigentümern umverteilt. Deshalb setzen sich Unternehmen so engagiert für Freihandelsabkommen ein.

Neue Freihandelsregeln, die gegenwärtig (2016) ausgehandelt werden,[26] sollen den Unternehmen sogar die Möglichkeit bieten, Staaten zu verklagen, wenn sie »ihre Gewinnerwartungen schmälern«[27], womit die Rechte von Unternehmen über die der Arbeitnehmer und der Gesamtgesellschaft gestellt würden. Auch sollen die Umweltschutzbestimmungen gelockert werden, um die Produktionskosten zu senken. Außerdem könnte der Zugang zu vielen Medikamenten durch die Novellierung von Patentgesetzen schwieriger und teurer werden. Und all das nur, um kurzfristig höhere Gewinne einzustreichen.

Natürlich hätte es Konsequenzen, wenn der Handel beschränkt würde. Viele Waren würden teurer und sie würden deshalb weniger nachgefragt werden. Doch das wäre nur gut für die Umwelt, vor allem wenn neue Zölle den Absatz kohlenstoffintensiver Produkte wie beispielsweise billiges Plastikspielzeug einschränken würden, das in Asien mit Energie aus Kohlekraftwerken hergestellt wird. Und wenn aufgrund von Handelsbeschränkungen weniger Güter um die Welt geschickt werden, sinkt auch der Kraftstoffverbrauch – mit der Folge, dass weniger CO_2 freigesetzt wird.

Handelsbeschränkungen tragen also auch dazu bei, den Klimawandel einzudämmen.

Wirtschaftsexperten und Unternehmensvertreter wenden oft ein, dass Unternehmen, die zum Erhalt bestimmter Wirtschaftszweige durch Handelsbeschränkungen geschützt werden, auf die segensreichen Auswirkungen des internationalen Wettbewerbs verzichten müssen. Sie würden Fett ansetzen und weder investieren noch Innovationen einführen. Das ist jedoch ein fadenscheiniges Argument, denn das würde heißen, dass Unternehmen im Inland nicht im Wettbewerb stehen und ein höherer Konsum stets gut ist. Steigender Konsum und Warenausstoß waren einst sinnvolle Ziele, aber das gilt heute nicht mehr – jedenfalls nicht, wo die größten sozialen Herausforderungen in Arbeitslosigkeit, Ungleichheit sowie dem Klimawandel liegen.

Richtig ist jedoch, dass steigende Zölle in einem Land – nehmen wir Großbritannien – die Entstehung neuer Arbeitsplätze in einem anderen Land behindern – sagen wir in China. Das aber würde China zwingen, sich auf die Entwicklung der eigenen Wirtschaft zu konzentrieren und ein Wirtschaftswachstum nicht nur durch Export zu generieren. Es mag schön und ehrenwert sein, wenn reiche Länder zur Entwicklung armer Länder beitragen, doch wenn damit höhere Arbeitslosigkeit, mehr Ungleichheit und untragbare soziale Spaltungen verbunden sind, kann man nicht von einer nachhaltigen Politik sprechen.

Handelsschranken können auch von jedem Land errichtet werden, das sich von der Philosophie der billigsten Lösung (der kostengünstigsten Produktionsweise) verabschieden und sich dennoch am weltweiten Handel beteiligen möchte. Wenn ein Land die Natur mehr schützen will als seine Handelspartner, wird es logischerweise auf die Einfuhr von Produkten verzichten, die zur Zerstörung der Erde beitragen. Das aber ist in einer Welt der profitmaximierenden Unternehmen nur möglich, wenn man verantwortungsbewusste Produzenten schützt und auf Produkte von verantwortungslosen Herstellern Zölle erhebt – oder sie gar nicht erst auf dem eigenen Markt zulässt. Dasselbe gilt für jedes Land, das beispielsweise den Konsum von Produkten senken will, die Treibhausgase emittieren und die mit Kinderarbeit oder unter anderen miserablen Arbeitsbedingungen hergestellt wurden.

Durch die Erhebung von Zöllen auf unerwünschte, aber billige Produkte ermuntern fortschrittliche Länder die Politiker in weniger progressiven Ländern, ebenfalls umzusteuern – hin zu einem Wirtschaftssystem mit weniger negativen Externalitäten und mit fairen Beschäftigungsverhältnissen.

Wenn wir hier für Protektionismus eintreten, heißt das nicht, dass wir zu einer Ära der geschlossenen Märkte und des Isolationismus zurückkehren wollen. Vielmehr schauen wir nach vorn auf eine Zeit, in der der internationale Handel ausgeglichen und im Interesse der Gesellschaft und eines möglichst geringen ökologischen Fußabdrucks reguliert wird. Wir treten für eine gesunde Handelspolitik ein, damit die Volkswirtschaften der reichen Welt die notwendigen Strukturveränderungen vornehmen können, um den Wandel zu einem nachhaltigeren und ausgewogeneren Wirtschaftssystem zu vollziehen. Protektionismus verringert die Gefahren für die Arbeitnehmer während des Übergangs und ermöglicht es den Menschen, ihren Wohlstand weitgehend zu wahren.

Mit den Zolleinnahmen kann der Staat außerdem die Sozialleistungen verbessern und die Folgen des Klimawandels bekämpfen. Richtig angewandt können höhere Handelsschranken auch einen Win-win-Effekt bringen, denn für den Preis des abnehmenden Konsums können sie die Arbeitslosigkeit und Ungleichheit verringern und die Erderwärmung aufhalten.

12. Förderung kleinerer Familien (Geburtenkontrolle)

Bei diesem Vorschlag handelt es sich um eine besonders unkonventionelle – und möglicherweise strittige – Maßnahme. Er lautet, Familien, die nur ein Kind oder keines haben, zu belohnen.

Wenn die Menschheit ihren ökologischen Fußabdruck so weit verringern will, dass er die Grenze der Belastbarkeit des Planeten nicht übersteigt, gibt es dafür zwei Möglichkeiten: die Bevölkerung verringern oder den Fußabdruck pro Kopf verkleinern. Da Letzteres äußerst schwierig ist und viele einen sinkenden Lebensstandard befürchten, ist die Verringerung der Bevölkerungszahlen beziehungsweise der potenziellen Konsumenten eine interessante Option. Eine praktische Methode, dies zu erreichen, wäre die Förderung kleinerer Familien in der reichen Welt und damit meinen wir Familien mit einem oder gar keinem Kind.

Bevölkerungskontrolle ist ein heikles Thema, denn niemand möchte sich vom Staat vorschreiben lassen, keine Kinder zu bekommen. Wer reproduktionsfähig ist, betrachtet es als Menschenrecht, Nachwuchs zu zeugen.

Es ist jedoch auch eine unbestreitbare Tatsache, dass die Verdoppelung der menschlichen Bevölkerung in den letzten 50 Jahren die Hauptursache für die Vergrößerung des ökologischen Fußabdrucks unserer Spezies ist. In dieser Zeit haben technologische Entwicklungen den ökologischen Fußabdruck pro Kopf mehr oder weniger konstant gehalten, doch mit der Bevölkerung hat sich auch der Gesamtfußabdruck verdoppelt.

Allgemein herrscht Einigkeit darüber, dass die Zahl der Menschen und ihr ökologischer Fußabdruck nicht ewig weiter wachsen können. Glücklicherweise sinkt bereits aufgrund von Verbesserungen im Bildungsbereich, im Gesundheitswesen und bei der Geburtenkontrolle die Zahl der Kinder pro Frau.[28] Doch das reicht nicht. Um eine bessere Zukunft zu gewährleisten, wäre es enorm hilfreich, wenn die Gesellschaft die Wachstumsrate der Bevölkerung noch mehr drosseln, idealerweise sogar ins Negative kehren würde.

Es gibt ein paar historische Beispiele für Länder, die sich schon einmal zu diesem Schritt entschlossen haben. Bis zum Beginn des 19. Jahrhunderts wünschten Könige, Königinnen, Kaiser und Kirche meist eine Zunahme der Bevölkerung, sie wollten sogar so viele Bewohner wie möglich, um ihren Reichtum und ihre Macht auszudehnen. Nur mit Hilfe einer Vielzahl von Menschen konnten sie die Fülle der Natur in etwas für die Elite Nützliches verwandeln. Und so ermunterten sie ihre Untertanen und Gefolgsleute, sich fortzupflanzen. Dennoch dauerte es sehr lange, den ganzen Planeten zu bevölkern, vor allem, weil es immer wieder zu Hungersnöten und Seuchen kam, aber auch aufgrund von Kriegen, weil die Herrschenden auch durch sie eine Vermehrung ihres Reichtums und ihrer Macht anstrebten.

In jüngerer Zeit haben eine Reihe von Ländern versucht, ihre Bevölkerung in Grenzen zu halten, allen voran China. Ende der 1970er Jahre führte das Land die Ein-Kind-Politik für den Großteil der Chinesen ein, wobei Verstöße schwer bestraft wurden. Diese Politik ist zwar bis heute hochumstritten und sie hat unerwünschte soziale und wirtschaftliche Nebenwirkungen, ist aber dennoch eins der besten Beispiele dafür, wie eine Generation ein Opfer zugunsten zukünftiger Generationen bringt. Andererseits hat diese Politik den Egoismus gefördert, zu hohen Scheidungsraten geführt und den Zusammenhalt der Gesellschaft verringert. Sie hat eine Generation »kleiner Herrscher und Herrscherinnen« entstehen lassen, wie man im Land selbst sagt, denen es schwerfällt, dauerhafte Beziehungen einzugehen, weil man sie als Einzelkinder verhätschelt hat.

Im Lauf der Jahre wurde das Gesetz nach und nach gelockert, bis 2016 schließlich die Zwei-Kind-Politik eingeführt wurde, obwohl sich zu diesem Zeitpunkt die chinesische Bevölkerung bereits bei etwa 1,3 Milliarden Menschen eingependelt hatte. Das waren mindestens 400 Millionen weniger, als wenn es keine Geburtenbeschränkung gegeben hätte. Damit konnte Chinas gegenwärtiger und zukünftiger ökologischer Fußabdruck eingedämmt werden, weil der Bedarf an Rohstoffen und Energie in Grenzen gehalten wurde. Auch wenn China enorme Probleme mit der Umweltverschmutzung und seinem Rohstoffbedarf hat, sind sie jetzt doch in der Tat nicht so gravierend, wie es sonst zu erwarten gewesen wäre.

Auch in einem Großteil der reichen Welt wurde das Bevölkerungswachstum gebremst – wenn auch aus anderen Gründen. Bereits 1970 sank die Zahl der Kinder pro Frau in den damals 15 EU-Ländern unter 2,1. Dies ist die magische Schwelle, bei der die Bevölkerung auf lange Sicht stabil bleibt und nicht wächst. Seither ist sie jedoch auf fast 1,3 gesunken. Folglich kommt auf viele europäische Länder ein Arbeitskräftemangel zu. Manche Länder versuchen, die Geburtenraten wieder zu erhöhen, indem sie Anreize bieten wie längeren Mutterschutzurlaub, höheres Kindergeld, kostenlose Kindergärten und Hortbetreuung von Grundschulkindern nach dem Unterricht.[29] Auch in Japan, Russland, Singapur und Hongkong hat man Anstrengungen unternommen, die Geburtenraten zu erhöhen. Doch bisher blieben diese Versuche erfolglos, mit Ausnahme weniger extremer Fälle wie Norwegen, wo eine großzügige Unterstützung von Familien mit Kleinkindern die Geburtenrate auf 1,8 hat ansteigen lassen. Doch kaum ein anderes Land kann sich so hohe Fördergelder für Menschen mit Kleinkindern leisten.

Da wir meinen, es ginge der Welt mit einer geringeren Bevölkerung besser, lautet unser kaum noch überraschender Vorschlag, Anreize für eine geringe Kinderzahl zu geben. Dabei treten wir nicht dafür ein, die bestehenden Anreize für mehr Geburten (wie Mutterschafts- und Vaterschaftsurlaub, Einkommensbeihilfen und kostenlose Kindertagesstätten) zu beseitigen, weil sie viele andere

Vorteile mit sich bringen, möchten aber dafür plädieren, die Menschen zu motivieren, weniger Kinder in die Welt zu setzen.

Auf einfachste Art könnte dies erreicht werden, wenn man die Familien, die nur ein Kind haben, als Vorbilder darstellte. Anstatt ihnen vorzuhalten, sie leisteten nicht ihren gerechten Beitrag, um Arbeitskräfte für die Zukunft zu schaffen, sollte man lieber jeder Frau zu ihrem 50. Geburtstag einen Bonus zahlen, die höchstens ein Kind großgezogen hat – einen Bonus, den sie nach Gutdünken mit ihrer Familie und ihrem Partner teilen kann. Ein solcher Bonus wird den Status der Frauen stärken und ihre zentrale Bedeutung bei der höchst wichtigen Entscheidung über die Größe der Familie verdeutlichen. Und warum sollen nur Frauen diesen Bonus erhalten? Schließlich sind Frauen nicht allein für die Fortpflanzung verantwortlich. Aber sie sind die Einzigen, die ein Kind austragen und gebären können. Das übt einen Druck auf die Frauen aus, den die Männer nicht erfahren, und wir betrachten unseren Vorschlag als eine Möglichkeit, dies anzuerkennen.

Wir schlagen daher eine Summe von 80.000 Dollar für jede dieser Frauen vor, sobald sie 50 Jahre alt ist. Das entspricht dem BIP, das ein Bürger der reichen Welt durchschnittlich in zwei Jahren generiert. Die Maßnahme lässt sich wirtschaftlich rechtfertigen, weil diese Familien die Staatsausgaben nicht beansprucht haben, die sie bis zum erwerbsfähigen Alter ihrer Kinder verursacht hätten – der Staat musste nicht so viele Kindergärten und Schulen zur Verfügung stellen und auch das Gesundheitssystem wurde entlastet. Doch vor allem wäre der Bonus eine Wertschätzung derer, die dazu beitragen, dass die Menschheit verantwortungsvoller mit der Erde umgeht.

Wir geben uns keineswegs der Illusion hin, dass dieser Vorschlag leicht umzusetzen wäre oder sofort auf Akzeptanz stößt, vor allem, weil das Bevölkerungswachstum in der armen Welt höher ist als in der reichen. Wir räumen auch ein, dass dabei alle möglichen Probleme auftreten würden, etwa die Frage, wie

Alleinstehende, gleichgeschlechtliche Paare, Unfruchtbare, Adoptiveltern und Paare mit Zwillingen, Drillingen und so weiter, die nur ein Kind geplant haben, belohnt werden sollen.

Aber wir möchten hier vor allem zu einem neuen Denken anregen und dazu, dass die reiche Welt ein Beispiel gibt und zum Vorbild wird. Wir müssen zur Einsicht gelangen, dass es zu viele Menschen auf der Welt gibt (zumindest solange der ökologische Fußabdruck nicht verringert wird); wir sollten akzeptieren, dass dieses Problem gelöst werden muss und begreifen, dass es so oder so gelöst wird, ob uns das gefällt oder nicht: entweder durch die Natur oder durch unsere eigene Entscheidung.

Wir glauben, dass es für die Menschheit besser ist, wenn sie selbst die Entscheidung trifft und das Beste daraus macht, statt dass ihr eines Tages eine abrupte Korrektur aufgezwungen würde. Ein finanzieller Anreiz, die Kinderzahl der Familien in der reichen Welt gering zu halten, ist ein möglicher Weg zu einer entsprechenden Bewusstseinsveränderung.

13. Einführung eines existenzsichernden Grundeinkommens für die Bürger, die es am dringendsten brauchen

Inzwischen dürfte deutlich geworden sein, dass unsere bisherigen Vorschläge – Umverteilung der Arbeit, Erhöhung des Arbeitslosengeldes, Erhöhung des Renteneintrittsalters, Entlohnung häuslicher Pflegetätigkeiten, grüne Konjunkturpakete und Boni für weniger Kinder – zusammengenommen darauf hinauslaufen, in der reichen Welt allen Bürgern ein faires Einkommen von der Wiege bis zum Grab zu garantieren. Mit unserer letzten Empfehlung möchten wir diesen Gedanken noch klarer ausführen, obwohl unser Vorschlag nicht für jeden gilt: Das existenzsichernde Mindesteinkommen sollte allen zukommen, die bedürftig sind – den Alten, Behinderten, Kranken und Arbeitslosen.

Natürlich würden wir ein Mindesteinkommen für alle vorziehen, doch Überschlagsrechnungen (siehe unten) zeigen, dass dies beim derzeitigen Stand der Einkommen schlichtweg nicht möglich ist – nicht einmal in der reichen Welt.

Die wichtige Schlussfolgerung aus dem Text in der Box 31 lautet, dass ein Transfer von zehn Prozent des BIP an die Bedürftigen machbar ist, das heißt, es ist möglich, eine moderne Volkswirtschaft funktionsfähig zu halten, wenn zehn Prozent des Nationaleinkommens von denen, die einen Arbeitsplatz haben, an die Alten, Behinderten, Kranken und Arbeitslosen umverteilt wird.

Man beachte, dass die Empfänger dieser Wohlfahrtsleistungen nicht die Mehrheit darstellen (im Fall der skandinavischen Länder sind es lediglich 27 Prozent), dennoch bilden sie eine große Gruppe.

Zu bedenken ist auch, dass diese skandinavischen Länder zusätzliche Steuern erheben, um die Schulbildung und die medizinische Grundversorgung zu finanzieren. Wer mehr wünscht – sei es Rente, medizinische Versorgung oder Bildung –, kann es mit seinem Nettoeinkommen bezahlen. Interessanterweise hat dies nicht zur Abnahme des Wirtschaftswachstums geführt. Die skandinavischen Länder können auf dieselben Wachstumsraten verweisen wie weniger »sozialistische« Marktwirtschaften – und sie sind konkurrenzfähig geblieben. Der Hauptgrund dafür scheint der hohe gewerkschaftliche Organisationsgrad und eine produktive Zusammenarbeit zwischen Arbeitgebern und Arbeitnehmern zu sein, die die anhaltende Umstrukturierung der Wirtschaft erleichtert.

Natürlich ist es mit hohem Verwaltungsaufwand verbunden, entsprechende Steuern zu erheben und das Mindesteinkommen den richtigen Empfängern zukommen zu lassen. Deshalb könnte die Frage aufkommen: Wäre es nicht effektiver, einfach allen Bürgern von der Wiege bis zum Grab ein festes Mindesteinkommen zu bezahlen und es ihnen dann selbst zu überlassen, eine eintre-

31 Ist es in einer modernen Gesellschaft möglich, allen Bürgern ein garantiertes Einkommen zu bezahlen? Und wenn ja, wie hoch könnte es sein?

Ein reiches Land erwirtschaftet einen Wert zwischen 30.000 und 50.000 Dollar pro Kopf und Jahr.[30] Der Einfachheit halber nehmen wir hier den Durchschnitt – also 40.000 Dollar. Würde man dies gleichmäßig auf alle (Junge, Erwerbsfähige, Alte; Männer, Frauen und Kinder) verteilen, erhielte jede Person 40.000 Dollar im Jahr, eine dreiköpfige Familie somit 120.000 Dollar.

Das ist eine Menge Geld. Aber es zeigt, dass es theoretisch möglich ist, jedem Bürger 40.000 Dollar im Jahr zu bezahlen. Leider ist eine solch drastische Umverteilung nicht umsetzbar. Es würde die Motivation, überhaupt zu arbeiten, schwächen und zu einer Rebellion der Reichen führen.

Ein garantiertes Einkommen in dieser Höhe würde eine starke Besteuerung (die wahrscheinlich progressiv sein, also mit dem Einkommen steigen müsste) derjenigen erfordern, die mehr als 40.000 Dollar im Jahr verdienen, das heißt eine Anhebung, angesichts derer die Reichen das Land verlassen würden.[31] Zudem müsste es für diejenigen, die weniger als 40.000 Dollar verdienen, negative Steuern geben (Zahlung der Differenz zwischen dem tatsächlichen Einkommen und den 40.000 Dollar pro Jahr) sowie die direkte Zahlung von 40.000 Dollar pro Jahr an alle, die kein Einkommen haben (die jungen Leute, die Alten, Kranken und Behinderten sowie die Arbeitslosen).

Leider ist das in der Praxis nicht durchführbar, weil die gegenwärtige Einkommensverteilung zwar sehr ungleich ist, aber nicht ungleich genug. Die Palma-Rate (der Anteil des Einkommens, das von den reichsten 10 Prozent erzielt wird, geteilt durch den Anteil des Einkommens, den die ärmsten 40 Prozent erhalten) reicht von 2,5 in armen Ländern bis 1 in der OECD. Das bedeutet, dass selbst bei einer Halbierung des Einkommens der reichsten 10 Prozent das Einkommen der ärmsten 40 Prozent lediglich um ein Viertel steigen würde. Die Reichen sind einfach nicht reich genug, um jedem 40.000 Dollar im Jahr zu bezahlen, oder anders gesagt, es sind zu wenige. Daher kann eine Umverteilung nur für die Einkommenserhöhung bei einer großen Minderheit genutzt werden, nicht aber für ein existenzsicherndes Grundeinkommen für alle.

Wie viel Einkommenstransfer wäre unter dieser Voraussetzung überhaupt möglich? Das hängt von der Antwort auf die folgenden beiden Fragen ab:

1. In welchem Maße senken progressive, höhere Einkommensteuern die Bereitschaft reicher Menschen, im Land zu arbeiten oder auch zu bleiben?
2. Welche Auswirkungen hätte ein garantiertes Mindesteinkommen auf die Bereitschaft der Armen, überhaupt einer Lohnarbeit nachzugehen?

Diese Fragen können nur anhand praktischer Beispiele beantwortet werden. Das Schicksal der Sowjetunion zeigt, dass es unmöglich (oder zumindest extrem schwierig) ist, ein System aufrechtzuerhalten, in dem jeder dasselbe Einkommen erhält. Empirisch erwiesen ist allerdings auch, dass skandinavische Länder mehrere Jahrzehnte lang mit Einkommensteuern bis zu 50 Prozent und staatlicher Beihilfe für Alte, Kranke und Arbeitslose in Höhe von etwa 15.000 Dollar im Jahr bei einem Pro-Kopf-BIP von etwa 40.000 Dollar gut zurechtgekommen sind.

Überschlagsrechnungen vermitteln eine Vorstellung davon, was möglich ist.

In den skandinavischen Ländern sind etwa 27 Prozent der Bevölkerung (PdB) von staatlicher Finanzhilfe abhängig (Rentner 15 %, Behinderte 6 %, Kranke 3 %, Arbeitslose 3 %), und erhalten

> um 15.000 Dollar pro Jahr. Die Gesamtheit der Transferleistungen beträgt also 27 % × PdB × 15.000 $ vom gesamten Nationaleinkommen in Höhe von 100 % × PdB × 40.000 $. Anders ausgedrückt, die Arbeitnehmer verzichten auf rund 10 Prozent des gesamten Nationaleinkommens zugunsten von Menschen, die aus dem einen oder anderen Grund nicht arbeiten.
>
> Es scheint also (in homogenen Gesellschaften) finanziell und praktisch möglich zu sein, 30 Prozent der Bevölkerung ein garantiertes Einkommen zu bezahlen, das 40 Prozent des Pro-Kopf-BIP entspricht. Sofern 15.000 Dollar pro Jahr in Gesellschaften mit einem durchschnittlichen BIP von 40.000 Dollar pro Kopf und Jahr als »existenzsichernd« gelten können, ist es machbar, einem Drittel der Bevölkerung ein existenzsicherndes Mindesteinkommen zu bezahlen, ohne dass der Staat pleite geht, den Reichen ein Anreiz zum Auswandern gegeben wird oder die Steuerzahler auf die Barrikaden gehen. Doch wahrscheinlich ist damit die Grenze dessen erreicht, was man nach unserer Ansicht durchsetzen kann (und wir sagen dies als erfahrene Wirtschaftswissenschaftler, die das Prinzip eines existenzsichernden Einkommens für alle befürworten).

tende Notlage zu bewältigen? Der bürokratische Aufwand hierfür wäre erheblich geringer (unserer Schätzung nach um ein Prozent des BIP[32]).

Unseres Erachtens ist diese Frage aber zu verneinen: Es ist nicht möglich, erheblich mehr als 10 Prozent des BIP auf diese Weise von einer Gruppe zu einer anderen zu transferieren. Bei einem Pro-Kopf-BIP von 40.000 Dollar im Jahr erhielte jeder lediglich 4.000 Dollar im Jahr, was für niemanden existenzsichernd ist. Dieser Betrag reicht schlichtweg nicht aus, um einen annehmbaren Lebensstandard zu halten.

Unsere Empfehlung ist daher, Rentnern, Behinderten, Kranken und Arbeitslosen ein garantiertes existenzsicherndes Einkommen zu gewähren, wobei medizinische Versorgung und Bildung kostenlos wären und direkt vom Staat (aus anderen Haushaltskassen) bezahlt würden. Die Flüchtlingsprobleme in Europa haben überdies gezeigt, dass es politisch schwer realisierbar ist, dieses Recht auf eine große Zahl von Einwanderern auszudehnen.

Unser dreizehnter Vorschlag lautet daher, den Bedürftigen in der reichen Welt ein garantiertes Grundeinkommen in Höhe von etwa einem Drittel des durchschnittlichen Pro-Kopf-BIP zu gewähren. Dies wäre die realistische Ausweitung und Vervollständigung eines Systems, das sich in vielen Ländern bereits abzeichnet und dem näherkäme, was John Maynard Keynes in einem Aufsatz für seine Enkel vorwegnahm. Seine Hoffnung, dass alle Menschen einmal nur noch 15 Stunden in der Woche arbeiten würden, wird sich wahrscheinlich nicht erfüllen, aber die Erwerbsfähigen werden vielleicht einmal um 30 Stunden pro Woche arbeiten und den Rest ihrer Zeit nach eigenen Wünschen gestalten. Und wer nicht arbeiten kann, würde dann ein Drittel des durchschnittlichen Nationaleinkommens erhalten.

An dieser Stelle möchten wir betonen, dass auch die Empfänger eines garantierten Mindesteinkommens aktiv etwas zur Gesellschaft beitragen sollten. Wer dazu in der Lage ist, sollte durchaus in der einen oder anderen Weise Arbeit leisten. Wir befürworten keine Freifahrtscheine.

Ein garantiertes existenzsicherndes Einkommen für die Bedürftigen gesetzlich zu verankern, wird jedoch an sich schon etwas bewirken. Die Beschäftigten, vor allem in den Branchen mit zunehmender Automatisierung und Mechanisierung, hätten weniger Angst vor der Arbeitslosigkeit. Alte Menschen müssten nicht mehr fürchten, ihren Lebensabend in wirtschaftlichem Elend zu verbringen. Und die Kranken und Behinderten würden weniger Not leiden.

Ein existenzsicherndes Mindesteinkommen würde einem Drittel der Bevölkerung ein Mehr an Würde verleihen und Armut und Ungleichheit rasch vermindern. Am wichtigsten aber ist, dass es dem Staat einen starken Anreiz gibt, die Früchte der bevorstehenden technologischen Revolution gerechter zu verteilen, das Renteneintrittsalter zu erhöhen und viele unserer weiteren Vorschläge umzusetzen.

Wie viele andere, so glauben auch wir, dass ein garantiertes Grundeinkommen unausweichlich sein wird. Die Frage ist dabei nicht, ob es eingeführt wird, sondern wann. Aber wir räumen auch ein, dass die Neuerung womöglich schrittweise realisiert werden muss.

Insgesamt werden unsere 13 Vorschläge für eine bessere Welt – sofern sie umgesetzt werden – die Ungleichheit verringern, in der reichen Welt den Lebensstandard der Mehrheit unmittelbar erhöhen und die Treibhausgasemissionen reduzieren. Den meisten Menschen würde es sehr viel besser gehen als bei einer Fortsetzung des gegenwärtig eingeschlagenen Kurses.

Ein großer Teil unserer Vorschläge läuft auf eine Einkommensumverteilung hinaus – von den Reichen hin zur Mehrheit, ob auf konventionelle oder unkonventionelle Art. Aber wir wollen damit nicht sagen: »Eat the Rich«. Die meisten Menschen brauchen einen Anreiz – die Möglichkeit, reich zu werden –, um zu einer positiven und menschlichen Entwicklung beizutragen. Wer reich wird, indem er die Probleme und unbefriedigten Bedürfnisse der Gesellschaft angeht, sollte genügend von seinem Wohlstand für einen ausreichend langen Zeitraum behalten dürfen, um ihn in Ruhe genießen zu können.

Das heißt aber nicht, dass diese Menschen ihren ganzen Reichtum behalten oder ihre Kinder und anderen Angehörigen ihn erben sollten. Und ganz bestimmt heißt es nicht, dass sie weniger Steuern zahlen sollten, nur weil sie reich sind, wie es heute in weiten Teilen der Welt der Fall ist. Wie wir gezeigt haben, ist es schlicht und einfach nicht wahr, dass in einem System des freien Markts Wohlstand allmählich zu den Armen durchsickert. Vielmehr ist es umgekehrt, er wandert nach oben und verstärkt die Ungleichheit, wenn nicht regulierend eingegriffen wird. Deshalb treten wir für die Umverteilung von den Reichen zu den Armen ein. Auch wenn dies nach extrem linker Gesinnung klingen mag – es ist die logische Schlussfolgerung und die notwendige Antwort auf die Herausforderungen, vor denen die reiche Welt heute steht. In einer stagnierenden Volkswirtschaft ist es nicht möglich, die Nachfrage zu erhöhen, ohne die Reichen ärmer und die Armen reicher zu machen. Und es ist äußerst schwierig, den ökologischen Fußabdruck der Gesellschaft zu verkleinern, ohne bezahlte Arbeit und Einkommen gerechter zu verteilen.

Natürlich hätten wir noch viele andere Vorschläge machen können, die der Menschheit den Wechsel zu einem nachhaltigeren Kurs erleichtern würden, etwa eine Reform des Finanzsektors, die Beendigung von Agrarsubventionen und die Einschränkung der Lobbymacht von Unternehmen. Wir hätten die Wiederbelebung der Genossenschaftsbewegung empfehlen können, die Stärkung der Basisinitiativen, eine Reform des Gesellschaftsrechts, um das Recht vieler Unternehmen auf den Status einer juristischen Person abzuschaffen, andere Lehrpläne für den Wirtschaftsunterricht an Schulen und Universitäten und mehr Geld für die Grundlagenforschung. All diese Dinge jedoch sind sehr komplex und schwer umsetzbar (zum Teil auch schwer verständlich) und würden kaum Veränderungen bringen, die der Mehrheit der Wähler unmittelbar zugute kämen. Vielleicht kümmern wir uns beim nächsten Mal darum.

Unsere Vorschläge bieten der Mehrheit zwar unmittelbare Vorteile, aber sie werden sicher nicht sofort auf breite Akzeptanz stoßen. Erstens wird man der Mehrheit vermitteln müssen, dass unsere Vorschläge tatsächlich auch kurzfristigen Interessen dienen, und zweitens muss man dafür sorgen, dass in der Politik die Mehrheit für den Wandel eintritt.

Bei diesem Kampf dürfte es hilfreich sein, auf zusätzliche Fortschrittsindikatoren zurückzugreifen, um das, was tatsächlich geschieht, genau kontrollieren zu können. Neben der Beobachtung der BIP-Entwicklung sollten der Stand des Gesundheits- und Bildungswesens ermittelt werden. Die Öffentlichkeit sollte die Palma-Rate, mit der die Kluft zwischen Arm und Reich berechnet wird, ebenso im Blick behalten wie das Gesamtniveau der Zufriedenheit; einige Länder tun das schon. Regierungen sollten bei wichtigen Wirtschaftsentscheidungen viel umfassender als bisher die Armut in ihrem Land berücksichtigen, die Zahl der Gefängnisinsassen und die Arbeitslosenrate (sowie die Rate der Unterbeschäftigung) in den verschiedenen sozialen Gruppen. Die Gesellschaft sollte mitverfolgen, wie sich die Durchschnittseinkommen und -kosten entwickeln, und das Maß und die Auswirkungen von Innovationen und technologischem Fortschritt überwachen. Zu den weiteren Indikatoren gehören der Grad sozialer Inklusion und Teilhabe sowie das Niveau der Umweltbelastung und der ökologischen Schäden.

Natürlich geschieht bereits viel von all dem. Doch die Ergebnisse fließen zu wenig in die Politik ein, sodass die Gesellschaft weiterhin dem schleichenden Einfluss der Mutter aller modernen Indikatoren ausgesetzt ist: der Rate des Wirtschaftswachstums beziehungsweise der Rate des BIP-Wachstums.

32   **Welche Indikatoren werden gegenwärtig gemessen und welche neuen Indikatoren sollten hinzugefügt werden, um einen sanften Übergang zu einer besseren Welt hinzubekommen?**

Die Hauptindikatoren für die gesellschaftliche Entwicklung sind gegenwärtig die Wachstumsrate des BIP (in Prozent pro Jahr in den Sektoren, die heute bei der Berechnung des BIP Berücksichtigung finden), die Höhe der Arbeitslosigkeit (die Zahl derjenigen, die nach einer Arbeitsstelle suchen oder noch nicht aus der Statistik herausgefallen sind, in Prozent), die Inflationsrate bei Konsumgütern (in Prozent pro Jahr), der Leitzinssatz (in Prozent pro Jahr), der Handelsüberschuss (in Prozent des BIP) und der Haushaltsüberschuss (in Prozent des BIP).

Viele dieser Faktoren sind für den Laien verwirrend, besonders weil die letzten beiden in der Regel negativ ausfallen und Jahr für Jahr ein Defizit aufweisen. (In der Ära des BIP-Wachstums war dies kein großes Problem, weil der Prozentsatz einigermaßen stabil blieb.)

Um die Umsetzbarkeit unserer 13 Vorschläge zu erleichtern, wäre es hilfreich, auch auf folgende Dinge zu achten:

- Das Maß der Ungleichheit (gemessen beispielsweise am Einkommen der reichsten 10 Prozent geteilt durch das Einkommen der ärmsten 40 Prozent im Land – die Palma-Rate).

- Die Treibhausgasemissionen pro Bewohner (in Tonnen CO_2-Äquivalent pro Person und Jahr) – idealerweise gemessen aus der Sicht des Konsums (das CO_2, das in dem steckt, was ein Durchschnittsbürger pro Jahr konsumiert), zumindest aber in Hinblick auf die Produktion (das CO_2, das innerhalb der Landesgrenzen freigesetzt wird).

► Das Niveau des subjektiven Wohlbefindens (beispielsweise ausgedrückt als der Teil der Bevölkerung, der meint, die Dinge besserten sich, die finden, es gebe Fortschritte). Dies könnte man feststellen, indem man einzelne Bürger fragt, ob sie glauben, es gehe ihnen gegenwärtig besser als fünf Jahre zuvor, und ob sie meinen, es werde ihnen in fünf Jahren noch besser gehen. Wenn sie beides mit Ja beantworten, kann man sagen, dass es Fortschritt gibt. Wenn sie antworten »nein, es ist gleich geblieben«, herrscht Stagnation – obwohl das nicht unbedingt auf ein Problem hinweist, etwa dann nicht, wenn sich ihr Wohlbefinden bereits auf einem guten Niveau befindet. Wenn das gegenwärtige Niveau des Wohlbefindens niedrig ist, signalisiert diese Stagnation einen Mangel an Fortschritt und die Notwendigkeit eines Politikwechsels.

Wenn wir nur eine einzige Korrektur an den gegenwärtig gültigen Indikatoren vornehmen dürften, würden wir das BIP-Wachstum durch das Wachstum des Prozentsatzes der Bevölkerung ersetzen, der glaubt, es gebe Fortschritte. Kurz, wir würden den »Anstieg des BIP« durch die »Zunahme des Wohlbefindens« ersetzen und den Menschen in Erinnerung rufen, dass sich die Gesellschaft auf keinem guten Weg befindet, wenn Ersteres vorhanden ist, Letzteres aber nicht.

KAPITEL 10

Die Mehrheit entscheiden lassen

In manchen angeblich demokratischen Ländern spielt die Sicht der Mehrheit nicht die maßgebliche Rolle. Das wird sich ändern müssen, wenn die Gesellschaft das Problem der Arbeitslosigkeit und Ungleichheit lösen soll.

Um eine realistische Chance auf Umsetzung zu haben, braucht es für die meisten unserer Vorschläge eine gut funktionierende Demokratie. Diese Voraussetzung scheint im Großteil der industrialisierten Welt erfüllt zu sein. Doch leider trügt der Schein.

Die Übernahme unserer Ideen ist nur in einer gut funktionierenden Demokratie möglich, und zwar deshalb, weil Unternehmensinhaber und Reiche weltweit massiv und aggressiv Widerstand leisten werden – was durchaus verständlich ist. Eine demokratische Mehrheit kann diesen Kampf aber dennoch gewinnen, genauso, wie sie im letzten Jahrhundert auch den Kampf um bessere medizinische Versorgung, bessere Schulbildung und mehr Umweltschutz gewonnen hat.

Der Erfolg wird davon abhängen, ob die demokratische Mehrheit in der Lage ist, ihre Rechte wahrzunehmen und sich Gehör zu verschaffen. Das ist eine hohe Hürde, denn in vielen Industrieländern befinden sich Politik und Demokratie in der Krise.

Heutige Wirtschaftswissenschaftler verknüpfen den Gedanken des freien Markts eng mit dem der Demokratie, als wären beide

Teil ein und derselben Philosophie, aber das ist ein Irrtum. In Wirklichkeit sind freier Markt und Demokratie Todfeinde, denn um effizient zu funktionieren, muss der Markt den demokratischen Prozess schwächen. Genau das ist in vielen Teilen der Welt passiert, vor allem in den Vereinigten Staaten, Großbritannien, Australien und den meisten EU-Ländern. Demokratie ist mittlerweile kaum mehr als ein Wort, ein Dogma, aber keine gelebte Wirklichkeit, und das macht die Einführung unserer Ideen so schwierig – wenn auch noch nicht unmöglich.

Die Mächtigen streiten es zwar ab, aber sie sind schon immer Feinde der Demokratie gewesen. Im 18. Jahrhundert, als erstmals der demokratische Gedanke aufkam und sich verbreitete, widersetzten sich die Reichen allen Vorhaben, den Armen ein Mitspracherecht bei der Führung der Staatsgeschäfte einzuräumen. Sie waren der Ansicht, nur der Adel sei in der Lage, Führungspositionen auszufüllen; die Reichen fürchteten, wenn »das Volk« mehr zu sagen hätte, würde es umgehend das Zivilrecht reformieren und die Reichen enteignen.

Heute beschneiden die Reichen zunehmend die Möglichkeiten der Politik und untergraben den demokratischen Prozess, indem sie Einfluss auf die Wahl der Politiker nehmen und Lobbyisten dafür bezahlen, dass sie ihre Interessen vertreten. Um davon abzulenken, wird den Menschen eingeredet, der Motor des sozialen Fortschritts seien das Wirtschaftswachstum und der freie Markt, und die Entwicklungen auf dem Markt dienten ihren Interessen. Der Staat hingegen behindere den Fortschritt. Nur der Markt bringe Freiheit, weil nur er Wahlmöglichkeiten biete. In Wirklichkeit arbeitet der Markt natürlich in erster Linie im Sinne der Unternehmen, die Waren und Dienstleistungen anbieten, und fördert die Interessen ihrer Anteilseigner.

Also werden die unsichtbare Hand und der Wunsch der Verbraucher nach niedrigen Preisen dafür verantwortlich gemacht, dass in Ländern wie Bangladesch und Indonesien Kinder zur Arbeit gezwungen werden, und zwar für viele Stunden am Tag und unter miserablen und gefährlichen Bedingungen, während es in Wirklichkeit natürlich die Unternehmen sind, die diese Ausbeutung betreiben, um Aktionäre mit stetig steigenden Unternehmensgewinnen zu beglücken. Das Problem entsteht gerade deshalb, weil der Markt *nicht* reguliert wird.

Und weil auch der Wettbewerb die Gewinne der Unternehmen beschneidet, ist die Auswahl an Waren und Dienstleistungen in Wahrheit viel geringer, als es den Anschein hat. Viele Wirtschaftsbereiche werden von einer Handvoll Firmen beherrscht, die ihre Waren und Dienstleistungen unter verschiedenen Markennamen anbieten, um den Eindruck zu erwecken, der Konsument habe Entscheidungsfreiheit und es herrsche Wettbewerb; das aber entspricht längst nicht mehr der Wirklichkeit.

In einer echten Demokratie würden die Marktmacht dieser Firmen und deren Anteilseigner vom Gesetzgeber beschränkt, um sicherzustellen, dass sie im Interesse der Mehrheit handeln und keinesfalls dem Gemeinwohl schaden. Der Staat würde Arbeitnehmer, wo auch immer, vor Ausbeutung schützen, sich um die Umwelt kümmern und die Voraussetzungen für einen echten Wettbewerb schaffen. Stattdessen erklärt man den Menschen, dass die Märkte, wenn sie gut funktionieren sollen, auf keinen Fall einer Kontrolle unterliegen dürften und sich stattdessen selbst regulieren sollen. Staatliche Eingriffe seien schädlich, heißt es. Bemühungen zur Regulierung von Unternehmen stoßen nicht nur bei großen Konzernen auf Widerstand, sondern auch bei jenem Teil der Medien in der reichen Welt, die sich ebenfalls der marktradikalen Weltsicht verschrieben haben. Der Staat wird häufig als unfähig angeprangert, der Privatsektor hingegen für seine Effizienz gelobt, obwohl immer wieder große Unternehmen schließen müssen und Menschen in die Arbeitslosigkeit entlassen, die Umwelt zerstören, sich als korrupt erweisen, gefährliche Güter produzieren oder ihre Monopolstellung missbrauchen. Die Regulierung der

Wirtschaft, so heißt es, sei ein Irrweg. Die Mechanismen des freien Markts verlangten die Reduzierung von Vorschriften auf ein Minimum. Die Gesetze dieses Wirtschaftssystems werden dargestellt, als wären sie unumstößlich wie Naturgesetze.

Dieses Vorgehen wird noch dadurch gestützt, dass man die Regeln des demokratischen Systems so weit manipuliert, dass es oft nur noch wie ein Spiel erscheint. Man erzählt den Menschen, wie segensreich freie und faire Wahlen seien, als würde ihre Stimmabgabe zu einer besseren Zukunft für die Mehrheit der Bevölkerung beitragen. Die Realität aber sieht anders aus, denn in vielen Ländern der reichen Welt nehmen große Konzerne und Reiche zu ihrem eigenen Vorteil Einfluss auf Wahlen und Gesetzgebung und verhindern den Wandel. Auch scheint es keine Rolle mehr zu spielen, dass im Wahlkampf gemachte Versprechungen oft gar nicht zu halten sind. Selbst in hochgebildeten Bevölkerungen schenken Millionen Wähler Ankündigungen Glauben, die jeder Logik entbehren oder nur vage und abstrakt formuliert werden wie etwa »mehr Transparenz und niedrigere Steuern« oder hier und da müsse »endlich gehandelt werden«. Millionen gehen schon nicht mehr zur Wahl, weil sie nicht mehr glauben, dass Wahlen zu einer besseren Welt führen.

In gut funktionierenden demokratischen Systemen werden regelmäßig Wahlen abgehalten, sodass die Menschen Volksvertreter bestimmen können, die Entscheidungen in ihrem Namen treffen. Um zu verhindern, dass diese Repräsentanten zu viel Macht bekommen, gibt es einen gesetzlichen Rahmen und Grundsätze, denen jede Regierung folgen muss, sowie eine unabhängige Justiz. Die Wahlen verlaufen fair und stehen jedem offen – oder fast jedem (beispielsweise können sich Minderjährige oder Personen, die nicht die jeweilige Staatsbürgerschaft besitzen, nicht zur Wahl stellen, ebenso – allerdings nur in manchen Ländern – Inhaftierte oder Vorbestrafte). Die Medien in diesen Demokratien sind unabhängig, um sicherzustellen, dass die Wähler richtig informiert werden, und es gibt die Versammlungsfreiheit, also das Recht, politische Vereinigungen zu bilden und sich Gehör zu verschaffen, auch mit einer extremen Meinung. Und schließlich werden die Bürger auch über ihre Rechte und Pflichten umfassend aufgeklärt.

In vielen Teilen der reichen Welt, viel mehr aber noch in den Entwicklungsländern, verfolgen die Gewählten jedoch ihre persönliche Agenda oder vertreten die Interessen von Lobbygruppen. Diese Lobbygruppen, besonders die, die im Auftrag großer Konzerne unterwegs sind, haben in Europa und den Vereinigten Staaten inzwischen einen Einfluss – auf die Auswahl von Kandidaten, den Ausgang der Wahlen, die Medien und auf juristische Verfahren –, von dem die Wähler nur träumen können. Da große Konzerne meist rechtsorientierte Parteien unterstützen, können die Reichen die Wahlen manipulieren, ohne dass die Wähler mitbekommen, dass die ihnen präsentierten Informationen ein spezielles, in der Regel aber nicht erklärtes Ziel verfolgen, hinter dem die Geldgeber der Partei stehen.

Deshalb ist das westliche Demokratiesystem oft nur noch ein Wahlzirkus, der als demokratisch bezeichnet wird, ohne dass man den Beweis dafür liefert –, denn der ist gar nicht mehr zu führen. So meinte Francis Fukuyama in seinem Buch *Das Ende der Geschichte*, die großen Leidenschaften, die im 20. Jahrhundert und davor zu bewaffneten Konflikten und zu erstaunlichen Heldentaten geführt hätten, seien durch den Markt verdrängt worden. An die Stelle des materiellen Fortschritts der Mehrheit sei die Hoffnung des Einzelnen auf materiellen Gewinn getreten. Der demokratische Prozess ist oft nur noch ein Nebenschauplatz, während der Markt die Hauptrolle spielt.

Die Beharrlichkeit, mit der eine extreme Spielart der Marktwirtschaft verteidigt wird, und die Schwächung des demokratischen Prozesses als Voraussetzung für das Funktionieren dieses Markts haben in einkommensstarken Gesellschaften die Kluft zwischen Arm und Reich vertieft und die Stimme des Volkes weitgehend zum Schweigen gebracht. Darüber hinaus untergräbt sie die Stellung des Westens in der Welt, weil die reichen Länder als Gesellschaften wahrgenommen werden, die nur ihre eigenen Interessen verfolgen – und das meist gegen die Interessen vieler Millionen Menschen in der armen Welt. Die Forderung, das marktradikale System des Westens zu übernehmen, hat Politiker in der armen Welt dazu veranlasst, ebenfalls die Erde auszubeuten und von Schulden getriebene Konsumgesellschaften zu schaffen. Die einzigen Länder, die sich dem widersetzen, sind Venezuela, der Iran und ein paar andere, die deshalb öffentlich an den Pranger gestellt, mit Wirtschaftssanktionen belegt und von den westlichen Medien verteufelt werden.

Im Namen der Demokratie, des Freihandels und des freien Markts fördert der Westen in einigen Ländern sogar den zivilen Widerstand gegen gewählte Regierungen,[1] um politischen Einfluss zu gewinnen und westlichen Firmen Geschäftsmöglichkeiten zu eröffnen, die dazu beitragen, dass sich in diesen Ländern die von einer Finanzelite dominierte freie Marktwirtschaft durchsetzt. Nicht zuletzt aus diesen Gründen herrschen in Teilen der Welt solch eine Wut und so ein großer Hass auf die Vereinigten Staaten und den Westen insgesamt. Was im Namen von Freiheit und Demokratie eingeführt wurde, hatte den Zerfall zuvor stabiler Gesellschaften und damit wachsende Armut zur Folge (siehe nächstes Kapitel), während die Forderung nach stetig wachsender Produktionsleistung in vielen Ländern zu schweren Umweltschäden führt.

In einem Großteil der Welt hat die Demokratie längst nichts mehr mit ihrem ursprünglichen Sinn und Zweck zu tun. Gefesselt an die Religion des Wirtschaftswachstums, getragen auf den Flügeln des freien Markts, wird die Demokratie als die Lösung aller Probleme propagiert, während sie sich in Wirklichkeit in ein Werkzeug der Reichen zur Sicherung ihres Wohlstands und ihrer Macht verwandelt hat.

Wenn die Menschen also wirklich eine Veränderung herbeiführen wollen, brauchen sie zunächst einmal mehr Demokratie. Viele hoffen, dass eine Wahlreform, das Verbot von Parteispenden, die öffentliche Registrierung der Lobbyisten und der Einflussnahme durch Unternehmen sowie mehr politische Bildung die entsprechende Wirkung zeigen. Aus unserer Sicht reicht all das bei weitem nicht.

Da wir jedoch glauben, dass es mindestens 30 Jahre dauern wird, das politische System umfassend zu verändern, müssen wir uns zunächst darauf beschränken, innerhalb des gegenwärtigen, mangelhaften Systems zu arbeiten und die Einführung von Gesetzen zu fördern, die dem Wohlergehen der Mehrheit dienen. Wie bereits mehrmals erwähnt, legen wir deshalb Vorschläge vor, die unserer Ansicht nach eine gute Chance haben, im gegenwärtigen System zu überleben, obwohl es von Kurzsichtigkeit und gravierender politischer Manipulation gekennzeichnet ist.

Unsere 13 Vorschläge sind das Äußerste, was getan werden kann. Dennoch ist der Erfolg nicht sicher und wir bekennen freimütig, dass der Weg in eine bessere Zukunft steinig ist.

KAPITEL 11

Lasst die arme Welt wachsen

Der von uns vorgeschlagene ökonomische Ansatz ist für viele Entwicklungsländer ungeeignet, weil hier herkömmliches Wirtschaftswachstum noch wünschenswert ist. Vielmehr sollten arme Länder dabei unterstützt werden, die Entwicklung der Industrieländer zu überspringen.

Traditionell variieren die weltweiten Wirtschaftssysteme nach ihrer politischen Philosophie – Kommunismus kontra Kapitalismus beispielsweise – und nicht nach ihrem Entwicklungsgrad. Die arme Welt folgt seit jeher meist dem Wirtschaftsmodell der reicheren Welt. Unsere Empfehlungen laufen darauf hinaus, dass sich das ändern muss, weil die Entwicklungserfordernisse der armen Welt völlig andere sind.

In den Entwicklungsländern steigen die Bevölkerungszahlen und werden es noch viele Jahre tun, das heißt, die Produktivität muss zunehmen und die Arbeitsplätze müssen mithilfe von Wirtschaftswachstum geschaffen werden. Die große Mehrheit der Menschen in der armen Welt lebt mit einem sehr niedrigen Einkommen und hunderte Millionen haben kaum genug Geld für Essen und Kleidung. Die Industrie ist nur schwach entwickelt, viele Volkswirtschaften haben ihr Fundament nach wie vor in der Förderung von Rohstoffen und in der Landwirtschaft. Hinzu kommt, dass in weiten Teilen der armen Welt die Folgen des Klimawandels früher spürbar sein werden als in der reichen.

Während sich in der reichen Welt Keynes' Hoffnung auf ein Einkommen, dass allen ermöglicht, weniger zu arbeiten und ein gutes Leben zu führen, bereits erfüllt hat, trifft das auf die arme Welt nicht zu. In den Ländern der OECD heißt die Herausforderung Umverteilung, das heißt, verfügbares Einkommen und Arbeit gleichmäßiger zu verteilen, damit jeder genug hat. Das hohe Durchschnittseinkommen eröffnet die Möglichkeit, auf politischer Ebene über eine Verringerung des Wachstums von Produktivität und Konsum nachzudenken, um nach und nach den ökologischen Fußabdruck zu verkleinern, und zwar nicht nur den der Nation insgesamt, sondern eines jeden einzelnen Bürgers. Die Gesellschaften der reichen Welt können dabei sogar die Lebensqualität anheben: mehr Freizeit als Ausgleich für geringeren Ressourcenverbrauch.

In der armen Welt hingegen bedarf es noch einer elementaren wirtschaftlichen Entwicklung, und zwar teilweise ausgehend von einem sehr geringen Niveau. Um den Lebensstandard in der armen Welt zu heben, muss die Wirtschaftsleistung pro Kopf erhöht und der Erlös gleichmäßig auf die Bevölkerung verteilt werden. Das heißt, die landwirtschaftliche Produktivität muss allmählich gesteigert werden, damit mehr Menschen in der Fertigung und später im Dienstleistungssektor arbeiten können. Kurz gesagt, das gute alte Wirtschaftswachstum ist gefragt, idealerweise mithilfe der rohstoffeffizienten, sauberen Technologien, die in den letzten Jahrzehnten in der reichen Welt entwickelt wurden.

Natürlich kann auch in der armen Welt sehr viel über Umverteilung erreicht werden, weil die Kluft zwischen Arm und Reich dort oft noch tiefer ist als in den Ländern der OECD. Aber die absolute Zahl armer Menschen sowie die praktischen Hindernisse, die einem solchen Transfer entgegenstehen, lassen vermuten, dass eine sinnvolle Umverteilung vorerst wohl nicht möglich ist. In der armen Welt ist Korruption in der Regel ein größeres Problem,[1] folglich wäre die Schaffung eines funktionierenden Rechtsstaats kurzfristig für das Wohlergehen des Durchschnittsbürgers sehr viel hilfreicher.

In den letzten 30 Jahren ist ein Entwicklungsland aufgrund seiner ökonomischen Leistungen besonders hervorgetreten. Der chinesische Staat hat in kürzerer Zeit mehr Menschen aus der Armut befreien können als je ein anderer in der Menschheitsgeschichte. Die Methoden waren unorthodox und können von anderen nicht ohne Weiteres übernommen werden. Im Großen und Ganzen ist China in die Fußstapfen von Japan und Südkorea getreten, die in weniger als 50 Jahren die Entwicklung von einer armen, landwirtschaftlich geprägten zu einer postindustriellen Volkswirtschaft vollzogen haben. In beiden Fällen war dazu eine kräftige Dosis staatlicher Planung, gemeinhin als Planwirtschaft bezeichnet, erforderlich. Federführend war in beiden Ländern eine kleine Elite und sie verfolgte klar definierte Ziele, die weder dem kurzfristigen Profit noch den Vorlieben der Mehrheit verpflichtet waren.

Die Entwicklung Chinas ist der Zielstrebigkeit von Staat und Volk ebenso geschuldet wie seiner Bereitschaft, ihre Chance zu nutzen, als die reiche Welt aufgrund ihrer marktradikalen Ideologie einfache Fertigungsprozesse nach China verlagerte. Die Chinesen waren klug genug und verfügten auch über die Strukturen, den Großteil der Gewinne aus dieser Verlagerung einzubehalten und damit enorme Devisenreserven anzuhäufen. Während die reiche Welt in einen Kredit- und Kaufrausch verfiel, lieferte China die Waren dazu, allerdings nahm es horrende ökologische Schäden dafür in Kauf.

In diesem Buch geht es jedoch nicht um die politischen Veränderungen, die nötig sind, damit der armen Welt der Übergang zu einem gesünderen Wirtschaftssystem gelingt. In diesem Buch geht es um die reiche Welt. Immerhin können wir sagen, dass auch die Entwicklungsländer vorausblickende protektionistische Maßnahmen brauchen, damit ihre Wirtschaften wachsen, der Lebensstandard steigen kann und junge Industrien geschützt werden. Um die weltweiten ökologischen Ziele zu erreichen, insbesondere beim Klimawandel, muss in den Entwicklungsländern rasch eine Energieversorgung etabliert werden, die ohne fossile Brennstoffe auskommt.

Hier kann die reiche Welt helfen – durch die Bereitstellung modernster niedrig-emittierender, klimafreundlicher Technologien. Langfristig liegt dies im Interesse aller. Damit es schneller vorangeht, sollte die reiche Welt für die Zusatzkosten aufkommen, die durch den Aufbau kohlenstoffarmer Energiesysteme (Photovoltaik-Panele, Windräder, Wasserkraftwerke und Energiepflanzen für Biogasanlagen) entstehen. Damit würde sich für die Unternehmen der reichen Welt ein Markt für ihre Hightech-Energieprodukte eröffnen und die arme Welt erhielte ein Energiesystem, das zum Klimaschutz beiträgt. Dies sollte von der reichen Welt finanziert werden, weil es im Interesse der Menschheit liegt und weil der Großteil der heute in der Atmosphäre vorhandenen Treibhausgase die Folge der früheren wirtschaftlichen Entwicklung der reichen Welt und ihres gegenwärtigen Konsums ist. So viel Großmut ist aber eher unwahrscheinlich, weil die Steuerzahler der reichen Welt es nicht unterstützen würden. Das gilt leider selbst dann, wenn diese kohlenstoffarmen Energiesysteme – mit Entwicklungshilfegeldern finanziert – in der reichen Welt von Beschäftigten der reichen Welt produziert würden und in den Händen der Unternehmen lägen, die von Aktionären der reichen Welt kontrolliert werden.

Das elementarste Problem, vor dem die arme Welt steht, ist die Tatsache, dass der Planet zu klein oder, genauer gesagt, dass die Menschheit für die vorhandenen Ressourcen zu groß geworden ist. Bei der gegenwärtigen Ressourcenintensität (genutzte Tonnen pro Produkt) und Emissionsintensität (emittierte Tonnen pro Produkt) können kaum mehr als ein Drittel der Weltbevölkerung denselben Lebensstandard erreichen, wie er heute in den Vereinigten

Staaten und Europa existiert. Jahrzehnte technologischen Fortschritts wären erforderlich, damit die gesamte Menschheit auf dieses Niveau kommt. Damit auch nur China – mit 1,3 Milliarden Menschen – denselben Lebensstandard erreicht wie die OECD – mit 1 Milliarde Menschen –, wäre beim heutigen Stand der Technik ein zweiter Planet mit entsprechenden natürlichen Ressourcen und Kapazitäten zur Absorption der Umweltbelastung nötig.[2]

Die gute Nachricht ist, dass es dank technologischer Fortschritte allerdings jedem ermöglicht werden kann, innerhalb der Grenzen unserer Erde ein gutes Leben zu führen. Die Herausforderung besteht darin, diesen Weg so schnell einzuschlagen, dass damit das Bevölkerungswachstum und der wachsende Fußabdruck pro Kopf mehr als ausgeglichen werden können.

Was beispielsweise Energie betrifft, ist weltweit bereits genügend installierte Leistung vorhanden, um sieben Milliarden Menschen ein hinreichend angenehmes Leben zu ermöglichen.[3] Diese Energieproduktion beruht aber vorwiegend auf der Verbrennung fossiler Rohstoffe. Es stellt sich also die Frage, wie schnell sie auf erneuerbare Energiequellen umgestellt werden kann, ohne dass die Gesellschaft installierte Anlagen vor dem Ende ihrer Lebensdauer abschalten muss. Grobe Schätzungen zeigen, dass dies innerhalb von 50 Jahren geschehen kann, wenn die reiche Welt zwei Prozent ihres BIP für diesen Zweck aufwenden würde. Das eigentliche Problem besteht darin, dass kohlenstoffarme Energieerzeugung in der Regel teurer ist als die gegenwärtige durch fossile Energie; der Übergang ist also auf einem unregulierten freien Markt praktisch unmöglich.

Aber die *Fata Morgana* muss kein Trugbild bleiben: Die Erde erhält von der Sonne täglich 10.000-mal mehr Energie, als sieben Milliarden Menschen mit einem Energieverbrauch wie ihn das heutige Europa hat, benötigen würden. Eine Welt ohne ein Zuviel an Treibhausgasemissionen *ist möglich*, eine Welt, die für den Verkehr, Klimaanlagen und Heizungen, industrielle Fertigung und alles andere, Strom nutzt. Sogar bei Dunkelheit würde die Energie noch ausreichen, weil tagsüber erzeugter, überschüssiger Strom in Wasserstoff umgewandelt und während der Nacht als sauberer Brennstoff verwendet werden kann. Die Lösung ist also bekannt. Das Problem ist nur, dass die Gesellschaft zurzeit noch nicht bereit ist, die Kosten für diese Lösung zu tragen.

Aus unserer Sicht sollte die arme Welt alle erdenklichen Mittel nutzen, um das Los ihrer Bevölkerung zu verbessern. Sie sollte konventionelles Wirtschaftswachstum anstreben, von den Ländern lernen, die bei der Steigerung des BIP pro Kopf die Nase vorn haben. Entwicklungsländer sollten nach Möglichkeit die energie- und klimaeffizientesten Technologien anwenden und diese von der reichen Welt subventionieren lassen. Wir meinen außerdem, dass sie dem Beispiel Chinas folgen und ihre Bevölkerungszahl begrenzen sollten, nicht unbedingt mittels Ein-Kind-Politik, sondern durch bessere Bildung, Bereitstellung von Verhütungsmitteln – und im Idealfall Bonuszahlungen an Familien, die weniger als zwei Kinder haben.

Für uns hat die reiche Welt die moralische Verpflichtung, diese Entwicklung so gut wie möglich technisch und finanziell zu unterstützen – insbesondere im Bereich der kohlenstoffarmen Stromversorgung –, weil für die Menschen in Entwicklungsländern der ganz große Schritt nach vorn mit der Verfügbarkeit von Strom verbunden ist. Zugang zu Strom verbessert das Niveau des Wohlergehens sofort und dafür könnte die reiche Welt sorgen.

Die arme Welt müsste im Lauf ihrer Entwicklung natürlich Menschen- und Geldströme steuern und umlenken. Sie müsste einen gewaltigen Exodus von Menschen und Investitionen aus der Landwirtschaft in die Industrie und dann in den Dienstleistungssektor ermöglichen und einen ebenso enormen Zustrom aus den Dörfern in die Megastädte. Zudem müsste sie ihre Arbeitskräfte dazu befähigen, die Dienstleistungen zu liefern (Bildung, Gesundheit und Altenpflege), die im Zentrum des modernen Wohlergehens stehen. Sie sollte anstreben, was Japan, Südkorea, Singapur und China bereits erreicht haben: das BIP pro Kopf im Lauf von 30 Jahren zu vervierfachen. Wenn sie das schaffen, dann wären diese Länder ebenfalls in der Lage, jedem ihrer Bürger einen vernünftigen Lebensstandard zu gewähren.

Das ist eine gewaltige Herausforderung, aber es ist machbar – wie die Länder demonstrieren, die bereits einen raschen Übergang von einer Agrar- in eine Industrieökonomie vollzogen haben. Anderen Entwicklungsländern wird dieser Übergang angesichts von Freihandel und unregulierter Marktwirtschaft jedoch sehr schwerfallen.

Aus unserer Sicht wäre die Entwicklung der armen Welt viel einfacher, wenn sie sich von der extremen Marktideologie verabschieden könnte. Entwicklungsländer sollten versuchen, klüger vorzugehen. Denn das marktradikale Denken hat schon in der reichen Welt nicht genügend Arbeit geschaffen und die Ungleichheit verstärkt; erst recht hat es in der armen Welt in den letzten 30 Jahren seine Versprechen nicht einlösen können. Auch hier hat sich die Ungleichheit verschärft.

Die Regierungen der Entwicklungsländer müssen begreifen, dass eine weitere zentrale Säule im Evangelium des marktradikalen Denkens Risse aufweist. Und das ist der Glaube, der konventionelle freie Markt habe im Lauf der letzten 30 Jahre eine Milliarde Menschen aus der Armut geführt.

Das ist schlicht nicht wahr.[4] Der Kraftakt wurde in Wirklichkeit von China geleistet.

Einerseits stehen die nackten Tatsachen außer Frage. Den Vereinten Nationen zufolge ist die Anzahl der Menschen, die von 1,25 Dollar pro Tag leben, zwischen 1990 und 2015 um über eine Milliarde zurückgegangen, und zwar von 1,9 Milliarden auf 836 Millionen.[5] Sowohl die Weltbank als auch der Internationale Währungsfonds, beide vehemente Verfechter des marktwirtschaftlichen Modells, haben ähnliche Statistiken veröffentlicht.

Andererseits enthalten diese Behauptungen diverse Unschärfen und Unwahrheiten. Erstens vermitteln sie, verstärkt durch Schlagzeilen und Siegesmeldungen, den irreführenden Eindruck, die freie Marktwirtschaft weise den Weg aus Armut und Elend. Auch wird suggeriert, diese eine Milliarde Menschen seien der Armut endgültig entronnen und man müsse sich keine Sorgen mehr um sie machen, weil das System sie bereits auf einen neuen, besseren Weg geführt habe.

In Wahrheit leben in den Entwicklungsländern fast 90 Prozent der Bevölkerung von weniger als 10 Dollar pro Tag. Mehr als die Hälfte hat täglich nicht einmal 2,50 Dollar zur Verfügung. Die Kluft zwischen Arm und Reich ist ebenfalls gewachsen und der Abstand zwischen der reichen und der armen Welt ist sehr viel größer als noch vor drei Jahrzehnten. Er ist heute sogar größer als im Jahr 1820.[6] Die konsolidierten Zahlen der Vereinten Nationen verschleiern zudem, was national und regional geschieht. In manchen Regionen der Welt, insbesondere in weiten Teilen Afrikas südlich der Sahara hat sich der Prozentsatz der Menschen, die von 1,25 Dollar pro Tag leben, trotz 30 Jahren internationalen Wirtschaftswachstums praktisch nicht verändert. Knapp 60 Prozent der weltweit in extremer Armut Lebenden sind Bürger einer Handvoll bevölkerungsreicher Länder – Indien, Bangladesch, Nigeria, Kongo –, wo sich in den letzten 30 Jahren wenig getan hat.

Besonders kritisch ist, dass sich der Fortschritt der letzten drei Jahrzehnte weitgehend auf ein Land beschränkt: China. Nimmt man China aus der Statistik und hebt die Armutsgrenze auf 2,50 Dollar pro Tag an, dann hat sich der Anteil der Menschen, die weltweit in Armut leben, zwischen 1980 und 2005 überhaupt nicht verändert.[7] Die Hälfte der Welt lebte 1980 in Armut und so ist es auch heute noch. Eine Verringerung hat es nicht gegeben. Die Armutsgrenze auf 2,50 Dollar anzuheben, ist dabei absolut gerechtfertigt. Sie wurde 1980 von der Weltbank bei einem Dollar angesetzt und 2008 auf 1,25 Dollar angehoben, »um die Inflation zu berücksichtigen«. Allerdings hat man sich bei der Berechnung der Inflation geirrt, denn ein Dollar im Jahr 1980 entsprach 2008 tatsächlich 2,61 Dollar. Wer heute eine Grenze von 1,25 Dollar festlegt, senkt die Armutsgrenze gegenüber 1980 deutlich ab und das heißt, weniger Menschen gelten als arm. Das erklärt weitestgehend, warum die Zahl der in Armut Lebenden zu sinken scheint. Zieht man den Gegenwert eines Dollars von 1980 im Jahr 2015 (also 2,90 Dollar) als Armutsgrenze heran, zeigt sich, dass der Anteil der in Armut lebenden Menschen weltweit in den letzten 35 Jahren sogar leicht *angestiegen* ist.

Auch das Zustandekommen von Armutsstatistiken wirft Fragen auf, denn die Ärmsten sind in jeder Gesellschaft meist obdachlos und gar nicht gemeldet. Es sind Menschen, an die die Statistiker der Vereinten Nationen nur schwer herankommen. Das lässt vermuten, dass sogar die offiziellen Zahlen noch untertrieben sind.

Wie alle Sozialstatistiken sind diese Daten, obwohl sie oft mit vier und mehr signifikanten Stellen vorgelegt werden, mit gewaltigen Unsicherheiten befrachtet. Im Grunde ist es vielerorts unmöglich, die genaue Bevölkerungszahl, geschweige denn das Einkommen der Menschen mit mehr als zwei signifikanten Stellen festzustellen, weil über 100 Entwicklungsländer kein funktionierendes System zur Erfassung von Geburten und Todesfällen besitzen; 26 Länder haben seit 2009 keine Daten mehr zur Kindersterblichkeit gesammelt.[8] In Wirklichkeit finden nur 20 Prozent der Geburten in Ländern mit funktionierenden Standesämtern statt. Selbst in den Vereinigten Staaten wird die Bevölkerung nur alle zehn Jahre gezählt und selbst dort liegt das Fehlerniveau bei 0,1 Prozent, was einem Plus oder Minus von 300.000 Menschen entspricht. Und schließlich werden die von den Vereinten Nationen, der Weltbank und anderen Institutionen ausgegebenen BIP-Zahlen oft nach Kaufkraftparität angepasst. Damit sollen relative Wechselkurse und unterschiedliche Lebenshaltungskosten berücksichtigt werden, damit die Zahlen besser vergleichbar sind, denn einen Dollar in der Tasche zu haben, bedeutet in New York etwas anderes als in Mogadischu. Aber die Anwendung der Kaufkraftparität verzerrt auch die Zahlen und lässt Einkommen in der armen Welt besser und jene in der reichen Welt schlechter erscheinen. Nach Kaufkraftparität bereinigt, verdoppelt sich das indische Durchschnittseinkommen, während sich das dänische Durchschnittseinkommen nahezu halbiert.

Natürlich ist die Anwendung der Kaufkraftparität immer noch besser als die Verwendung von Lokalwährungen oder die Umrechnung der Lokalwährungen in Dollar zu derzeitigen Wechselkursen, weil die Lebenshaltungskosten natürlich enorm variieren. Aber man sollte sich auch die Grenzen der Methode vor Augen führen.

Ungeachtet dieser Probleme mit offiziellen Statistiken und mit den Methoden zur Armutsmessung ändert das Fehlen genauer Kenntnisse nichts an dem zentralen Ziel: das durchschnittliche Wohlergehen aller Bewohner des Planeten zu verbessern. Dass keine präzisen Daten vorliegen, macht die Aufgabe nur komplizierter.

Eine andere Möglichkeit, die arme Welt schneller auf einen besseren Pfad zu führen, wäre ein Transfer von einem Teil des Reichtums der reichen Welt. Wie unsere anderen Vorschläge kann dies relativ störungsfrei geschehen, wenn man Schritt für Schritt vorgeht. Der einfachste Weg wäre, wie bereits vorgeschlagen, dass die reiche Welt in der armen Welt kohlenstoffarme Energiesysteme aufbaut und dann den Strom kostenlos zur Verfügung stellt. Etwas weniger utopisch ist die Idee, dass die reiche Welt die Stromversorgung aufbaut und den Strom verkauft, die Bezahlung aber stundet. Die reiche Welt könnte sich zum Beispiel damit zufrieden geben, dass die Empfängerländer erst dann zahlen, wenn ein gewisses Niveau der wirtschaftlichen Entwicklung, gemessen am BIP pro Kopf, erreicht ist. Wenn ein Empfängerland seine

Entwicklung erfolgreich steuert, könnte es wahrscheinlich nach 40 Jahren mit der Begleichung seiner Stromrechnung beginnen – was angesichts steigender Kosten für die Altersversorgung in weiten Teilen der reichen Welt gelegen käme. Aber weil diese Idee eine geringere Kapitalrendite verspricht als andere Investitionen, stehen die Chancen schlecht, dass sich die Bevölkerung der reichen Welt so großmütig zeigt. Also stecken wir in der gegenwärtigen Situation fest, in der die reiche Welt den armen Ländern nur Geld *leihen* will – praktisch zu marktüblichen Zinssätzen –, um die Versorgungseinrichtungen zu bauen, die für eine Beendigung der Armut gebraucht werden – was aber wieder eine neue Schuldenlast für sie bedeutet. Und wie bei vielen anderen bereits diskutierten Fragen ist die langfristige Folge dieses Vorgehens, dass Einkommen und Wohlstand von den Armen an die Reichen fließen.

KAPITEL 12

Die Welt retten

Unser Ansatz wird das Wohlergehen im Durchschnitt verbessern, die Ressourcenvernichtung bremsen, Treibhausgasemissionen senken und Umweltschäden verringern.

Als 1972 *Die Grenzen des Wachstums* erschien, glaubten die Autoren – darunter einer von uns –, die drohenden sozialen und ökologischen Gefahren seien relativ leicht zu bannen. Erforderlich sei nur eine selbstauferlegte Beschränkung des Materialverbrauchs der Weltbürger, sobald ein akzeptabler Lebensstandard erreicht sei. Je geringer die Weltbevölkerung, desto höher könne dieser Lebensstandard ausfallen.

Dieser Rat wurde jedoch weitgehend ignoriert und inzwischen hat die Menschheit den ökologischen Overshoot erreicht.

Overshoot ist eine Situation, in der Menschen mehr Ressourcen nutzen, als von der Natur regeneriert werden, oder mehr Verschmutzung freisetzen, als die Natur absorbieren kann. Ein Overshoot liegt vor, wenn[1]

1. immer mehr Abfälle und Schadstoffe angehäuft werden;

2. die Bestände an Grundwasser, Wald, Fisch und Boden zurückgehen;

3. Kapital, Arbeit und Energie zunehmend genutzt werden, um den Verlust einst kostenloser natürlicher Grundlagen zu kompensieren (Abwasserreinigung, Hochwasserschutz, Luftreinhaltung);

4. die materielle Infrastruktur immer häufiger repariert werden muss;

5. die Konflikte um Ressourcen zunehmen.

Zum Overshoot kommt es, weil die Weltgesellschaft ökonomisch so sehr aufs Gaspedal drückt, dass die Natur damit nicht mehr unbeschadet zurechtkommt, und weil mit der heute genutzten Technologie kein sauberes Leben möglich ist, jedenfalls nicht für eine stetig wachsende Weltbevölkerung. Die negativen Auswirkungen menschlichen Handelns auf den Planeten sind so erheblich, dass sich die physischen Bedingungen – die Rahmenbedingungen der Gesellschaft – verändern.

Am einfachsten wäre es natürlich, dieses destruktive Handeln zu beenden und so lange den Ressourcenverbrauch und die schädlichen Emissionen zu verringern, bis diese wieder unterhalb der Belastungsgrenze des Planeten liegen. Aber die Geschichte zeigt, dass dieser Schritt nicht so einfach ist, wie er erscheint.

In den letzten 50 Jahren hat die technologische Entwicklung dafür gesorgt, dass der durchschnittliche ökologische Fußabdruck pro Kopf mehr oder weniger konstant geblieben ist. Aber die Weltbevölkerung ist gewachsen und somit liegt die Ökobilanz insgesamt um das Anderthalbfache über der Belastungsgrenze des Planeten.[2] Das heißt, die Menschheit lebt, als hätte sie 1,5 Planeten zur Verfügung. Das ist nicht nachhaltig und wird auf lange Sicht nicht funktionieren.

Eine offenkundige Folge des Overshoot ist der Klimawandel. Weil die Menschheit Jahr für Jahr doppelt so viel CO_2 freisetzt, wie durch die Ozeane, die an Land wachsenden Pflanzen und den Erdboden aufgenommen werden, sammelt sich der Überschuss in der Atmosphäre an und wird dort über Jahrhunderte bleiben. Wegen der wachsenden CO_2-Konzentration steigen unabänderlich die Temperaturen und es kommt zu immer extremeren Wetterereignissen. Das Problem wird bestehen bleiben, selbst wenn die

Emissionen auf null sinken würden. Selbst dann noch wird die Weltbevölkerung mit zu hohen Temperaturen zu kämpfen haben – und den damit verbundenen Extremwetterereignissen und dem Anstieg der Meeresspiegel – und zwar jahrhundertelang. Mit anderen Worten: Der anhaltende Klima-Overshoot wird das Wohlergehen immer mehr beeinträchtigen.

Das heißt, die Menschheit muss sich ändern. Wenn sie es nicht tut, wird die Natur der Gesellschaft Veränderungen aufzwingen – und die Methoden der Natur dürften weniger angenehm sein als die von Menschen gewählten.

Trotz dieser auf der Hand liegenden Probleme bleiben viele Menschen zuversichtlich. Sie meinen, die Technik werde Lösungen liefern, die Wissenschaftler von morgen würden die nötigen Antworten finden. Dieser Gedanke ist tröstlich, aber er ist auch unrealistisch und entbehrt jeder Grundlage, und zwar hauptsächlich deshalb, weil nicht etwa eine neue Technologie benötigt wird, sondern der Wille, die bereits existierenden Verfahren zu nutzen. Die Menschheit könnte heute anfangen, das Klimaproblem zu lösen, wenn sie nachhaltige Methoden zur Produktion von Lebensmitteln und kohlenstoffarmer Energie anwenden würde. Die Technologien sind bereits vorhanden. Was fehlt, ist der Wille zur Veränderung, der Wille, Lösungen umzusetzen, die teurer sind als das ewige Weiterso.

Aber was wird geschehen, wenn wir nicht freiwillig neue Wege einschlagen? Die schlichte Antwort ist, dass es zum Kollaps kommen wird. Was wir damit meinen, bedarf einiger Erläuterungen.

Der Kollaps, den wir vorhersehen und den die Menschheit tunlichst vermeiden sollte, wird sich nicht als jähe Katastrophe manifestieren. Er wird nicht durch ein unerwartetes Ereignis ausgelöst, mit dem sich praktisch alles über Nacht oder auch im Lauf eines Jahres verändert, mit dem der Lebensstandard abrupt auf den Stand des finsteren Mittelalters absinkt. Die Geschichte der Menschheit und bedeutende ökologische und soziale Veränderungen laufen anders ab. Große Umwälzungen erstrecken sich über viele Jahre. Es dauert, bis sich gesellschaftlicher und politischer Druck aufbaut, bis ein Übergang beginnt und die langfristigen Auswirkungen klar werden. Die beiden Weltkriege des 20. Jahrhunderts, die Französische und die Russische Revolution und sogar die Finanzkrise von 2008 waren keine klar umrissenen historischen Ereignisse mit einem deutlich erkennbaren Anfang und einem offenkundigen Ende. Sie alle waren Teil einer dynamischen Abfolge von Veränderungen und sozialen Konflikten, die vielfach über Jahrzehnte zurückreichten. Und alle hatten größere soziale und wirtschaftliche Folgen, die ebenfalls über viele Jahre wirksam waren.

Was wir als Kollaps bezeichnen, ist eine Situation, in der mehr als die Hälfte der reichen Menschen auf der Welt im Lauf von 20 Jahren den Großteil dessen einbüßen, was ihnen lieb und teuer ist, und zwar unfreiwillig.[3] (Wir haben uns entschieden, den Kollaps nicht anhand seiner Folgen für die arme Welt zu definieren, weil dort – in unterschiedlichem Ausmaß – der soziale und wirtschaftliche Kollaps für Milliarden armer Menschen schon Realität ist, von denen viele unverhältnismäßig stark unter dem gegenwärtigen Wirtschaftssystem und den frühen Folgen des Klimawandels leiden.)

Der Kollaps ist eingetreten, wenn ein erheblicher (über 50 Prozent) Verlust in Bereichen verzeichnet wird, die Bewohner der reichen Welt wertschätzen – Vermögen, Einkommen, Berufsaussichten, Gesundheit, Sicherheit; oder auch die Freiheit zu reisen, unberührte Natur zu genießen oder die eigene Meinung frei zu äußern. Emotional ist er dann eingetreten, wenn die Bevölkerung der reichen Welt zurückblickt und dabei zu dem Schluss kommt, dass die Vergangenheit besser war als die Gegenwart. Wir sehen es nicht als Kollaps, wenn Rückgang und Verlust geplant erfolgen, wenn Gesellschaften zu ihrem eigenen Wohl beschließen, sich einzuschränken.

Ein derartiger Kollaps ist schwer zu erkennen, auch wenn er sich bereits vollzieht. Ähnlich wie das Zerbrechen einer Beziehung, ist der Kollaps, von dem wir reden, für die meisten erst dann sichtbar, wenn er längst begonnen hat.

Aus unserer Sicht gibt es deutliche Anzeichen dafür, dass der Kollaps, den wir befürchten und der in den *Grenzen des Wachstums* vor fast 45 Jahren prognostiziert wurde, bereits im Gange ist. Der Klimawandel ist das vielleicht offenkundigste Phänomen und er ist die unmittelbare Folge zu hoher Emissionen. Aber die Migrationsprobleme, die in vielen Teilen der Welt entstehen – aufgrund zunehmender Konflikte, des rasanten Artensterbens, der Versauerung der Meere, der Überbevölkerung und der zunehmenden Einschränkungen der persönlichen Freiheit – sind ebenfalls deutliche Signale. Sie sind die Folge eines exzessiven Materialverbrauchs in der reichen Welt, verursacht durch eine Menschheit, die die Grenzen der Nachhaltigkeit überschreitet.

Diese Phänomene sind jedoch nicht nur Warnsignale, sondern auch Anzeichen dafür, dass die bestehende Weltordnung zu zerbrechen beginnt, dafür, dass sich die menschliche Gesellschaft vom Rand her auflöst. Heute ist es vor allem wichtig zu verhindern, dass dieser Prozess selbstverstärkend wird und zum Zusammenbruch des großen Gebäudes führt, an dem die menschliche Gesellschaft schon so lange und so leidenschaftlich baut.

Wir möchten mit diesem Buch zeigen, dass es auch jetzt noch nicht zu spät ist, das Schlimmste zu verhindern. Die ökologische Situation wird sich zweifellos in den nächsten Jahrzehnten verschlimmern, weil in diesem System so viele Verzögerungseffekte wirken.

Aber es ist nach wie vor möglich, die Gesellschaft ökonomisch auf einen besseren Weg zu bringen und etwas weitaus Drastischeres zu vermeiden. Nach wie vor ist es möglich, dass sich die Gesellschaft von ihrem ressourcenintensiven Wachstumsmodell verabschiedet und sich für ein Modell entscheidet, das mit der Natur im Einklang steht, in dem Einkommen und Arbeit gerechter verteilt werden und das Wohlergehen im Durchschnitt wächst – und zwar überall. Die Menschheit kann in den nächsten Jahrzehnten sehr viel tun, um den notwendigen Übergang zu einem besseren System zu schaffen, auch wenn es zweifellos stürmische Jahre werden.

Die 13 Vorschläge, die wir vorlegen, können als Leitfaden dienen – als ein Maßnahmenbündel, das die reiche Welt mit minimalen Einschnitten für die Mehrheit der Bürger in eine bessere Richtung lenken kann. Ein Leben mit weniger Arbeit, einem besseren sozialen Netz und höheren Steuern für Ressourcen und Unternehmen würde auch den Rohstoffverbrauch senken. Dies würde zu geringeren Treibhausgasemissionen führen und Schritt für Schritt weitere Umweltschäden verhindern.

Natürlich räumen wir ein, dass die Veränderungen, die wir vorschlagen, weitreichende Folgen haben. Abgesehen davon, dass die Gesellschaft Arbeit und Einkommen umverteilen muss, ist es ebenfalls unabdingbar:

- umweltschädliche Industrien zu beschneiden und saubere zu entwickeln,
- Ressourcenverbrauch und Umweltverschmutzung vor allem in der reichen Welt zu reduzieren und
- eine Kreislaufwirtschaft mit verstärktem Recycling und der gemeinsamen Nutzung von Gütern anzusteuern.

Der Wirtschaftssektor, der am meisten beschnitten werden muss, ist die Fossilindustrie. Die Energieerzeugung aus fossilen Brennstoffen wird sogar ganz von der Erdoberfläche verschwinden müssen. Das wird nicht in naher Zukunft geschehen, weil die im Öl-, Kohle- und Erdgassektor Beschäftigten ebenso massiv Widerstand dagegen leisten werden wie die Unternehmensinhaber (dennoch wird die Fossilindustrie im Jahr 2100, so glauben wir, Geschichte sein).

Vielleicht braucht die Gesellschaft so etwas wie eine Energie-Wahrheits-und-Versöhnungskommission, in der all jene, die für die Klimaprobleme verantwortlich sind, die Chance bekommen, über das zu sprechen, was sie getan haben, und damit ihre persönliche Integrität wiederzugewinnen, bevor sie sich neuen Aufgaben zuwenden. Aber auch ohne eine solche Kommission muss die Gesellschaft die Besitzer und Arbeitnehmer aller großen Erdöl-, Kohle- und Erdgasfirmen zusammenbringen und sie zu der Einsicht bewegen, dass sie die Ursache eines sehr großen Problems sind, ihnen durchaus Dank sagen dafür, dass sie über Jahrzehnte die Energie erzeugt haben, die die Welt gebraucht und verbraucht hat – ihnen schließlich aber zu neuen Tätigkeiten verhelfen.

Gleichzeitig muss die Gesellschaft das Wachstum der erneuerbaren Energien unterstützen. Dass konventionelle Energieunternehmen stark subventioniert werden, ist ein hilfreicher Präzedenzfall. Folglich ist die Forderung vertretbar, dass der Staat auch Zukunftsenergien fördert, um den Übergang zu erleichtern und dafür zu sorgen, dass die Erneuerbaren mit den Nichterneuerbaren konkurrieren können.

Die Umstellung von schmutziger auf saubere Energie bedeutet, wie bereits erläutert, nicht weniger Arbeitsplätze. Sie wird sicherlich zu einem geringeren Verbrauch führen, aber die Gesamtzahl der Beschäftigten wird gleich bleiben. Die Arbeitsplätze werden sich von schmutzigen Branchen auf saubere verlagern. Statt auf Ölbohrinseln oder im Kohletagebau zu arbeiten, werden die Beschäftigten Solaranlagen bauen, Brennstoffzellen herstellen sowie Wind- und Wasserkraftwerke warten.

Natürlich würden die im traditionellen Energiesektor Tätigen diesen Richtungswechsel nicht begrüßen, denn sie müssten sich umschulen lassen. Aber strukturelle Veränderungen dieser Art hat es schon oft gegeben, ohne dass damit unüberwindbare Probleme entstanden wären. Früher wurden im Transportwesen Pferde eingesetzt und Lampenanzünder kümmerten sich um die Straßenbeleuchtung. Heute gibt es Autos und elektrische Straßenlaternen. Irgendwann werden Öl und Kohle der Vergangenheit angehören und es wird nur noch Solar-, Wind- und Wasserkraft geben. Sofern der Übergang nicht überstürzt stattfindet und den Menschen Zeit bleibt, sich umzustellen, dürfte er nicht allzu schwierig sein, und schon gar nicht in den reichen Ländern, die Arbeitslose angemessen unterstützen und nötigenfalls umschulen können.

Die Kosten für die Abwicklung der Fossilindustrie wären natürlich erheblich, weil der größte Teil der noch vorhandenen Kohle-, Öl- und Erdgasvorkommen im Boden bleiben muss. Neben der Demontage der Anlagen und der dazugehörigen Infrastruktur werden viele Konzerne auch Billionen Dollar an bilanzierten Vermögenswerten abschreiben müssen – zum Leidwesen ihrer Aktionäre. Die Gesellschaft muss überdies hunderte Millionen Kraftfahrzeuge, die mit Fossilkraftstoff betrieben werden, durch kohlenstoffarme Fahrzeuge ersetzen. Solange all das geplant und schrittweise erfolgt, sind die Kosten zwar hoch, belaufen sich aber nur auf einen winzigen Bruchteil der gesamten Wirtschaftskraft einer modernen Gesellschaft. Eine Umlage von jährlich 1 Prozent der Wirtschaftsleistung über einen Zeitraum von 30 Jahren würde genügen.

Besonders schwer fällt der Übergang den Fossilkonzernen, die sich dem Wandel widersetzen und zu lange an ihrem alten Geschäftsmodell festhalten, zumal sich Investitionen im Öl- und Gassektor oft erst nach langer Zeit amortisieren. Wer als Unternehmer versucht, dem Wandel zu entgehen, riskiert, die Anlagen, in die er investiert hat, verschrotten zu müssen, lange bevor ihre Lebensdauer erreicht ist. Unternehmen aus vielen anderen Branchen, aber auch oftmals der Staat, laufen Gefahr, in ähnliche Schwierigkeiten zu geraten. Wichtig ist hier die Unterscheidung zwischen dem physischen Preis, der bezahlt werden muss, und den rein finanziellen Kosten. Ersterer hat Folgen für Mensch und

Umwelt. Letztere sind einfach ein Verlust von Werten, die nur auf dem Papier existieren, und dies führt in erster Linie zu Vermögenseinbußen für Aktionäre. Das ist zwar ungünstig für die Reichen, trägt aber zur Gleichheit bei – ohne dass Produktionskapazitäten verloren gingen.

Ein gelungener Übergang würde auch eine starke Beschränkung aller anderen Branchen bedeuten, die Fossilenergie nutzen, sofern sie nicht zu anderen Energiequellen wechseln. Die Umstellung aller Autos, Flugzeuge, Lokomotiven, Schiffe und Lkws auf den Betrieb mit 100 Prozent erneuerbaren Energien wird einige Zeit beanspruchen. Aber wir glauben, dass sich noch in diesem Jahrhundert die Verwendung von Strom, Wasserstoff (also gespeicherter Strom) und einigen Biokraftstoffen durchsetzen wird. Wenn es die Gesellschaft wünscht, kann das auch sehr schnell gehen.

Schon heute sind Automobilhersteller in der Lage, Fahrzeuge zu produzieren, die mit solchen Treibstoffen laufen, und wenn diese Treibstoffe auf saubere Weise produziert werden, sind null Emissionen machbar. Und wenn die Treibstoffe nicht sauber erzeugt werden – sowie während der Übergangszeit –, werden die Emissionen, die diesen Fahrzeugen zuzurechnen sind, lokal eng begrenzt sein, nämlich auf die Kraftwerke, und werden daher wesentlich leichter in den Griff zu bekommen sein als die Auspuffgase von vielen Millionen konventioneller Kraftfahrzeuge.

Eine vorausblickende Gesellschaft kann jedoch noch sehr viel mehr tun, um die notwendige Neugestaltung der Mobilität zu beschleunigen. Ein Blick auf die Straßen der Städte zeigt, dass Autos selten ausgelastet sind. Viele stehen die meiste Zeit am Straßenrand oder in Garagen. Sehr viel wäre deshalb schon erreicht, wenn sich mehrere Menschen ein Auto teilen würden (wie zahlreiche Städte bereits demonstriert haben). Wenn Automobilkonzerne durch geeignete gesetzliche Regelungen überzeugt werden könnten, langlebigere Produkte herzustellen, was technisch leicht machbar ist, könnte die Zahl der Autos auf den Straßen sowie die pro Jahr produzierte Stückzahl um mehr als die Hälfte reduziert werden. Mag sein, dass dies der Automobil-, der Stahl-, Glas- und Kunststoffindustrie schadet. Aber es würde die Ökobilanz erheblich verbessern und viel zum Übergang in eine nachhaltigere Welt beitragen.

All diese Überlegungen, Chancen und Grenzen lassen sich auf andere Branchen übertragen. Hersteller könnten ohne Weiteres Waschmaschinen, Glühbirnen und Kühlschränke produzieren, die Jahrzehnte halten, statt die Strategie der »geplanten Obsoleszenz« anzuwenden, also die Lebensdauer der Produkte vorsätzlich zu verkürzen, um die Verbraucher zu einem Neukauf zu zwingen und damit die Gewinne zu erhöhen. Man kann auch mit Leichtigkeit den Verpackungsmüll reduzieren, Mobiltelefone aus Modulen zusammensetzen, sodass einzelne Elemente ausgetauscht werden können, und Häuser oder Büros bauen, die Energie erzeugen, statt sie zu verbrauchen. Hunderte Wege führen in eine bessere Welt, wenn wir die Nachfrage nach Produkten reduzieren, die niemand wirklich braucht, oder durch steuerliche Anreize Unternehmen fördern, die keine Umweltschäden anrichten.

Auch durch Recycling und Effizienzsteigerung lässt sich viel erreichen. Beides wird sogar unumgänglich sein, weil viele Lagerstätten hochwertiger Metalle und Erze bereits erschöpft oder nur noch schwer zugänglich sind. Der Abbau der verbliebenen Bodenschätze ist folglich schwieriger und teurer, während die Qualität schlechter ist. Natürlich ist Recycling nicht immer möglich, weil viele Rohstoffe beim Gebrauch dauerhaft verändert, in Gase umgewandelt oder mit anderen Chemikalien versetzt wurden, sodass sie unrettbar verloren sind. Kurzfristig kann die Gesellschaft jedoch durch verstärktes Produkt-Recycling viel gewinnen. Langfristig werden Hersteller Produkte und Herstellungsmethoden entwickeln müssen, die Recyclingverfahren vereinfachen und damit attraktiver und praktikabler machen.

Neben vermehrtem Recycling und Steigerung der Energieeffizienz kann auch die Einführung der Kreislaufwirtschaft dazu beitragen, den gegenwärtigen Teufelskreis zu durchbrechen. In einer Kreislaufwirtschaft werden die gebräuchlichsten Artikel wiederverwendet, repariert oder renoviert, wobei diese Aspekte bereits in die Entwicklung und Gestaltung einfließen. Vieles wird auch gemeinsam genutzt. Für die meisten Bürger hätte dies kaum spürbare Folgen. Solange der Übergang geplant und schrittweise abläuft, wird er nur zu einem etwas geringeren Konsumwachstum und einer leichten Beschleunigung der wirtschaftlichen Umstrukturierung führen. Letzteres ist natürlich schlecht für alle, die – vor allem in der schnelllebigen Konsumgüterindustrie – ihren Arbeitsplatz verlieren. Aber Ersteres – die Eindämmung des Konsumwachstums – spielt in Gesellschaften der reichen Welt kaum eine Rolle, vor allem dann nicht, wenn alle davon betroffen sind.

Glücklicherweise gehen in der Kreislaufwirtschaft keine Arbeitsplätze verloren. Ganz im Gegenteil. Eine für den Club of Rome erstellte Analyse[4] unterstreicht die Vorteile einer Umstellung auf die Kreislaufwirtschaft und zeigt, dass es möglich ist, schädliche Emissionen zu reduzieren und gleichzeitig Arbeitsplätze zu schaffen. Im Wesentlichen werden Arbeitsplätze von der Produktion von Konsumgütern und Dienstleistungen in die Schaffung einer sauberen Umwelt verlagert. Schon jetzt haben hunderte Unternehmen diesen Weg eingeschlagen, weil er auch wirtschaftlichen Gewinn bringt.

Länger haltbare Güter herzustellen und damit die Nachfrage nach diesen Gütern zu verringern, weil sie nicht mehr so oft ausgetauscht werden müssen, hätte gewaltige Auswirkungen für die Gesellschaft und ihre Ökobilanz. Damit würde nicht nur die Menge der konsumierten Güter sinken, es würden auch völlig neue Wirtschaftssektoren für Reparatur, Nachrüstung und Umbau von Konsumgütern mit Millionen neuer Arbeitsplätze entstehen. Besser noch, es wären lokale Arbeitsplätze, die meist eine hohe Qualifikation verlangen, im Gegensatz zu monotoner und schlecht bezahlter Fabrikarbeit, die ohne Weiteres von Robotern übernommen werden könnte. Weil bei einer Kreislaufwirtschaft weniger Bedarf besteht, Waren um die halbe Welt zu transportieren, würden auch der Energieverbrauch und die Emissionen abnehmen.

Inzwischen dürfte klar geworden sein, dass der Großteil unserer Vorschläge nur dann Realität wird, wenn der Staat eingreift. Das aber lehnen viele ab oder halten es für unwahrscheinlich, da heutzutage ein starker politischer und wirtschaftlicher Druck herrscht, das Gegenteil zu machen und den staatlichen Einfluss zu verringern. Diese ablehnende Haltung gegenüber steuerungspolitischen Maßnahmen und Vorschriften wird sich letztlich ändern müssen, allerdings sind hier wohl Tolstois große Krieger – Geduld und Zeit – gefragt.

Eine veränderte Einstellung zur Rolle des Staates ist aus vielen Gründen unumgänglich. Eine alternde Bevölkerung stellt den Staat vor zahlreiche Herausforderungen, weil sie die Budgets für Gesundheit und Pflege belastet. Die zunehmende Einwanderung – aus wirtschaftlichen Gründen, wegen gewaltsamer Konflikte oder aufgrund des Klimawandels – wird das politische Klima aufheizen, während neue Technologien die Arbeitslosenzahlen in die Höhe treiben, solange der Gesetzgeber nicht eingreift und für einen geregelten Übergang sorgt. Mit anderen Worten, in den nächsten 20 Jahren wird die unsichtbare Hand zusehends erlahmen und die gewählten Volksvertreter werden verstärkt intervenieren müssen.

Der wichtigste Grund, warum der Staat in Zukunft stärker eingreifen muss, ist jedoch der Klimawandel. Nur der Staat ist in der Lage, die Reparaturen und Umstellungen zur Bewältigung der Klimaschäden zu steuern. Dämme müssen errichtet werden, um Städte vor dem steigenden Meeresspiegel und den heftigeren Unwettern zu schützen, und die heimatlos Gewordenen brauchen neue Wohnungen. Straßen und andere wichtige Infrastruktureinrichtungen müssen verstärkt werden, damit sie den neuen Niederschlagsmustern und Temperaturen standhalten. Die notwendigen Arbeitskräfte müssen bezahlt werden und die Mittel dafür kann nur der Staat bereitstellen. Die neue Rolle des Staates und deren Auswirkungen erörtern wir im nächsten, letzten Kapitel.

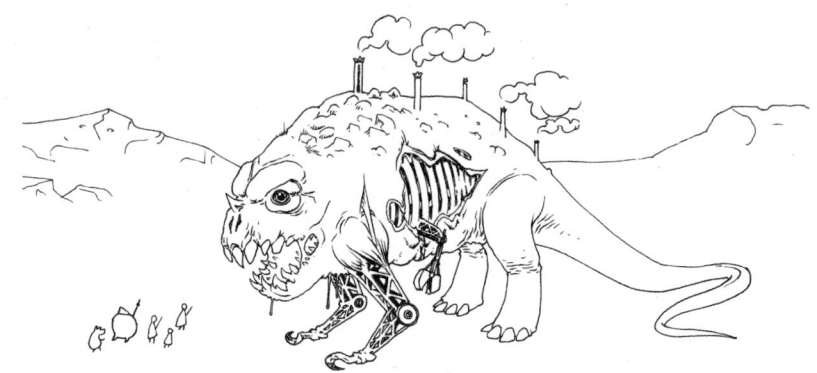

KAPITEL 13

Die kommende große Schlacht

Die große soziale, politische und ökologische Schlacht des 21. Jahrhunderts wird die um den Übergang von einem todgeweihten zu einem nachhaltigen Wirtschaftssystem sein, und es steht eine Menge auf dem Spiel.

Das fundamentale Dilemma, vor dem die Menschheit heute steht, ist leicht zu erkennen. Die Gesellschaft kann entweder zulassen, dass uns das gegenwärtige Wirtschaftssystem mit seinen relativ vorhersehbaren und unangenehmen langfristigen Folgen konfrontiert. Oder sie entscheidet sich für einen anderen Weg. Um diese Entscheidung geht es bei der großen sozialen, ökologischen und politischen Schlacht des 21. Jahrhunderts. Und was bei diesem Kampf auf dem Spiel steht, ist fast nicht zu ermessen: der Fortbestand der modernen Zivilisation in einer Form, die der gegenwärtigen vergleichbar ist.

In diesem Buch haben wir einen Weg zu einem nachhaltigen Wirtschaftssystem aufgezeigt, zu einem Übergang, der nicht zu viele Brüche verursacht, weil unsere Vorschläge schrittweise umgesetzt werden können. Sie bringen zudem unmittelbare Vorteile für die überwältigende Mehrheit der Menschen in der reichen Welt von heute. Das Mindeste, worauf wir hoffen, ist, dass sie eine vernünftige Debatte über die beste Lösung anregen, obgleich wir nach gründlicher Überlegung keinen anderen, weniger einschneidenden Ausweg sehen, der sich anbieten würde.

Aber selbstverständlich wäre es unklug, den bisherigen Weg weiterzugehen, weil die Arbeitslosigkeit hoch bleiben oder steigen, die Ungleichheit zunehmen, das herkömmliche Wirtschaftswachstum allmählich zum Stillstand kommen und der Klimawandel voranschreiten wird. All das können wir mit Sicherheit voraussagen. Eine solche Zukunft können wir nur abwenden, wenn wir schrittweise den Wechsel zu einem anderen Wirtschaftssystem vollziehen, das fairer und nachhaltiger ist.

Ebenfalls offensichtlich dürfte mittlerweile sein, dass der nötige Übergang nicht von selbst geschehen wird. Dafür sind umfassende staatliche Eingriffe in die Gesellschaft und die Märkte erforderlich. Der freie Markt kann die sozialen Probleme von heute ebenso wenig lösen wie die Konzerne, die Kirche oder die vielen tausend Graswurzelinitiativen. Der Regierung muss eine viel bedeutendere Rolle zukommen, wenn die Menschheit dem Kollaps entgehen soll.

Gegen den Ruf nach einem stärkeren Staat wird in der Regel der Einwand erhoben, das erinnere an das gescheiterte Sowjetsystem. Die Verfechter des freien Markts widersetzen sich der Forderung nach stärkeren staatlichen Eingriffen mit dem Hinweis, diese hätten sich bereits als untauglich erwiesen. Doch darum geht es hier keineswegs. Wir empfehlen nicht die Rückkehr zu einem gescheiterten System. Vielmehr legen wir eine Reihe von Vorschlägen vor, von denen wir wissen, dass sie funktionieren, weil sie sich anderswo bereits bewährt haben. Aber sie erfordern eben auch stärkere staatliche Eingriffe

Die meisten Menschen teilen die Ansicht, dass der Sowjetkommunismus im Ostblock des 21. Jahrhunderts nicht funktioniert hat. Zutreffend ist aber auch, dass der Kapitalismus, wie er sich in den USA entwickelt hat, zwar für eine Weile den durchschnittlichen Lebensstandard in der reichen Welt angehoben hat, dies aber inzwischen nicht mehr tut. Zudem hat er zu einer stetig wachsenden Konzentration von Reichtum und zu schweren Umweltschäden geführt. Mit anderen Worten, die Sowjetregierung ist gescheitert, aber ein schlanker Staat führt auch nicht ins Paradies – und wenn, dann höchstens für einige wenige Privilegierte. Unbestreitbar ist auch, dass Japan und Südkorea in der zweiten Hälfte des 20. Jahrhunderts das Wohlbefinden ihrer Bevölkerung durch aktive staatliche Planung in beeindruckender Weise gesteigert haben. Und die Kommunistische Partei Chinas ist auf dem besten Weg, durch zentrale Planung und Kontrolle ähnliche Erfolge zu erzielen.

Verfechter des freien Markts führen lautstark ins Feld, nahezu jeder staatliche Eingriff in den Markt sei schlecht und der Staat stelle, in welcher Form auch immer, eine Bedrohung dar. Ronald Reagan war bekannt für seine Abneigung gegen einen starken Staat und seine Ansichten sind immer noch in Mode. Aber nicht der Staat an sich ist schlecht. Von Übel ist nur eine schlechte Politik. In den letzten 30 Jahren wurde der reichen Welt – und weiten Teilen der armen Welt – die Botschaft eingeflößt, der Staat erweise sich fast immer als inkompetent und seine Bürokraten bremsten die Unternehmen mit ihrem unnötigen Pochen auf Vorschriften aus. Man versichert den Menschen, das freie Unternehmertum funktioniere viel besser und schlanke, wettbewerbsfähige Firmen träfen die besten Entscheidungen. Allein Wettbewerb und Gewinnabsichten garantierten das Funktionieren der Wirtschaft.

In Wahrheit treffen natürlich Regierungen in aller Welt ständig gute Entscheidungen. Der Staat ist für den Großteil der existierenden Infrastruktur verantwortlich, für die Straßen, Brücken und Flughäfen, die das Wirtschaftsleben ermöglichen. Er ist auch für Recht und Gesetz zuständig, für die Verteidigung und für viele wichtige internationale Abkommen. Im technischen Bereich haben staatliche Mittel die Entwicklung des Düsentriebwerks, der internationalen Raumstation und des Internets finanziert. Weltweit wird auch der Großteil der Schulen, Hochschulen und Krankenhäuser staatlich verwaltet.

Der Staat bewirkt also viel Gutes. Und Unternehmen richten viel Unheil an.

Firmen sind nicht immer effizient und gut. Sie treffen oft schlechte Investitionsentscheidungen und häufig machen sie pleite, manchmal mit schlimmen sozialen und finanziellen Folgen. Unternehmen verkaufen Lebensmittel, die zu Fettleibigkeit führen, sie werben mit Idealbildern, die junge Frauen krank machen, beschränken den Verkauf von Medikamenten, die Leben retten könnten, überfischen die Meere, verschmutzen die Atmosphäre – und sie könnten all dies noch weiter auf die Spitze treiben, wenn es keine staatlichen Vorschriften gäbe, die dem einen Riegel vorschieben.

Nicht der Staat an sich ist ein Problem. Das Problem ist ein schwacher Staat und ein politisches System, das Reformen behindert.

Weder Adam Smith noch die klassischen Volkswirtschaftler des 19. Jahrhunderts waren die dogmatischen Vertreter einer Laissez-faire-Ökonomie, als die sie oft in älteren und auch neueren Werken hingestellt werden. In dem System der »natürlichen Freiheit«, wie Smith es nannte, sei ein ausgleichender Mechanismus nötig, um zu verhindern, dass der individuelle Eigennutz zerstörerisch wirkt. Smith traute dem Staat zwar bei der Regelung des Wirtschaftslebens weniger zu als wir, aber er erkannte durchaus, dass Märkte nicht ohne staatliche Regulierung schalten und walten sollten. Er sah den Markt als ein Instrument der Verteilung, das nur in einem Rahmen aus rechtlichen, politischen und moralischen Vorgaben effizient funktionieren kann.[1] Wir räumen ein, dass Behörden zuweilen langsam arbeiten. Die dort Beschäftigten werden oft schlecht bezahlt. Aber wir meinen auch, dass sich dies ändern muss. Die Bezahlung im öffentlichen Dienst sollte die Bedeutung des Staates für die Gesellschaft widerspiegeln, und wenn bessere Gehälter nicht möglich sind, dann sollte die Arbeit von Beamten andere Vorteile mit sich bringen – neben der Befriedigung zu wissen, dass sie zur Entstehung einer besseren Welt beitragen.

Für die staatlichen Aufgaben die besten Leute anzuwerben, ist durchaus möglich. In seiner 2000-jährigen Geschichte hat China die besten Talente für die Aufgaben eines Mandarins ausgewählt und die mit der Leitung von Ministerien und Behörden Betrauten sorgfältig geschult. Beamte werden auch gut bezahlt, weil ihre Aufgaben als wichtig gelten und öffentliche Anerkennung genießen. Das gilt auch für andere asiatische Länder, insbesondere Singapur. Für uns liegt es auf der Hand, dass kluge, kompetente, gut bezahlte, sozial ambitionierte Menschen im öffentlichen Sektor mit hoher Wahrscheinlichkeit gute Entscheidungen im Sinne der Allgemeinheit treffen.

Neben einer Stärkung des staatlichen Sektors wäre es aus unserer Sicht besser, wenn sich die Völkergemeinschaft überdies auf ein System der globalen Ordnungspolitik einigen würde, das die größten Herausforderungen erfolgreich bewältigen – also gegen den Klimawandel vorgehen, Migrationsprobleme lösen und Konflikte entschärfen – kann. Diese Hoffnung ist vielleicht verwegen. Aber eine effektive globale Ordnungspolitik wird in den kommenden Jahrzehnten in noch höherem Maße nötig sein als bisher.

Doch nicht nur der Einfluss des Staates muss zunehmen, auch die herrschende Sozialphilosophie, also die Weltsicht der Menschen muss sich ändern.

In den letzten vier Jahrzehnten haben vier Dogmen die Sozialphilosophie des Westens dominiert: Freiheit des Individuums, freie Märkte und Freihandel, minimaler staatlicher Einfluss und hinreichende militärische Stärke, um die nationale Sicherheit zu verteidigen. Der Mehrzahl der Menschen leisteten diese Grundsätze gute Dienste, solange eine wachsende Produktionsleistung unbestreitbare Vorteile mit sich brachte. Aber diese Zeit ist vorbei. Heute sind die wichtigsten Herausforderungen Arbeitslosigkeit, ungerechte Einkommensverteilung und Umweltzerstörung.

Deshalb meinen wir, die Gesellschaft sollte sich heute für vier andere Ideen einsetzen.

Statt die Rechte des Individuums für sakrosankt zu erklären, sollten Gesellschaften und Wirtschaftssysteme das durchschnittliche Wohlergehen fördern.

Statt die Märkte sich selbst zu überlassen, sollten sie im Interesse der Gesellschaft reguliert und gesteuert werden, auch wenn damit Handelsbeschränkungen verbunden sind.

Statt den schlanken Staat zu propagieren, sollte der Staat entsprechend gerüstet sein, um die uns bevorstehenden Herausforderungen zu bewältigen.

Und schließlich sollte nicht der Ausbau des Militärs das Ziel sein, sondern der Schutz des kollektiven Wohlergehens, um innerhalb der Grenzen des Planeten die höchste Lebensqualität für so viele Menschen wie möglich zu erreichen.

Kurz gesagt, die Gesellschaften der reichen wie der armen Welt sollten einen zentralen Grundsatz der traditionellen Volkswirtschaft, wie sie früher gelehrt wurde, wiederentdecken, in der das Hauptziel im effizienten Management knapper Ressourcen bestand, um das bestmögliche Ergebnis für die größte Zahl von Menschen zu erreichen, und zwar mit dem gebotenen Respekt für die Natur.

Um die Gesellschaften der reichen Welt so umzustrukturieren, dass sie zum Wohl der Mehrheit agieren und nicht nur für das reichste 1 Prozent, ist ein neues ökonomisches Denken erforderlich. Die marktradikalen Ideen der minimalen Regulierung, des Freihandels und des Wettbewerbs, der das Überleben des »Stärkeren« fördert, sind daher untauglich geworden. Das »Überleben des Stärkeren« ist ja, wie so viele marktradikale Ideen, eine Umdeutung des ursprünglich Gemeinten. Als Biologen des 19. Jahrhunderts wie Darwin (der Ausdruck stammt übrigens gar nicht von ihm, sondern von Herbert Spencer) von den »Stärkeren« sprachen, meinten sie keineswegs »wettbewerbsfähig, schlank, sport-

33 Was bedeutet der Übergang vom Marktradikalismus zu einer modifizierten Marktwirtschaft?

Altes Denken	Neues Denken
Freiheit des Individuums	Zufriedene Menschen
Freie Märkte und Freihandel	Regulierte Märkte und ausreichender Handel
Starke Verteidigung	Verteidigung des kollektiven Wohlergehens

lich und stark«, wie es viele Wirtschaftswissenschaftler heute darstellen. Eigentlich meinten sie denjenigen, »der sich am besten anpasst«. Es sind die am besten in ihre Umwelt »passenden« Lebensformen, die überleben.

Und genau das erhoffen wir uns für die menschliche Spezies im 21. Jahrhundert: dass sie lernt, sich der Welt besser anzupassen, indem sie ein Wirtschaftssystem entwickelt, das es mit den Problemen der Arbeitslosigkeit, der Ungleichheit und vor allem mit der Bedrohung durch den rasant voranschreitenden Klimawandel aufnehmen kann.

Vielen Ideen von Adam Smith ist es übrigens ähnlich ergangen, auch sie wurden durch moderne Umdeutungen verzerrt. Smith meinte, Volkswirtschaften sollten sich entwickeln, nicht um Menschen reich zu machen, sondern um den durchschnittlichen Lebensstandard anzuheben und das Los der Armen zu verbessern. Wenn er von der »unsichtbaren Hand« und von Menschen sprach, die im »Eigeninteresse« handeln, glaubte er, dies würde der Gesellschaft insgesamt nützen und den Lebensstandard für alle verbessern. Er trat nicht für Egoismus und einen schlanken Staat ein.

Dank der marktradikalen Ideologie von heute bleibt es dem individuellen Eigennutz und dem Markt überlassen, die großen Entscheidungen zu treffen. Diese Entscheidungen waren, wie gesagt, eine Weile lang sinnvoll. Aber inzwischen dienen sie nicht mehr der Mehrheit und haben ganz erhebliche negative Auswirkungen auf die Natur und künftige Generationen. Unsere gegenwärtige Wirtschaftsstruktur vermehrt die Arbeitslosigkeit, Ungleichheit und Armut und hinterlässt verwüstete Landschaften.

Das Gegenbild einer anderen Gesellschaft zu entwerfen, ist nicht schwer. Menschen brauchen genügend zu essen und eine sinnvolle, bezahlte Arbeit, anständige Wohnungen, gleichen Zugang zu guter Bildung, genügend Freizeit, um ihr Leben zu genießen, aufklärende und inspirierende Vergnügungen sowie eine gute Gesundheitsversorgung. Die Gesellschaft sollte gerecht sein und jeder sollte gleichermaßen mit Respekt behandelt werden. Menschlicher Fortschritt darf auch nicht bedeuten, dass die Umwelt zerstört wird, denn auch andere Arten haben eine Daseinsberechtigung.

Das größte Hindernis auf dem Weg in eine solche Gesellschaft ist nicht wirtschaftlicher, sondern politischer Natur. Eine bessere Welt zu schaffen, ist eine politische, keine wirtschaftliche Entscheidung. Es ist eine Frage der Organisation. Es sind ausreichend Ressourcen, Produktionskapazitäten, Technologien sowie genügend Reichtum auf diesem Planeten vorhanden, um den Übergang zu bewältigen und selbst bei einer Bevölkerung von mehr als sieben Milliarden Menschen jedem ein gutes Leben zu ermöglichen. Die Reichen würden dann natürlich weniger extravagant leben als heute, aber wir glauben nicht, dass der Wandel das Wohlergehen insgesamt wesentlich einschränken würde.

Die 13 in diesem Buch vorgelegten Vorschläge würden aus dem gegenwärtigen moribunden Wirtschaftssystem der reichen Welt ein nachhaltiges System machen, das der Mehrheit der Menschen ein besseres Leben erlaubt.

Für uns, und wir hoffen jetzt auch für Sie, geht es nicht darum, noch mehr Beweise für die Notwendigkeit der Veränderung zu sammeln. Es muss nicht mehr bewiesen werden, welcher Schaden der Welt und den Gesellschaften zugefügt wird, und es ist hinreichend klar, wohin dies führt. Die Frage ist vielmehr, ob wir den Willen und die Klugheit zum Handeln aufbringen.

Wir sind fest davon überzeugt, dass diese Veränderung möglich ist, dass der Menschheit der notwendige Wandel gelingen kann, und zwar ohne große Mühsal. Wir hoffen, dass die Gesellschaft den Wandel begrüßt, statt in Angst vor Veränderung zu verharren, und dass sie den Mut und die Zuversicht fasst, eine bessere Welt aufzubauen.

Anmerkungen

Kapitel 1
1 »Income Inequality The Gap between Rich and Poor«, OECD Insights, 15. Dez. 2015, http://www.oecd.org/economy/income-inequality-9789264246010-en.htm (aufgerufen am 18.3.2016).
2 Zahlen aus der US-Volkszählung, siehe D. Boyer: »That's Rich: Poverty level under Obama breaks 50-year record«, The Washington Times, 7. Dezember 2015, http://www.washingtontimes.com/news/2014/jan/7/obamas-rhetoric-on-fighting-poverty-doesnt-match-h/?page=all) (aufgerufen am 11.7.2016). In der Regel definiert als die Hälfte des Durchschnittseinkommens, allerdings gibt es Abweichungen abhängig von der Zahl der Familienmitglieder. In der EU wird die Armutsgrenze bei 60 Prozent des Durchschnittseinkommens angesetzt, siehe auch Pew Research Center, www.pewsocialtrends.org/2015/12/09/the-american-middle-class-is-losing-ground und http://www.pewsocialtrends.org/2016/05/11/are-you-in-the-american-middle-class/ (beide aufgerufen am 11.7.2016). Zu anderen Aspekten siehe www.feedingamerica.org/hunger-in-america/impact-of-hunger/hunger-and-poverty/hunger-and-poverty-fact-sheet.html und www.dailymail.co.uk/news/article-2233137/New-study-shows-49-7-million-Americans-live-poverty-Census-Bureau-release-adjusted-figures-reveal-stcuggle-survive.html (beide beziehen sich auf 2012, aufgerufen am 11.7.2016).
3 Inequalitywatch.eu, Zahlen aus Eurostat 2010.
4 Siehe https://www.oxfam.org/en/pressroom/pressreleases/2014-01-20/rigged-rules-mean-economic-growth-increasingly-winner-takes-all (aufgerufen am 18.3.2016).
5 S. Dransfield: »A Tale of Two Britains: Inequality in the UK«, 17. März 2014, Oxfam.

Kapitel 2
1 Siehe www.investopedia.com/terms/i/invisiblehand.asp. (aufgerufen am 29.3.2016).
2 Alfred Sauvy: »Les conséquences sociales et morales du vieillissement de la population«, Canadian Studies in Population, Bd. 6 (1979) und http://tharunka.arc.unsw.edu.au/dont-teach-economics-gross-domestic-product-gdp-even-matter/ (aufgerufen am 30.3.2016).
3 Angus Maddison (2001): The World Economy: A Millennial Perspective, (OECD), Anhang B, S. 28.
4 Der vollständige Titel lautet: An Inquiry into the Nature and Causes of the Wealth of Nations, 1776. [dt.: Wohlstand der Nationen – Eine Untersuchung seiner Natur und seiner Ursachen].
5 Durchschnittliche Wachstumsrate zwischen 1820 und 1900.
6 Damit wollte er auch die Fluktuation senken. In seinen Fabriken waren die Bedingungen so schlecht, dass er jedes Jahr 50.000 Arbeitskräfte einstellen musste, um eine Fabrik zu besetzen, die 14.000 Beschäftigte benötigte.
7 US Census Bureau, Demographic Trends in the 20th Century, 2002, https://www.census.gov/prod/2002pubs/censr-4.pdf (aufgerufen am 31.3.2016), siehe auch https://stats.oecd.org/Index.aspx?DataSetCode=POP_PROJ (aufgerufen am 31.3.2016) und http://ourworldindata.org/data/population-growth-vital-statistics/world-population-growth/ (aufgerufen am 31.3.2016).
8 1990 belief sich deren Wert auf 1,5 Billionen Dollar.
9 Evidence submitted to the Select Committee on Economic Affairs, House of Lords, London, for the inquiry into »Aspects of the Economics of Climate Change«, von Professor Angus Maddison FBA, 20. Februar 2005, S. 5, Tabelle 2.
10 Ebd.
11 Gemessen in entsprechenden Grundschuljahren, siehe Maddison: »Aspects of the Economics of Climate Change«, S. 4, Tabelle 1.
12 Interessanterweise war das Arbeitsjahr Ende des 19. Jahrhunderts länger als Ende des 16. Jahrhunderts. Im Durchschnitt arbeiteten die Menschen in Großbritannien Ende der 1860er Jahre an mehr als 300 Tagen im Jahr, verglichen mit 257 Tagen pro Jahr in den letzten Jahrzehnten des 16. Jahrhunderts. Quelle: Gregory Clark, Average Earnings and Retail Prices, UK, 1209-2010, University of California Davis, Tabelle 5, 30. Oktober 2011.
13 Siehe Maddison: »Aspects of the Economics of Climate Change«, Abb. 5G.
14 A. Maddison, UK Census 2001, und Jan Lahmeyer US Census, 1820, Population Statistics, http://www.populstat.info/ (aufgerufen am 31.3.2016).
15 Daraus ergäben sich durchschnittlich 13,5 Stunden pro Kopf und Woche für das Jahr 2001, was wenig plausibel erscheint. Das liegt daran, dass die Gesamtbevölkerung, einschließlich Kinder und Rentner, einbezogen wird. In Großbritannien sind ungefähr ein Drittel

der Einwohner vollzeitbeschäftigt; 700 Stunden entsprechen demnach etwa zwei einer 40-Stunden-Woche, weit weniger als Arbeitnehmer um 1820 arbeiten mussten.
16 State of workingamerica, http://stateofworkingamerica.org/chart-notes-wages/ (aufgerufen am 31.3.2016).
17 S. Lebergott (1984): »Wages and Working Conditions«, *Concise Encyclopedia of Economics*, www.econlib.org/library/Enc1/WagesandWorkingConditions.html (aufgerufen am 31.3.2016). Siehe auch Lebergott (1984): *The Americans: An Economic Record*.
18 Ausgaben gerechnet pro BIP-Dollar zwischen 1900 und dem Ende der 1980er Jahre.
19 1980, im Vergleich zu 1900, siehe auch https://www.gate.cnrs.fr/IMG/pdf/household-revolution-2012-07-19.pdf (aufgerufen am 31.3.2016).
20 Ein Anstieg von 18 auf 52 Prozent zwischen 1900 und 1980. C. Lindsay, 2003, »A Century of Labour Market Change«, UK Office for National Statistics, Labour Market Trends (LMT), S. 1, https://webcache.googleusercontent.com/search?q=cache:EXRKvSslchkJ: https://www.ons.gov.uk/ons/rel/lms/labour-market-trends--discontinued-/volume-111--no--3/a-century-of-labour-market-change--1900-to-2000.pdf+&cd=1&hl=de&ct=clnk&gl=de (aufgerufen am 31.3.2016).
21 H. Shierholz (2012): *The State of Working America* (12. Aufl.), Abb. 2AA. Ithaca, NY.
22 http://weblaw.usc.edu/who/faculty/conferences/income-inequality/documents/Saenz-topincomes.pdf, S. 9 (aufgerufen am 31.3.2016).
23 K. Pickett & R. Wilkinson (2010): *The Spirit Level: Why Equality is Better for Everyone*, London.

Kapitel 3

1 »Economic possibilities for our grandchildren«, John Maynard Keynes, Essays on Persuasion, Keynes on Possibilities, 1930.
2 Der Zeitpunkt, an dem diese Krise einsetzte, ist strittig. Einige Wissenschaftler sehen den Höchststand des US-amerikanischen Immobilienmarkts 2006 als Wendepunkt, andere meinen, richtig ernst sei es erst geworden, als die Banken in der zweiten Hälfte des Jahres 2007 ihre Darlehen zurückforderten. Die meisten Wissenschaftler denken jedoch, dass der Krise 2008 begann, weil in diesem Jahr die unmittelbaren Konsequenzen eskalierten und der Zusammenbruch der Finanzinstitutionen begann.
3 Shierholz (2012): *State of Working America* (12. Aufl.), Kap. 4, Abb. 4D.
4 Ebd., Tabelle 6N.
5 Ebd., Abb. 4C.
6 Ebd., Tabelle 4.1.
7 US Bureau of Economic Analysis; die Zahl gibt das reale durchschnittliche Wachstum an.
8 2011 lag dem US Census Bureau zufolge die Armutsgrenze für einen Vier-Personen-Haushalt bei 23.021 Dollar.
9 Shierholz, Kap. 7, Abb. 7B.
10 Paul Gregg, Stephen Machin & Mariña Fernández-Salgado (2014): »Real Wages and Unemployment in the Big Squeeze«, *Economic Journal*, 124, S. 408–432.
11 Daten des IWF, https://www.imf.org/en/Data#global (aufgerufen am 5.4.2016).
12 OECD und Eurostat: http://stats.oecd.org/index.aspx und http://ec.europa.eu/eurostat (aufgerufen am 5.4.2016).
13 Shierholz, State of Working America.
14 Shierholz ebd., Abb. 4AK.
15 Zahlen nominal nach Daten des IWF für »hochentwickelte Volkswirtschaften«.
16 Shierholz, Wealth, Tab. 60.
17 Shierholz, Abb. 2AA.
18 Income Inequality, »The Gap between Rich and Poor«, OECD Insights series, 15. Dezember 2015 und »How Was Life? Global Well-being since 1820«, OECD, 2. Oktober 2014
19 Shierholz, Abb. 2AB.
20 Der Begriff stammt ursprünglich aus Japan, das die Maßnahme in den 1990er Jahren ergriff, später aber erklärte, sie funktioniere nicht.
21 Die Zinssätze der Bank of England in Großbritannien erreichten 2015 ihr tiefstes Niveau seit ihrer Gründung 1694.
22 QE und ultraniedrige Zinsen: »Distributional effects and risks«, McKinsey Global Institute, Beratungsbericht November 2013, http://www.mckinsey.com/global-themes/employment-and-growth/qe-and-ultra-low-interest-rates-distributional-effects-and-risks (aufgerufen am 6.4.2016), Zahlen in US-Dollar, gemäß Kaufkraft 2012.
23 McKinsey Global Institute, Distributional Effects and Risks. Beträge in US-Dollar, gemäß Kaufkraft 2013.

Kapitel 4

1 Unser Dank gilt Darrell Doren.
2 Dies lässt sich sogar in China beobachten, wo die Beschäftigung in diesem Sektor zurückgeht, obwohl die Industrieproduktion zwischen 1990 und 2008 gestiegen ist. Eine 70-prozentige Produktionssteigerung führte zu einem Rückgang der Beschäftigten um 25 Prozent.
3 E. Schonfeld: »Is Technology Destroying Jobs?«, 15. November 2011, Techcrunch.com/2011/11/15/technology-destroying-jobs (aufgerufen am 14.4.2016).
4 »Coming to an office near you«, *The Economist*, 18. Januar 2014, siehe http://www.economist.com/news/leaders/21594298-effect-todays-technology-tomorrows-jobs-will-be-immenseand-no-country-ready (aufgerufen am 14.4.2016).
5 B. Frey & M.A. Osborne (2013): »The Future of Employment, How susceptible are jobs to

computerisation?«, www.oxfordmartin.ox.ac. uk/downloads/academic/The_Future_of_ Employment.pdf (aufgerufen am 14.4.2016).
6 Siehe www.independent.co.uk/life-style/ gadgets-and-tech/softbank-unveils-pepper-japanese-robot-with-a-heart-will-care-for-the-elderly-and-children-9491819.html und https://www.good.is/articles/robots-elder-care-pepper-exoskeletons-japan (aufgerufen am 14.4.2016).
7 D. Ricardo (1817): *On The Principles of Political Economy and Taxation*, Kapitel 31: On Machinery [dt.: *Wert, Rente, Lohn und Profit*, Frankfurt am Main 1946].
8 E. Brynjolfsson & A. McAfee (2011): *Race Against the Machine* und Brynjolfsson & A. McAfee (2014): *The Second Machine Age: Work, progress and technologies in a time of brilliant technologies* [dt.:*The second machine age: wie die nächste digitale Revolution unserer aller Leben verändern wird*, Kulmbach 2015].
9 Brynjolfsson & McAfee, *Race Against the Machine*, S. 56.

Kapitel 5

1 HS Dent Foundation, zitiert von S. Roin: »35 Amazing Graphs that Show How Your Spending Habits Change with Age«, 26. November 2012, siehe www.theatlantic.com/business/archive/2012/11/35-amazing-graphs-that-show-how-your-spending-habits-change-with-age/265575 (aufgerufen am 27.4.2018).
2 The 2010 Bundle Report, Spending by Age, März 2010, www.bundle.com/article/AssetsBundle-Report-2010-10098, siehe auch http://www.infographicsblog.com/2010-bundle-report-how-america-spends-stefanie-posavec/ (aufgerufen am 27.4.2016).
3 HS Dent Report.
4 E. Seidle: The Greatest Retirement Crisis in American History. *Forbes*, 20. März 2013, www.forbes.com/sites/edwardsiedle/2013/03/20/the-greatest-retirement-crisis-in-american-history/#583383351b88.
5 Nationalregierungen, die den Euro nutzen, können ihre Geldmenge nicht selbstständig erhöhen, weil das in den Verantwortungsbereich der Europäischen Zentralbank fällt.

Kapitel 6

1 D. C. Korten (2015): *When Corporations Rule the World* (20th anniversary edition) (3. Aufl.), S. 24.
2 Siehe www.oecd.org/health/Obesity-Update-2014.pdf und www.oecd.org/pisa/keyfindings/PISA-2012-results-US.pdf.

Kapitel 7

1 Wir haben uns hier die Freiheit erlaubt, Bill McKibbens scharfsichtige Beobachtung »Die Gesetze des Kongresses und die Gesetze der Physik entwickeln sich zunehmend auseinander, und die Gesetze der Physik werden sich wahrscheinlich nicht unterordnen« abzuwandeln.

2 Gelegentlich verwenden wir die Begriffe Erderwärmung und Klimawandel synonym. Laut NASA ist Erderwärmung theoretisch »der Anstieg der Oberflächentemperatur der Erde aufgrund zunehmender Treibhausgase« und Klimawandel »eine langfristige Veränderung des Erdklimas oder des Klimas einer Erdregion«. Siehe »What's in a name? Global Warming vs Climate Change«, www.nasa.gov/topics/earth/features/climate_by_any_other_name.html.
3 J. Randers & P. Gilding: »The one degree war plan«, *Journal of Global Responsibility*, 1(1).
4 Zahlen der US Environmental Protection Agency, www3.epa.gov/climatechange/ghgemissions/gases/n2o.html.
5 Etwa um 2050, obwohl bei anhaltendem gegenwärtigen Trend die PPP-Schwelle, die dies unausweichlich macht, um 2035 erreicht sein wird.
6 C. Martin (2015): *On the Edge: The state and fate of the world's tropical rainforests* (Vancouver, BC: Greystone Books, 2015) [dt. *Endspiel, Wie wir das Schicksal der Tropischen Regenwälder noch wenden können*, München 2015].

Kapitel 9

1 Siehe Abb. 3. Wir haben dieselbe Datenquelle benutzt, um unsere Tabellen und Zahlen zu vereinheitlichen: Kaufkraftparität 2005 in Dollar. Das BIP pro Kopf betrug in den Vereinigten Staaten 2015 54.000 Dollar, in Deutschland 47.000, siehe Datenbank IWF, https://www.imf.org/external/pubs/ft/weo/2015/02/weodata/index.aspx.
2 US Bureau of Labor statistics, Tab. A-1, Employment status of the civilian population by sex and age, seasonally adjusted figures for October 2015, siehe www.bls.gov.
3 US Bureau of Labor statistics, Tab. 8, Employed and Unemployed full- and part-time workers by age, sex, race and ethnicity, siehe www.bls.gov.
4 Der Einfachheit halber gehen wir von einer 40-Stunden-Woche aus sowie davon, dass in Teilzeit Beschäftigte gegenwärtig 20 Stunden in der Woche arbeiten.
5 P. Dockrill: »Working Long Hours Is Linked to a Significantly Higher Risk of Stroke«, Science Alert, 21. August 2015, http://www.sciencealert.com/working-long-hours-is-linked-to-a-significantly-higher-risk-of-stroke.
6 PwC report: »Wider pensions reform needed to tackle pension savings shortfall«, PwC, 30. September 2013, http://pwc.blogs.com/press_room/2015/09/wider-pensions-reform-needed-to-tackle-pension-savings-shortfall-.html (aufgerufen am 4.7.2016).
7 Social Security Administration Trustees Report, 2011 Tab. IV. B2 Ratio of covered workers to beneficiaries.
8 PwC report: »Wider pensions reform needed to tackle pension savings shortfall«, PwC, 30. September 2013, http://pwc.blogs.com/press_room/2015/09/wider-pensions-

reform-needed-to-tackle-pension-savings-shortfall-.html (aufgerufen am 4.7.2016).
9 A. Sapir (2006): »Globalization and the Reform of European Social Models«, *JCMS*, 44(2), S. 369–390, www.ulb.ac.be/cours/delaet/econ076/docs/sapir.pdf (aufgerufen am 5.7.2016).
10 David Gilson: »Survival of the Richest«, *Mother Jones*, September/Oktober 2014, S. 33.
11 F. Norris: »Corporate Profits Grow and Wages Slide«, *New York Times*, 4. April 2014.
12 Bei durchschnittlich knapp 21.800 Fahrtkilometern pro Jahr und einem Durchschnittsverbrauch von 11,76 Liter pro 100 Kilometer.
13 McKinsey & Company (2009): *Pathways to a Low-Carbon Future*.
14 Mehr dazu in U. Bardi (2015): *Extracted: How the Quest for Mineral Wealth Is Plundering the Planet* [dt.: *Der geplünderte Planet. Die Zukunft des Menschen im Zeitalter schwindender Ressourcen*, München 2013].
15 Siehe globalincome.org und J. O'Farrell: »A no strings basic income? If it works for the royal family, it can work for all«, *The Guardian*, 7. Januar 2016, www.theguardian.com/commentisfree/2016/jan/07/basic-income-royal-family-living-wage-economy.
16 Siehe Lockes *Zweite Abhandlung über die Regierung*, Kapitel 5, »Über das Eigentum«.
17 Adam Smith, *Lectures on Justice, Police, Revenue and Arms*, University of Glasgow 1763, Division III, Private Law, section 4, Fourth Way of acquiring property: Succession [dt., zitiert nach Helmut Janssen, *Die Übertragung von Rechtsvorstellungen auf fremde Kulturen am Beispiel des englischen Kolonialrechts*, Max-Planck-Institut für ausländisches und internationales Privatrecht, Mohr-Siebeck, Tübingen, o. J., https://books.google.de/books, S. 149]
18 F. Jaumotte & C. Osorio Buito: Inequality and Labor Market Insitutions, IMF Staff Discussion Note, Juli 2015, www.imf.org/external/pubs/ft/sdn/2015/sdn1514.pdf.
19 F. Jaumotte & C. Osorio Buiton: »Power from the People, IMF Finance and Development«, März 2015, www.imf.org/external/pubs/ft/fandd/2015/03/pdf/jaumotte.pdf.
20 M. Walters & L. Mishel: »How Unions Help All Workers«, Economic Policy Institute, 26. August 2003, www.epi.org/publication/briefingpapers_bp143.
21 Gewerkschaftlich organisierte Arbeitnehmer erhalten 26 Prozent mehr Urlaub und insgesamt 14 Prozent mehr bezahlte Urlaubstage, siehe Walters & Mishel: *How Unions Help All Workers*.
22 Mit 18 bis 28 Prozent höherer Wahrscheinlichkeit, siehe Walters & Mishel: *How Unions Help All Workers*.
23 Mit 23 bis 54 Prozent höherer Wahrscheinlichkeit, siehe Walters und Mishel: *How Unions Help All Workers*.
24 Siehe »Trade Unions and Political Actors«, www.uni-bamberg.de/fileadmin/uni/fakultaeten/sowi_professuren/vwl_sozialpolitik/Dateien/LV_SS_2007/Toft/5_Streeck_und_Hassel_2003_Trade_Unions.pdf, siehe auch www.worker-participation.eu/National-Industrial-Relations/Countries/Germany/Trade-Unions.
25 Center for American Progress: »Bargaining for the American Dream: What unions do to mobility«, 9. September 2015, www.americanprogress.org/issues/economy/report/2015/09/09/120558/bargaining-for-the-american-dream.
26 Trans-Pacific Partnership (TPP), Comprehensive Economic and Trade Agreement (CETA) und Transatlantic Trade and Investment Partnership (TTIP).
27 Laut Vertragsentwurf, siehe C. Provost & M. Kennard: »The obscure legal agreement that lets corporations sue governments«, *The Guardian*, 10. Juni 2015, www.theguardian.com/business/2015/jun/10/obscure-legal-system-lets-corportations-sue-states-ttip-icsid, siehe auch citizen.org/investorcases.
28 Die Zahl der Kinder pro Frau ist der übliche Maßstab für die menschliche Fruchtbarkeit.
29 Ein Beispiel dafür ist Frankreich, siehe France Diplomatiy: »With 2.01 children per woman, France has one of the highest fertility rates in Europe«, Oktober 2013, www.diplomatie.gouv.fr/en/french-foreign-policy/economic-diplomacy-foreign-trade/facts-about-france/one-figure-one-fact/article/2-01-the-average-number-of. Eine etwas andere Sicht bietet J. V. Last: »Boomsa for the Motherland: The creative, absurd, and ineffective ways that countries try to boost their birthrates«, Slate.com, 25. April 2013, www.slate.com/articles/life/family/2013/04/can_a_country_boost_its_low_birth_rate_examples_from_around_the_world.html.
30 Kaufkraftparität 2005.
31 Das Land zu verlassen, um die Steuer zu umgehen, würde allerdings nicht viel bringen, da der Staat/die Gesellschaft natürlich das außer Landes verbrachte Einkommen genauso besteuern müsste wie das Einkommen, das im Land verbliebe. Die Reichen müssten also nicht nur selbst das Land verlassen, sondern auch ihre gewinnbringenden Operationen ins Ausland verlegen und ihr Einkommen dort ausgeben. Für viele sehr reiche Leute wäre das sicher verlockend und so müssten alle Länder, in denen man ein angenehmes Leben führen kann, ihre Steuerpolitik aufeinander abstimmen. Dass es dazu kommen könnte, ist nicht sehr wahrscheinlich, obwohl die OECD-Länder große Anstrengungen in diese Richtung unternehmen.
32 In Norwegen sind bei 2,5 Millionen Arbeitsplätzen insgesamt etwa 30.000 Verwaltungsangestellte mit der Vergabe von Sozialleistungen, in Finanzämtern und zentralen Ministerien beschäftigt.

Kapitel 10
1 Einfluss des Westens, siehe Asharq Al-Awsat: »Egypt: compelling evidence in US NGO case«, Asharq Al-Awsat, 8. Februar 2012, http://english.aawsat.com/2012/02/article55243285/egypt-compelling-evidence-in-us-ngo-case-source, siehe auch R. Nixon: »U.S. Groups Helped Nurture Arab Uprisings«, *New York Times*, 14. April 2011, http://www.nytimes.com/2011/04/15/world/15aid.html?_r=4&pagewanted=1&emc=eta1. Der Artikel spielte eine große Rolle im Arabischen Frühling 2011, vor allem in Ägypten, wo westliche NGOs Millionen Dollar aufwendeten, um die Revolution zu lenken und den politischen Prozess zu manipulieren, siehe *The Guardian*, »Egypt Lifts Travel Ban on Seven US Pro-Democracy Campaigners«, 29. Februar 2012, www.theguardian.com/world/2012/feb/29/egypt-travel-ban-us-campaigners). Viele Mitarbeiter dieser NGOs wurden schließlich aus Ägypten ausgewiesen. Auch die Vereinigten Arabischen Emirate wiesen drei aus Europa und den USA stammende »prodemokratische« NGOs aus (http://pomed.org/blog/2012/03/u-a-e-authorities-expel-pro-democracy-ngos.html), weil sie sich nach Ansicht der Regierung in die inneren Angelegenheit des Landes einmischten. Nach der Revolution in Libyen (siehe J. Dettmer: »Libya's Civil Crackdown Worries Democracy Advocates«, *The Daily Beast*, 28. Mai 2012, www.thedailybeast.com/articles/2012/05/28/exclusive-libyas-civil-crackdown-worries-democracy-advocates.html) versuchte die Regierung des Landes, amerikanische und europäische Gruppierungen von der Finanzierung lokaler NGOs abzuhalten. Zu den Ländern, die Menschen aus dem Westen auswiesen, weil sie sich in den demokratischen Prozess einmischten, gehörten auch Russland, Pakistan, Syrien, der Sudan und Bolivien. Viele der NGOs, die 2011 in Nordafrika am Werk waren, spielten auch bei den Ereignissen in Myanmar eine Rolle (siehe T. Cartalucci: »Globalists Grind Development to a Halt in Myanmar«, 3. Dezember 2011, http://landdestroyer.blogspot.se/2011/12/fruits-of-globalization-regression.html). Berichten zufolge wirkten auch vom Westen unterstützte Gruppen bei den politischen Auseinandersetzungen sowohl in Thailand (siehe T. Cartalucci: »Exposed: Indy ›Newspaper‹ Funded by US Government«, 10. August 2011, http://landdestroyer.blogspot.se/2011/08/exposed-indy-newspaper-funded-by-us.html) als auch in Malaysia mit (siehe z.B. T. Cartalucci: »The ›Democracy‹ Racket: US covert attempt to implement ›regime change‹ in Malaysia«, 17. Februar 2013, www.globalresearch.ca/the-democracy-racket-us-covert-attempt-to-implement-regime-change-in-malaysia/5323194, und »US vs China: US-Backed Mobs Seek to Overthrow Malaysian Government«, 24. August 2015, http://landdestroyer.blogspot.ca/2015/08/us-vs-china-us-mobs-seek-to-overthrow.html).

Kapitel 11
1 Siehe der Korruptionsindex von Transparency International, www.transparency.org/research/cpi/overview (aufgerufen am 28.4.2016).
2 Global Footprint Network, www.footprintnetwork.org/en/index.php/GFN/page/world_footprint (aufgerufen am 28.4.2016).
3 Zurzeit liegt die installierte Energieleistung bei rund 3 kW für jeden der 7 Milliarden Menschen.
4 Siehe www.theguardian.com/global-development-professionals-network/2015/mar/30/it-will-take-100-years-for-the-worlds-poorest-people-to-earn-125-a-day (aufgerufen am 2.5.2016).
5 United Nations Millennium Development Goals Report, Juli 2015.
6 »OECD How Was Life?, Global Well-being since 1820«, Oktober 2014.
7 www.globalissues.org/article/4/poverty-around-the-world (aufgerufen am 2.5.2016). Die Daten in der Grafik stammen aus den World Bank Development Indicators 2008: http://data.worldbank.org/sites/default/files/wdi08.pdf (aufgerufen am 2.5.2016).
8 www.wsws.org/en/articles/2015/04/17/pove-a17.html (aufgerufen am 2.5.2016).

Kapitel 12
1 Meadows et al., *The Limits to Growth*, siehe auch www.alternet.org/story/18978/facing_the_limits_to_growth, Juni 2004 (aufgerufen am 3.5.2016).
2 Siehe Global Footprint Network, Bericht 2015, www.footprintnetwork.org/en/index.php/GFN/page/public_data_package (aufgerufen am 3.5.2016).
3 J. Randers: »Global Collapse – Fact or Fiction?«, *Futures*, 40 (10), S. 853–864, Dezember 2008, http://well95490.org/well_files/archive/Plan_It_Green_Toolkit/Economic_Issues/Global_collapse.pdf (aufgerufen am 3.5.2016).
4 A. Wijkman & K. Skånberg: »The Circular Economy and Benefits for Society, A study pertaining to Finland, France, the Netherlands, Spain and Sweden«, April 2015, www.cluboframe.org/wp-content/uploads/2016/03/The-Circular-Economy-and-Benefits-for-Society.pdf (aufgerufen am 5.5.2016).

Kapitel 13
1 Medema, S. G.: »The Economic Role of Government in the History of Economic Thought«, in: *A Companion to the History of Economic Thought* (W. J. Samuels, J. E. Biddle & J. B. Davis, Eds., 2003), doi: 10.1002/9780470999059.ch27, S. 234 f.

Literatur und Quellen

o. A.: »Egypt: Compelling evidence in US NGO case«, Asharq Al-Awsat, 8. Februar 2012, http://english.aawsat.com/2012/02/article55243285/egypt-compelling-evidence-in-us-ngo-case-source.

o. A.: »Coming to an Office Near You.«, *The Economist*, 18 Januar 2014, www.economist.com/news/leaders/21594298-effect-todays-technology-tomorrows-jobs-will-be-immenseand-no-country-ready.

o. A.: »With 2.01 Children per Woman, France Has One of the Highest Fertility Rates in Europe.«, France Diplomatie, Oktober 2013, www.diplomatie.gouv.fr/en/french-foreign-policy/economic-diplomacy-foreign-trade/facts-about-france/one-figure-one-fact/article/2-01-the-average-number-of.

o. A.: »Egypt Lifts Travel Ban on Seven US Pro-Democracy Campaigners.«, *The Guardian*, 29. Februar 2012, www.theguardian.com/world/2012/feb/29/egypt-travel-ban-us-campaigners.

Bardi, U. (2014): *Extracted: How the Quest for Mineral Wealth Is Plundering the Planet*. Vermont. [dt.: *Der geplünderte Planet: Die Zukunft des Menschen im Zeitalter schwindender Ressourcen*, München 2013].

Boyer, D.: »That's Rich: Poverty level under Obama breaks 50-year record«, *The Washington Times*, 7. Januar 2014, www.washingtontimes.com/news/2014/jan/7/obamas-rhetoric-on-fighting-poverty-doesnt-match-h/?page=all.

Brynjolfsson, E. & McAfee, A. (2011): *Race Against the Machine*, Digital Frontier Press. [dt.: *Race against the Machine: Wie die digitale Revolution dem Fortschritt Beine macht*, Kulmbach 2016].

Brynjolfsson, E. & McAfee, A. (2014): *The Second Machine Age: Work, progress and technologies in a time of brilliant technologies*. New York. [dt.: *The Second Maschine Age: Wie die nächste digitale Revolution unser aller Leben verändern wird*, Kulmbach 2014].

Cardia, E. & Gomme, P. (2011): »The Household Revolution: Childcare, Housework, and Female Labor Force Participation«, Université de Montréal and CIREQ; Concordia University and CIREQ. www.gate.cnrs.fr/IMG/pdf/household-revolution-2012-07-19.pdf.

Cartalucci, T.: »Exposed: Indy ›Newspaper‹ Funded by US Government«, 10. August 2011, http://landdestroyer.blogspot.se/2011/08/exposed-indy-newspaper-funded-by-us.html.

Cartalucci, T.: »Globalists Grind Development to a Halt in Myanmar«, 3. Dezember 2011, http://landdestroyer.blogspot.se/2011/12/fruits-of-globalization-regression.html.

Cartalucci, T.: »The ›Democracy‹ Racket: US covert attempt to implement ›regime change‹ in Malaysia.«, 17. Februar 2013, www.globalresearch.ca/the-democracy-racket-us-covert-attempt-to-implement-regime-change-in-malaysia/5323194.

Cartalucci, T.: »US vs China: US-Backed Mobs Seek to Overthrow Malaysian Government«, 24. August 2015, http://landdestroyer.blogspot.ca/2015/08/us-vs-china-us-mobs-seek-to-overthrow.html.

Center for American Progress: »Bargaining for the American Dream: What unions do to mobility.«, 9. September 2015, www.americanprogress.org/issues/economy/report/2015/09/09/120558/bargaining-for-the-american-dream.

Clark, G. (2011): *Average Earnings and Retail Prices, UK, 1209-2010*. University of California, Davis, www.measuringworth.com/datasets/ukearncpi/earnstudynew.pdf.

Dettmer, J.: »Libya's Civil Crackdown Worries Democracy Advocates«, *The Daily Beast*, 28. Mai 2012, www.thedailybeast.com/articles/2012/05/28/exclusive-libya-s-civil-crackdown-worries-democracy-advocates.html.

Dockrill, P.: »Working Long Hours Is Linked to a Significantly Higher Risk of Stroke«, Science Alert, 21. August 2015, www.sciencealert.com/working-long-hours-is-linked-to-a-significantly-higher-risk-of-stroke.

Dransfield, S.: »A Tale of Two Britains: Inequality in the UK«, März 2014, Oxfam GB. http://policy-practice.oxfam.org.uk/publications/a-tale-of-two-britains-inequality-in-the-uk-314152.

Frey B., & Osborne, M. A. (2013): »The Future of Employment: How susceptible are jobs to computerisation?«, www.oxfordmartin.ox.ac.uk/downloads/academic/The_Future_of_Employment.pdf.

Fukuyama, F. (1992/2006): *The End of History and The Last Man* [dt.: *Das Ende der Geschichte*, München 1992].

Gilson, D.: »Survival of the Richest.«, *Mother Jones*, September/Oktober 2014, www.motherjones.com/politics/2014/10/charts-income-inequality-recession-survival-richest.

Global Footprint Network (2015): *Global Footprint Network 2015 Report*, www.footprintnetwork.org/en/index.php/GFN/page/public_data_package.

Gregg, P., Machin, S. & Fernández-Salgado, M. (2014): »Real Wages and Unemployment in the Big Squeeze«, *Economic Journal*, 124, S. 408–432.
Jaumotte, F. & Osorio Buiton, C.: »Inequality and Labor Market Insitutions«, IMF Staff Discussion Note, Juli 2014, www.imf.org/external/pubs/ft/sdn/2015/sdn1514.pdf.
Jaumotte, F. & Osorio Buiton, C.: »Power from the People«, *Finance and Development*, März 2015, www.imf.org/external/pubs/ft/fandd/2015/03/jaumotte.htm
Keynes, J. M. (1930): »Economic Possibilities for Our Grandchildren«, in: *Essays on Persuasion*, *Keynes on Possibilities*, ww.econ.yale.edu/smith/econ116a/keynes1.pdf.
Korten, D. C. (2015): *When Corporations Rule the World* (20th anniversary edition) (3. Auflage), San Francisco.
Last, J. V.: »Boomsa for the Motherland: The creative, absurd, and ineffective ways that countries try to boost their birthrates«, Slate. com, 25. April 2013, www.slate.com/articles/life/family/2013/04/can_a_country_boost_its_low_birth_rate_examples_from_around_the_world.html.
Lebergott, S. (1984): *The Americans: An economic record*. New York.
Lebergott, S. (1984): »Wages and Working Conditions«, *Concise Encyclopedia of Economics*, www.econlib.org/library/Enc1/WagesandWorkingConditions.html.
Lindsay, C. (2003): *A Century of Labour Market Change*, UK Office for National Statistics, Labour Market Trends (LMT), London.
Maddison, A. (2001): *The World Economy: A millennial perspective*, OECD, Paris.
Maddison, A.: »Aspects of the Economics of Climate Change«, 20. Februar 2005, Select Committee on Economic Affairs, House of Lords, London, www.publications.parliament. uk/pa/ld200506/ldselect/ldeconaf/12/12i.pdf.
Martin, C. (2015): *On the Edge: The state and fate of the world's tropical rainforests*. Vancouver, BC. [dt.: *Endspiel: Wie wir das Schicksal der Tropischen Regenwälder noch wenden können*, München 2015].
Maxton, G. (2011): *The End of Progress*. Wiley Books. [dt.: *Die Wachstumslüge: Warum wir alle die Welt nicht länger Politikern und Ökonomen überlassen dürfen*. München 2012].
McKinsey & Company (2009): »Pathways to a Low-Carbon Future«.
McKinsey Global Institute: *Distributional Effects and Risks*, Consultant's report, www.mckinsey.com/global-themes/employment-and-growth/qe-and-ultra-low-interest-rates-distributional-effects-and-risks.
Meadows, D. H., Meadows, D. L., Randers, J. & Behrens III, W. W. (1972): *The Limits to Growth*. New York: New American Library. [dt.: *Die Grenzen des Wachstums. Bericht des Club des Rome zur Lage der Menschheit*, Stuttgart 1972].

Nixon, R.: »U.S. Groups Helped Nurture Arab Uprisings«, *New York Times*, 14. April 2011, www.nytimes.com/2011/04/15/world/15aid. html?_r=4&pagewanted=1&emc=eta1.
Norris, F.: »Corporate Profits Grow and Wages Slide«, *New York Times*, 4. April 2014, www. nytimes.com/2014/04/05/business/economy/corporate-profits-grow-ever-larger-as-slice-of-economy-as-wages-slide.html?_r=0.
OECD: *Obesity Update*. Juni 2014, www.oecd.org/health/Obesity-Update-2014.pdf.
OECD: *How Was Life? Global well-being since 1820*, Oktober 2014, www.oecd.org/statistics/how-was-life-9789264214262-en.htm.
OECD: *Income Inequality: The gap between rich and poor*, OECD Insights Series, 15. Dezember 2015, www.oecd.org/insights.
O'Farrell, J.: »A No Strings Basic Income? If it works for the royal family, it can work for all.«, *The Guardian*, 7. Januar 2016, www.theguardian.com/commentisfree/2016/jan/07/basic-income-royal-family-living-wage-economy.
Oxfam: »Working for the Few: Political capture and economic inequality«, Januar 2014, Oxfam International, www.ipu.org/splz-e/unga14/oxfam.pdf.
Pew Research Center: »The American Middle Class Is Losing Ground«, Dezember 2015, www. pewsocialtrends.org/2015/12/09/the-american-middle-class-is-losing-ground.
Pew Research Center: »Are You Middle Class?«, Dezember 2015, www.pewsocialtrends.org/2015/12/09/are-you-in-the-american-middle-class.
Pickett, K. & Wilkinson, R. (2010): *The Spirit Level: Why equality is better for everyone*. London [dt.: *Gleichheit ist Glück. Warum gerechte Gesellschaften für alle besser sind*, Berlin 2012].
Piketty, T. (2014): *Capital in the 21st Century*. Cambridge [dt.: *Das Kapital im 21. Jahrhundert*, München 2014].
Provost, C. & Kennard, M.: »The Obscure Legal Agreement that Lets Corporations Sue Governments«, *The Guardian*, 10. Juni 2015, www.theguardian.com/business/2015/jun/10/obscure-legal-system-lets-corportations-sue-states-ttip-icsid.
Randers, J.: »Global Collapse – Fact or Fiction?«, *Futures*, 40(10), Dezember 2008, S. 853–864, http://dx.doi.org10.1016/j.futures.2008.07.042
Randers, J. (2012),: *2052: A Global Forecast for the Next Forty Years*. Hartford [dt.: *2052. Der neue Bericht an den Club of Rome. Eine globale Prognose für die nächsten 40 Jahre*, München 2012].
Randers, J. & Gilding, P.: »The One Degree War Plan«, *Journal of Global Responsibility*, 1(1).
Ricardo, D. (1817): *On The Principles of Political Economy and Taxation*, www.econlib.org/library/Ricardo/ricP.html [dt.: *Über die Grundsätze der politischen Ökonomie und der Besteuerung*, Marburg 2006].
Ro, S.: »35 Amazing Graphs that Show How Your Spending Habits Change with Age«, *The Atlantic*,

26. November 2012, www.theatlantic.com/business/archive/2012/11/35-amazing-graphs-that-show-how-your-spending-habits-change-with-age/265575.
Samuels, W. J., Biddle, J. E. & Davis, J. B. (Eds., 2003): *A Companion to the History of Economic Thought*, Malden.
Sapir, A.: »Globalization and the Reform of European Social Models«, *JCMS*, 44(2), S. 369–390, www.ulb.ac.be/cours/delaet/econ076/docs/sapir.pdf.
Sauvy, A. (1979), »Les conséquences sociales et morales du vieillissement de la population«, *Canadian Studies in Population*, 6.
Schonfeld, E.: »Is Technology Destroying Jobs?«, 15. November 2011, https://techcrunch.com/2011/11/15/technology-destroying-jobs/.
Seidle, E.: »The Greatest Retirement Crisis in American History«, *Forbes*, 20. März 2013, www.forbes.com/sites/edwardsiedle/2013/03/20/the-greatest-retirement-crisis-in-american-history/#583383351b88.
Shierholz, H. (2012): *The State of Working America* (12. Aufl.). Ithaca.
Silver, A.: »Soft Power: Democracy-Promotion and U.S. NGOs«, Council on Foreign Relations, 17. März 2006, www.cfr.org/democratization/soft-power-democracy-promotion-us-ngos/p10164.
Smith, A. (1763): *Lectures on Justice, Police, Revenue and Arms*. Glasgow, http://oll.libertyfund.org/titles/2621 [dt.: *Vorlesungen über Rechts- und Staatswissenschaften*, Sankt Augustin 1996].
Smith, A. (1776): *An Inquiry into the Nature and Causes of the Wealth of Nations*, www.econlib.org/library/Smith/smWN.html [dt.: *Der Wohlstand der Nationen*, Frankfurt].
United Nations (2015): *United Nations Millennium Development Goals Report*, www.un.org/millenniumgoals/2015_MDG_Report/pdf/MDG%202015%20rev%20(July%201).pdf.
Walters, M. & Mishel, L.: »How Unions Help All Workers«, Economic Policy Institute, 26. August 2003, www.epi.org/publication/briefingpapers_bp143.
Wijkman, A. & Skånberg, K.: »The Circular Economy and Benefits for Society«, Study by The Club of Rome, April 2015, www.clubofrome.org/index.php/the-circular-economy-and-benefits-for-society.

Weitere interessante Websites und Online-Artikel

http://data.worldbank.org/sites/default/files/wdi08.pdf (aufgerufen am 14.7.2016).

http://landdestroyer.blogspot.ch/2015/08/us-vs-china-us-mobs-seek-to-overthrow.html (aufgerufen am 14.7.2016).

http://stats.oecd.org/index.aspx (aufgerufen am 14.7.2016).

http://ec.europa.eu/eurostat (aufgerufen am 14.7.2016).

http://tharunka.arc.unsw.edu.au/dont-teach-economics-gross-domestic-product-gdp-even-matter (aufgerufen am 14.7.2016).

https://www.imf.org/en/Data#global (aufgerufen am 14.7.2016).

www.inequalitywatch.eu/ (aufgerufen am 14.7.2016).

www.stateofworkingamerica.org/data/ (aufgerufen am 14.7.2016).

www.alternet.org/story/18978/facing_the_limits_to_growth (aufgerufen am 14.7.2016).

www.globalissues.org/article/4/poverty-around-the-world (aufgerufen am 14.7.2016).

www.globalresearch.ca/the-democracy-racket-us-covert-attempt-to-implement-regime-change-in-malaysia/5323194 (aufgerufen am 14.7.2016).

www.politaia.org/globalisierung/malaysia-im-fadenkreuz-des-us-imperialismus (aufgerufen am 14.7.2016).

www.populstat.info (aufgerufen am 14.7.2016).

www.wsws.org/en/articles/2015/04/17/pove-a17.html (aufgerufen am 14.7.2016).

Dank

Ich danke meiner Frau Marie, die mich seit 35 Jahren unermüdlich unterstützt und sich damit abfindet, dass ich lange nach dem normalen Renteneintrittsalter immer noch Tag und Nacht arbeite. Mein Dank gilt auch meinem langjährigen Kollegen, dem Klimapsychologen Per Espen Stoknes, der mich davon überzeugt hat, dass sich die Probleme der Welt nicht durch Weltuntergangsprophezeiungen bewältigen lassen, sondern indem man eine Lösung aufzeigt, die der demokratischen Mehrheit unmittelbare Vorteile bringt.

Jorgen Randers

Mein Dank gilt meiner Frau Bernice (bekannt als Mitzi), die immer an meiner Seite ist, und mich in all meinem Denken und Tun unterstützt und beflügelt.

Graeme Maxton

Wir danken beide nicht nur unserem Cartoonisten Øystein Runde, sondern auch unseren Kollegen vom Club of Rome, den vielen Mitgliedern, die ihre Hilfe und Unterstützung angeboten haben, vor allem aber unseren Ko-Präsidenten Ernst Ulrich von Weizsäcker and Anders Wijkman. Zu Dank verpflichtet sind wir auch den Mitarbeitern im Sekretariat – Thomas Schauer, Alexander Stefes, Melanie Studer und Sebastian Forsch – für ihre Anregungen, ihre Geduld und ihre Lebensklugheit. Wir danken allen im Club dafür, dass sie einen kühlen Kopf bewahrt haben (während alle anderen die Nerven verloren) – weil sie wussten, dass unsere Aussagen in den Grenzen des Wachstums grundsätzlich richtig waren.

Graeme Maxton und Jorgen Randers